소셜 네트워크 서비스와 기업 그리고 정치

KSi 한국학술정보(주)

소셜 네트워크 서비스와 기업 그리고 정치

(사)한국공공사회학회 지음

SNS

KSi 한국학술정보(주)

■■■■ 서 문

최근 소셜 네트워크 서비스(SNS)가 아이폰을 비롯한 스마트폰과 결합하면서 이용자들 간의 피드백 속도가 빨라지고 그 범위도 넓어지고 있다. SNS의 사회문화적 영향력이 국가, 시장, 시민사회의 모든 영역에서 큰 변화를 가져오고 있다. 그러나 SNS에 대한 최근연구는 기술적·산업적·경제적·정치적 효과에 대한 정책적 관심 또는 담론적 연구가 주로 이루어지고 있는 반면에, SNS가 이용자들의 태도와 인식에 미치는 사회적 영향력에 대한 실증적 연구가 상대적으로 부족하다. 또한 SNS의 사적 영역과 공적 영역이 구분되지 않은 상태에서 연구가 주로 이루지고 있다는 사실에 이 책은 주목한다. 이 책에서 주목하는 지점은 크게 두 가지이다. 사적 영역으로서의 SNS를 이용하는 개인들의 태도와 인식이 하나라면, 다른 하나는 공적 차원으로 사용되는 SNS의 이용자에 대한 태도와 인식이다. 공적 차원에서 이용하는 SNS의 태도와 인식은 다시 기업 SNS와 SNS 정치참여로 구분된다. 따라서 이 책에서는 소셜 네트워크 서비스(SNS) 사용자들의 이용행태와 기업 SNS의 이용행태, 그리고 SNS 정치참여에 대한 인식과 태도를 비교분석하였고 국민인식을 제고하는 방안까지 모색하였다. 이런 점에서 이 책은 SNS 연구환경의 제약성에도 불구하고 SNS의 사적·공적 차원에서 이용자들이 주관적으로 느끼는 태도와 인식을 실증적으로 분석한 몇 안 되는 학술연구라는 점에서 시사한다.

　이러한 문제의식의 연장선상에서 이 책은 SNS를 개인과 기업 그리고 정치 세 가지 차원에서 균형적으로 검토하였다. 그동안의 SNS 관련 학술연구는 사적 차원 또는 공적 차원으로 각각 독립적으로 분리되지 않고 혼재된 상태에서 SNS연구가 진행되어 왔다. 그러나 현대 사회에 살고 있는 우리는 SNS의 사적 영역과 공적 영역, 즉 개인·기업·정치 모두를 다르게 만나고 쉽게 만날 수 있다. 따라서 이 책은 인터넷과 SNS의 발전으로 인해 사적 영역과 공적 영역의 구조적 특징을 실증적으로 분석하였고, 앞으로 전개될 SNS 환경하에서 추구되어야 할 가치정향과 실천적 합리성 등을 전망함으로써 향후 중장기적으로 SNS 개인이용자와 기업 SNS 이용자, 그리고 SNS 정치참여의 이용자로서의 SNS 전략 수립에 도움을 제공하였다는 점에서 그 의의가 있다. 그 이유는 SNS와 Web의 진화로 인해 개인 SNS와 기업 SNS, 그리고 SNS 정치참여의 본질과 사회적 요구들을 정확하고 정밀하게 파악하여 상호 간의 관계분석을 토대로 SNS의 이용소비자의 추세와 정책방향 간의 간극을 비교분석하여 SNS 정보를 적시적소에 제공해야 하기 때문이다.

　이뿐만 아니라 이 책은 페이스북이나 트위터와 같은 SNS 플랫폼에만 초점을 둔 기술 결정론적 사고를 극복하고 이용자들의 가치정향을 찾는 방향으로의 패러다임 전환을 모색하는 데 있어서도 중요한 함의를 제공하고 있다. 예를 들면, SNS가 사회형성의 주체로서 인간의 위상에 어떠한 변화를 주게 될 것이며, 인간의 삶과 인식, 의사소통 그리고 사회구조 전반에 걸쳐 어떠한 영향을 주게 될 것인지에 대해 논의하였고, SNS이용자들은 디지털 시민성, 디지털 리터러시, 숙의민주주의 등도 병행하여 제시하고 실증적으로 분석하였기 때문에 SNS 관련 학술연구에도 유의미한 기여를 할 수 있을 것으로 기대한다.

이 책을 출판하기 위해서 여러 연구진의 참여가 있었다. 먼저 김상돈 박사가 이 책 전체를 총괄하면서 SNS 정치참여의 이론적 검토와 실증적 조사 그리고 정책적 함의를 도출하였고, 김권수 박사는 SNS의 의미와 기업 SNS의 효과 및 활용에 대한 이론적 검토를 체계적으로 정리하여 제시하였으며, 김명수 박사는 SNS와 개인정보보호 간의 관계를 면밀하게 검토하여 제시하였다. 김경희 박사는 기업 SNS의 활성화 방안을 제시하였으며, 이제영 박사는 정치인 이미지 조사를 실증적으로 분석하여 제시하였다. 그리고 정일준 고려대학교 사회학과 교수와 박태순 사회갈등연구소 소장, 윤종은 박사, 전계영 박사는 자료분석과 이 책의 집필과정에 유익한 자문과 검열 등 많은 도움을 제공하였다. 특히 이 책의 출판이 가능할 수 있었던 것은 한국산업기술진흥원이 "SNS를 활용한 기업경쟁력제고방안"에 대한 인식조사를 할 수 있도록 지원하였기 때문이다. 또한 한국공공사회학회는 2011년

12월 22일 고려대학교 청산-MK관 202호에서 "소셜 네트워크 서비스(SNS)와 기업 그리고 정치"라는 제목으로 SNS 학술포럼을 개최하였으며 참석한 모든 발표자와 토론자의 유익한 자문과 지원이 있었기에 이 책을 출판할 수 있었다.

이 자리를 빌려 지금까지 단행본 출판을 위해 여러 가지 방식으로 도와주신 분들께 감사의 말씀을 전하고자 한다. SNS를 활용한 기업 경쟁력 제고방안에 대한 연구를 검토하고 자문해주신 한국산업기술진흥원의 문회수 선임연구원과 이효숙 선임연구원께 감사한다. 끝으로 본 단행본 출판의 취지에 공감해서 출판에 선뜻 동의해주신 한국학술정보(주) 편집진에게도 감사의 마음을 표한다.

2011년 2월

(사)한국공공사회학회

CONTENTS

CHAPTER
1
서론
SNS
BUSINESS
POLITICS

1

연구필요성 및 목적

소셜 네트워크 서비스(SNS)가 급속한 성장세를 보이며 정치, 경제, 사회, 문화 모든 영역에서 막강한 파급력을 발휘하고 있다. 소셜 네트워크 서비스(SNS)는 사람들이 소통관계를 형성하고 콘텐츠를 공유할 수 있도록 하는 온라인 소통 인프라를 의미하며, 한국의 싸이월드(CyWorld), 미투데이(me2day), 미국의 페이스북(Facebook), 트위터(Twitter) 등이 대표적이다. 특히 페이스북 사용자는 2010년 6월 기준으로 5억 2천만 명, 트위터 사용자는 1억 5천만 명으로 집계되었고 계속 증가추세이다(소셜베이커 출처). 이는 소셜 네트워크 서비스(SNS)에 대한 관심이 커지고 있는 데다가 아이폰을 비롯한 스마트폰 확장이 사용자 확산에 영향을 미치는 것으로 분석되고 있다. Facebook이나 Twitter와 같은 소셜 네트워크 서비스(SNS)는 지구촌 곳곳에서 모든 사람들에게 새로운 미디어로 각광받고 있다. 특히 소셜 네트워크 서비스(SNS)는 시장영역과 정치영역에서 강력한 영향을 미치는 파워엔진으로 성장하였다.

1) '생존을 위한 필수선택' 기업 SNS 활성화

기업 소셜 네트워크 서비스(SNS)의 활성화는 소비자가 정보의 습득·확산·형성 측면에서 영향력이 커진다는 뜻이며, 기업이 활용할 수 있는 가용매체가 다변화되는 그 이상의 것을 의미한다. 소비자는 이제 기업의 성과를 보고 판단하며 적극적인 구전활동을 통해 기업에 대한 영향력을 확대해 나가고 있다. 기업은 소비자 집단에서 어떠한 대화가 오고 가고 있는지에 대한 모니터링이 더욱더 필요해진 것이다. 이와 같이 소셜 네트워크 서비스의 새로운 시대창출은 이것을 만들어내는 소비자 측면의 변화에 기업이 어떻게 대응해 나가느냐에 따라 성패가 좌우될 것이다.

기업 소셜 네트워크 서비스(SNS)의 핵심은 기존 업무시스템으로 정보의 공유나 기업 내부 조직원들의 참여를 이끌어 내지 못하는 문제점을 극복하여 조직원 누구나 쉽게 참여할 수 있고, 자신이 가지고 있는 정보를 개발하여 공유할 수 있도록 함으로써 구성원들 간의 원활한 커뮤니케이션과 의사소통을 통해서 업무의 생산성과 효율성을 높이고 사용자들의 만족을 통한 업무성과를 확대하고 있다. 기업 소셜 네트워크 서비스(SNS)는 SNS를 매개로 구성원들이 만들어가고 참여하는 행동 및 상호행위의 형태와 밀접한 관련성이 있다. 국내외 활용 사례를 개략적으로 살펴보면, 국내에서는 LG전자, SK, 두산, 하나INS에서 SNS를 도입하였고 삼성의 경우도 사내 인트라넷 외에 별도의 Live라는 사내 소통채널을 사용하여 쌍방향 소통을 통해 사내 커뮤니케이션 활성화와 임직원 간의 동질감을 형성하고 있다. MS사는 17만여 개의 블로그와 위키 사이트와 9만여 개의 미니사이트를 운영하고 있으며 이를 통해 직원들이 자유롭게 자신의 의견을 피력하고 있다. 일본의 카카오계산기도 블로그를 통해 의견공유가 어려운 부서들 사이의 커뮤니케이션 활성화와 사원과 경영자들 사이의 거리를 좁히기 위해 SNS를 사용하고 있다. 야후의 경우도 조직원들의 자발적 정보공유를 위해 기업용 소셜 네트워크 서비스(SNS)를 적극 활용하고 있다.

기업 소셜 네트워크 서비스(SNS)는 기존의 기업 내·외부의 의사소통과 마케팅 영역을 넘어 소셜 펀딩, SCM 영역에 SNS를 활용하거나 보다 섬세한 마케팅 전략을 위해 SNS상의 데이터를 수집하여 활용하는 노력이 강화되고 있다(삼성경제연구소, 2011). 소셜 펀딩은 미국, 유럽 등지에서 2008년부터 본격적으로 중개업체가 등장하여 현재 전 세계 200여 개 기업이 경쟁하고 있으며, 국내에서는 2011년 초부터 시작단계이다. 소셜 펀딩이 소셜 커머스 업체의 하위 사업이나 신규 마케팅 채널이 되고 있으며, 공공기관의 활용도 공연이나 예술작품을 중심으로 증가하고 있다. 소셜 SCM은 SNS를 통해 기업의 생산, 유통 등의 전 단계에서 문제와 대처방안을 신속하게 공유하여 관련 비용을 절감하고 고객만족도를 제고하는 것으로서, 미국 최대 전자제품 판매기업인 '베스트바이'이다. 베스트바이는 트위터계정 트웰프포스를 통해 2,600명이 넘는 직원들이 자발적으로 고객의 불만을 접수하고 실시간으로 상담하여 고객만족도를 높이고 있다. 소셜 인덱싱은 SNS를 통해 공유되는 각 사용자들의 선호를 나타내는 표식인 소셜 인덱스(Social Index)를 수집하는 기술로서, 소셜 인덱싱을 통해 확보한 데이터를 이용하여 다양한 취향 네트워크의 구조와 속성을 분석하고 사용자의 개인적·집단적 취향을 파악하여 기업경쟁력을 제고

할 수 있을 것이다. 따라서 본 연구의 필요성은 소셜 네트워크 서비스를 활용한 기업경쟁력을 다양한 차원에서 실증적으로 분석하고 이를 바탕으로 기업경쟁력 향상을 가능하게 하는 정책적·전략적 시사점을 파악하는 것으로 요약된다. 또한 이 연구에서는 소셜 네트워크 서비스를 기업 관점에서는 어떠한 전략이 바탕이 되어야 하는가를 파악하고 기업 소셜 네트워크 서비스 활성화를 위한 정책적 시사점을 본격적으로 분석할 수 있는 연구가 이루어져야 할 시점이다.

2) '온-오프라인 공존' 소셜 네트워크 서비스(SNS)의 정치참여

최근 페이스북과 트위터와 같은 소셜 네트워크 서비스(SNS)가 아이폰을 비롯한 스마트폰과 결합하면서 콘텐츠 생산과정에서의 참여뿐만 아니라 정치사회적 참여 등 사용자 중심의 온라인 참여문화가 더욱 활성화되었고, 유무선이 통합되고 온-오프라인이 공존하고 있다는 점에서 인터넷과 SNS의 사회적·정치적 영향력이 더욱 커지고 있다.

2008년 미국대선과 2009년 이란대선, 그리고 2010년 영국총선 등이 소셜 네트워크(SNS)의 선거였다는 평가를 받고 있다. 2008년 11월 미국대선에서 버락 오바마 후보의 팔로어들에게 보내진 메시지는 리트윗(재전송)되면서 확산돼 오바마를 미국 최초의 흑인대통령으로 만들었다. 이를 필두로 세계 곳곳에서 소셜 네트워크가 정치지형을 변화시키고 있다. 특히 2009년 6월 이란대선에서 대선결과에 불복하는 대규모 반정부 시위가 벌어졌고 무력진압 과정에서 상당수의 사상자가 발생했다. 트위터는 이러한 사실을 트위터를 이용하여 세계에 알리는 창구역할을 하면서 아마디네자드 정권은 전 세계인들의 분노를 샀으며 이란 부정선거사태는 국제적 이슈가 되었다. 2010년 5월 영국총선에서도 트위터에 총선 공식 페이지 '2010 Election'을 개설했고, 페이스북에 개설된 'Democracy UK' 페이지를 통해 하루 평균 9,000여 명씩 영국 선관위 사이트를 방문했으며, 페이스북과 유튜브 제휴로 진행한 정당 대표자들의 디지털 토론에서도 사전 질문 참여만 5,300여 건을 기록했으며, 40만 건 이상의 시청수를 기록했다.

이러한 소셜 네트워크(SNS)의 영향력은 국내의 정치지형에도 큰 영향을 미치고 있다. 국내의 사례로는 2008년 촛불집회와 2010년 6·2 지방선거, 그리고 2011년 10월 26일에 실시한 서울시장 보궐선거가 소셜 네트워크 정치참여의 특징적 사례이다. 2008년 4월 18일 한·미 쇠고기 협상이 타결되고, 이후 온라인에서 제안된 촛불집회가 5월 2일 오프라인에서 성공적으로 현실화되는 과정은 소셜 네트워크 서비스 환경의 역동성을 보여 준 대표적인 사례이다. 2010년 6월 2일 지방선거의 투표율은 54.5%였다. 이는 최근 15년간 가장 높은 투표율이다. 무엇보다 다른 선거 때보다 젊은 층의 투표율이 높았다는 점과 투표종료 1시간 동안 투표율이 5% 급상승했다는 점이 특징이다. 선거 전부터 트위터를 통해 선거에 참여하자는 의견이 공유되고 있었고, 투표당일에는 다수의 유명인과 연예인들이 투표참여 인증사진을 올렸고, 이에 젊은 층이 크게 호응하면서 투표율이 올라갔다는 것이 공통된 분석결과이다. 2011년 10월 26일 서울시장 보궐선거에서도 야권후보가 여권후보를 이기는 데 절대적인 지지와 민심의 표현을 보여준 20~40대들이 그 중심에 있었고 커뮤니케이션의 중요한 수단은 아이폰을 비롯한 스마트폰과 결합된 소셜 네트워크 서비스(SNS)였다. 예를 들면, 퇴근길에 친구나 직장인들 사이에서 "투표했나?", "누구를 지지하나”, “누구를 지지하시던지 꼭 투표하시오” 등등의 질문과 문자전송의 SNS 소통은 20~40대의 유권자들을 투표장으로 가도록 했고 그 결과, 소셜 네트워크 서비스(SNS)가 새로운 정치 및 선거문화의 창출을 이끄는 핵심적 미디어로 급부상하였다. 일련의 국내외 사례에서 페이스북, 트위터 등의 소셜 네트워크 서비스가 선거 및 정책 어젠다(agenda), 여론형성 과정뿐만 아니라 선거결과 또는 정치지형에도 커다란 영향을 미치는 것으로 평가된다.

따라서 본서에서는 소셜 네트워크 서비스를 활용한 온라인 정치참여를 실증적으로 분석하고 이를 바탕으로 공공의 SNS 시민 만들기를 가능하게 하는 시사점을 파악한다. 또한 소셜 네트워크 서비스(SNS)를 통한 온라인 정치참여에 대한 시사점을 분석할 수 있는 경험적 연구가 본격적으로 이루어져야 할 시점이다.

2

연구의 범위 및 구성

본서의 전체적인 분석틀은 크게 네 가지 영역으로 구분된다. 첫 번째 영역은 소셜 네트워크 서비스의 사회적 영향력이라는 주제로 소셜 네트워크 서비스(SNS)의 진화와 이용행태, 기업 SNS의 활용과 효과, 온라인 정치참여의 구성개념과 연구동향에 대한 선행연구를 거시적·전체적 시각에서 종합정리하고 검토하였으며, 향후 소셜 네트워크 서비스(SNS)의 진화와 그에 따른 이용행태의 구조와 특성을 체계적으로 제시한다.

두 번째 영역은 경험적 분석에 근거한 임금노동자 1,000명을 대상으로 소셜 네트워크(SNS) 이용행태의 구조적 특성을 분석한다. 소셜 네트워크 서비스(SNS) 이용행태의 구조분석에서는 소셜 네트워크 서비스의 이용시간 및 이용장소, 사용이유 및 사용하지 않는 이유, 소셜 네트워크 서비스의 만족도, SNS를 활용한 상품검색 및 구매경험 등을 경험적으로 분석한 후, 소셜 네트워크 이용행태에 있어 스마트폰 이용여부와 회사규모, 그리고 인구사회학적 특성에 따라 어떠한 차이가 있는지를 비교하여 분석한다.

세 번째 영역은 경험적 분석에 근거한 기업 SNS 이용행태일반과 기업 SNS의 경쟁력에 대한 특성을 분석한다. 기업 SNS 이용행태일반에 분석에서는 기업 SNS의 이용시간 및 이용장소, 주로 사용하는 기업 SNS 사이트, 기업 SNS 사용이유와 사용하지 않는 이유, 기업 SNS에 대한 일반적 의견, 마케팅 등을 분석한 후 소셜 네트워크 이용행태에 있어 스마트폰 이용여부와 회사규모, 그리고 인구사회학적 특성에 따라 어떠한 차이가 있는지를 비교하여 분석한다. 기업 SNS 경쟁력 분석은 주로 기업 SNS 사용회사 노동자와 미사용회사 노동자 사이에 어떠한 차이가 있는지를 비교분석한다.

네 번째 영역은 온라인 정치참여 분석이라는 주제로 온라인정치참여 일반과 이슈별 온라인정치참여, 정치인 이미지에 대한 서베이 자료와 문헌조사에 근거하여 분석결과를 제시 또는 분석한다.

서론	이론적 논의		
	1. 소셜 네트워크 이용행태 2. 기업 SNS 이용행태 3. SNS 정치참여		
1. 생존의 필수선택 기업 SNS 2. 온-오프라인 공존 SNS 정치참여	SNS 분석		
	SNS 이용행태분석	기업 SNS 이용행태분석	온라인정치참여분석
	1. SNS의 이용행태일반 2. SNS의 만족도 3. SNS를 활용한 상품 검색 및 구매경험	1. 기업 SNS 이용행태 일반 2. 기업 SNS의 경쟁력 차이 3. 기업 SNS 경쟁력 제고방안	1. 온라인 정치참여일반 2. 이슈별 온라인정치참여 3. 정치인 이미지 4. 공공의 SNS 시민 만들기
	결론		

〈그림 1-1〉 전체 분석틀

3

연구방법

 본서는 소셜 네트워크 서비스와 기업 그리고 정치의 특성을 분석하기 위해 임금노동자들의 SNS 이용행태일반과 기업 SNS 이용행태 분석을 위해 온라인 설문조사를 실시하였고, 온라인 정치참여 분석을 위해 이차분석 및 문헌조사 등의 연구방법을 사용하여 분석하였다.

 임금노동자들의 SNS 이용행태(제3장)와 기업 SNS 이용행태(제4장)의 구조적 특성을 분석하기 위해 사용된 자료는 한국산업기술진흥원에서 수행한 <소셜 네트워크 서비스(SNS)를 활용한 기업경쟁력 제고방안> 조사이다. 이 조사는 만 20세 이상 임금노동자를 대상으로 성별, 연령별, 지역별, 회사규모별 모수를 확인한 후 할당표집을 통해 표본 추출하였고, 조사기간은 2010년 10월 1일부터 10월 20일까지 온라인 조사를 실시하였다.

 온라인 정치참여(제5장)를 분석하기 위해 사용된 자료는 실증적 조사자료와 문헌조사를 병행하여 분석하였는데, 실증조사 자료는 정보통신정책연구원의 2008년과 2010년의 서베이 조사이고 문헌조사는 정보통신정책연구원의 2010 보고서와 한겨레신문 보도 자료에 대한 분석결과이다. 정보통신정책연구원에서 수행한 2008년 자료는 디지털시대 사회통합을 위한 시민의식 제고방안 자료이고, 2010년 자료는 방송통신 융합가치 이용자 조사 자료이다.

SNS의
사회적 영향력에 대한
기존연구 검토

1

SNS 이용행태

1) SNS의 의미

"Social Network Service"라는 말을 풀어 보면 "Social"은 사회를 뜻하는 말로 "공동체"를 의미하고, "Network"는 일련의 과정을 통해 연결된 "관계망"을 나타내며, "Service"는 이러한 것들이 가능할 수 있도록 "기반을 만들어주는 것"을 의미한다. 따라서 넓은 의미로는 관계를 형성할 수 있는 온라인 커뮤니티와 유사하다고도 볼 수 있지만 온라인 커뮤니티가 한 장소에서 공통의 관심사를 가진 사람들끼리 모여 그룹을 형성하고 이를 중심으로 움직이는 반면, SNS는 개인을 중심으로 개인 간 연결된 관계가 누적됨으로써 더 큰 네트워크를 형성한다는 면에서 온라인 커뮤니티와 차이를 보인다(황재선, 2008).

위키백과 사선에서는 소셜 네트워크 서비스(SNS)란 커뮤니티형 웹사이트로 온라인 인맥구축서비스, 즉, 온라인을 통한 정보교환 등을 목적으로 사람과 사람을 연결시켜주는 서비스라고 정의하고 있다. 개인 간 연결을 통해 인맥을 형성하는 소셜 네트워크 서비스는 과거 오프라인 상에서도 존재해 왔다. 같은 지역을 기반으로 형성되는 향우회나 동일한 학교를 졸업했다는 공통점을 지닌 동창회, 친족 간의 혈연관계에서 기인한 종친회 등의 형태도 소셜 네트워크 서비스의 한 종류로 볼 수 있다. 또한 해외 친구들과 편지를 주고받으며 관계를 형성할 수 있었던 펜팔서비스, 연애나 결혼과 같은 특정한 목적을 지닌 사람들을 중개해 주는 역할을 해왔던 연애·결혼정보 서비스 등도 소셜 네트워크 서비스의 또 다른 형태이다. 이처럼 오프라인 상의 소셜 네트워크 서비스는 다양한 형태로 우리의 삶에 직간접적으로 영향을 미치고 있다. 여기서 파생되어 오프라인 상의 개인 대 개인 간의 관계의 개념을 온라인으로 도입한 것이 현재 소셜 네트워크 서비스라고 불리는 서비스들이다(최선미, 2009).

웹에 기반을 둔 특정한 시스템 내에서 공개 혹은 반공개적으로 개인의 프로필을 만들도록 제공하고, 서로 접속하고 있는 다른 사용자들의 목록을 보여 주고, 시스템 안에서 다른 사람들을 관찰 수 있도록 하는 웹서비스이다(Boyd & Ellison, 2007). 따라서 소셜 네트워크 서비스는 '프로필', '친구목록' 그리고 '코멘트'가 중요한 요소로 간주된다. 일반적으로 프로필은 자신의 이름과 연락처, 직업과 신체사항, 학력, 경력 등과 같은 개인적인 정보가 담긴 일종의 홈페이지 형태를 말하는데, 소셜 네트워크 서비스에서 프로필은 이와 더불어 자신과 관계를 형성한 친구들로부터 받은 코멘트를 포함하는 형태로 구성된다. 따라서 소셜 네트워크 서비스를 방문한 사람들은 이러한 요소를 활용하여 친구에서 친구로 이동할 수 있는 프로필을 가진 다른 사용자들과 커뮤니케이션할 수 있다는 특징을 가진다. 또한 이러한 요소들은 타인을 검색해서 매칭시켜 관계를 형성해 나갈 수 있기 때문에 소셜 네트워크 서비스를 확산시키는 데 중요한 역할을 한다.

따라서 소셜 네트워크 서비스는 네티즌이 생산하는 콘텐츠에 기반을 두고, 프로필 정보를 바탕으로 사람들과 커뮤니케이션을 하면서 새로운 인터넷상의 사회적 관계를 형성해 나가도록 만들어 주는 서비스라고 할 수 있다.

2) SNS의 발전과정

개인 간의 연결을 통해 인맥을 형성하는 SNS는 과거 오프라인 상에서도 존재해 왔다. 평소 인식하지 못했을 뿐, 같은 지역을 기반으로 형성되는 향우회나 동일한 학교를 졸업했다는 공통점을 지닌 동창회, 친족 간의 혈연관계에서 기인한 종친회 등의 형태도 SNS의 한 종류로 볼 수 있다(최선미, 2009). 오프라인 상의 SNS의 개념을 온라인으로 도입한 것이 현재 SNS라고 불리는 서비스들이다.

웹 2.0의 확대로 개인들이 정보 생산과 소비활동(프로슈머)이 쉽게 이뤄지면서 블로그(blog), 게시판(message boards), 팟캐스트(podcasts), 위키스(wikis), 소셜 네트워크(social network) 등 소셜 미디어의 등장과 활용빈도가 크게 증가하고 있다. 소셜 미디어가 사람들의 의견, 생각, 경험, 관점 등을 공유하기 위한 온라인 플랫폼이라고 할 때 SNS는 사용자 간 관계를 강화한 소셜 미디어 형태의 하나라고 할 수 있다(김남훈, 2010).

자료 : image.google.com

〈그림 2-1〉 분야별 다양한 소셜 미디어

　　SNS의 시작이라고 꼽히는 것은 다음의 두 서비스가 대표적이다. 첫 번째는 동창 커뮤니티의 원조라고 볼 수 있는 클래스메이트 닷컴(Classmate.com)을 들 수 있다. 1995년에 오픈한 클래스메이트 닷컴은 개인 간의 관계 개념을 처음으로 도입하여 이를 축적할 수 있는 서비스를 제공하였다. 단순히 예전의 동창생들의 정보를 제공해서 관계를 유지하는 연결고리로서의 성격뿐 아니라 동창회 모임을 통한 구인, 구직을 지원하거나 소식 등을 접할 수 있도록 하였다. 두 번째로 1997년에 서비스를 시작한 식스디그리 닷컴이다. 여섯 단계만 거치면 지구상의 모든 사람들과도 서로 아는 사이가 된다는 '분리의 6단계(six degrees of separation)' 이론을 바탕으로 적용한 서비스였다.

〈표 2-1〉 세계 주요 소셜 네트워크 서비스 업체

구분	설립연도	사용자수(백만 명)	성장률(%)	인기지역
Facebook	2004	430	137	전 세계
Twitter	2006	58	1,238	전 세계
MySpace	2003	110	-14	전 세계
Orkut	2004	54	20	남미
QQ	2009	68	138	중국
CyWorld	1999	21	4	한국
Mixi	2000	14	4	일본
Vkontakte	2006	23	22	러시아
Skyrock	2007	21	10	유럽

주: 사용자 수는 2009년 기준, 성장률은 2008~2009년 기준.
자료: Morgan Stanley(2010. 6. 7), 한국무역협회(2011) 재인용.

국내의 SNS는 싸이월드(CyWorld)에서 시작하였다. 1999년 클럽 중심의 관계형 커뮤니티 서비스로 문을 연 싸이월드는 2001년 9월부터 '미니홈피'라는 개인미디어 서비스를 시작하였다. 2003년 SK커뮤니케이션즈(주)에서 싸이월드를 인수하고, 타운, 블로그(페이퍼), 광장, 동영상, 검색, 3D SNS인 미니라이프 등 시장 트렌드를 반영한 다양한 기능을 추가하면서 국내의 대표 SNS로 성장해 오고 있다. 싸이월드가 온라인 인맥 서비스에 기반을 둔 1세대 SNS라면, 링크나우(Linknow), 미투데이(me2DAY), 토씨(tossi) 등은 다양한 형태의 부가 서비스가 결합한 2세대 SNS라고 할 수 있다. 링크나우는 2007년 7월에 오픈한 SNS로 전문가와 비즈니스맨이 프로필을 통해 자신의 경력과 전문성을 알리고, 비즈니스를 필요로 하는 새로운 사람들과의 관계를 형성하여 인맥을 고유할 수 있도록 하는 비즈니형 SNS이다. 2007년에 서비스를 시ㅋ작한 미투데이는 블로그와 SNS의 틈새시장을 공략한 모바일 SNS로 150자 이내의 짧은 글로 자신의 일상을 공유할 수 있고, 각각의 포스트는 한 번 업로드 후 1분이 지나면 삭제할 수 없다. 휴대전화를 사용해 사진이나 동영상 등을 업로드할 수 있으며, 사람들이 남겨주는 댓글도 휴대전화 문자로 전송되어 시공간을 초월하여 자신의 상황을 미투데이에 접속한 친구들과 공유할 수 있다. 토씨는 SK텔레콤이 운영하는 유무선 연동 SNS로 휴대전화를 활용한 위치 기반 서비스(LBS: Location Based Service)를 도입하여, 문자나 멀티메일 등으로 글을 게시할 때 해당 지역의 위치태그를 자동으로 전송해 주는 서비스를 제공한다. 일상의 느낌이나 생각들을 순간마다 쉽고 편하게 기록할 수 있으며 문자메시지, MMS, 메신저 등을 통해 토씨에 글을 제시하고 친구들과 공유할 수 있는 특징이 있다.

국외에서는 더욱 다양한 형태의 SNS들을 찾아볼 수 있으며, 국외에서 개발된 SNS들이 우리나라에서도 많이 사용되고 있는 추세에 있다. 1세대 SNS로는 프렌드스터(friendster)와 오르쿠트(orkut)를 들 수 있다. 프렌드스터는 2002년 3월에 서비스를 시작하여 오프라인 인맥관계를 온라인으로 확장할 수 있도록 하였다. 오르쿠트는 2004년 구글에서 처음 선보였으며 프렌드스터와 함께 1세대 SNS를 대표한다. 2세대 SNS로는 마이스페이스와 페이스북을 들 수 있다. 2004년 4월에 서비스를 시작한 마이스페이스는 가수와 팬을 연결시킨다는 개념에서 출발하였으며 음악가나 유명인들과의 상호 교류가 가능하다는 특징을 가지고 있다. 페이스북은 2004년 2월에 하버드 대학생들을 연결하는 서비스로 등장하여, 2007년에 일반인들에게도 가입이 허용되고, 2007년 5월에 오픈 API 플랫폼인 F8을 공개하면서 급성장하고 있다. 마이스페이스와 페이스북이 특정 사용자나 분야에 제한 없이 누구나 참여할 수 있는 일반적인 SNS라면, 업무나 사업 등의 관계를 목적으로 한 비즈니스 중심의 SNS로는 링크드인(LinkedIn)이 있다. 2003년에 서비스를 시작한 링크드인은 개인의 학벌과 경력에 기반을 둔 SNS로 자신의 출신학교나 직장정보 등을 입력하면 같은 학력이나 경력을 가진 사람들과 관계를 형성할 수 있도록 연결할 수 있는 특징을 가지고 있다. 이 외에도 사진이나 동영상 등 특정 분야의 계층을 대상으로 하는 버티컬 SNS(Vertical SNS)의 형태로 유튜브(youtube)와 플리커(flickr) 등이 있다.

모바일에 특화된 SNS로 최근 스마트폰의 부상과 함께 이슈화되고 있는 트위터(Twitter)를 들 수 있다. 2006년 서비스를 시작한 Twitter는 명칭 그대로 '가볍게 재잘대는 것'을 의미하며, 일반적인 형태의 SNS와는 달리 140자 이내의 단문메시지를 유무선의 다양한 디바이스를 사용하여 지인들과 실시간으로 공유할 수 있다.

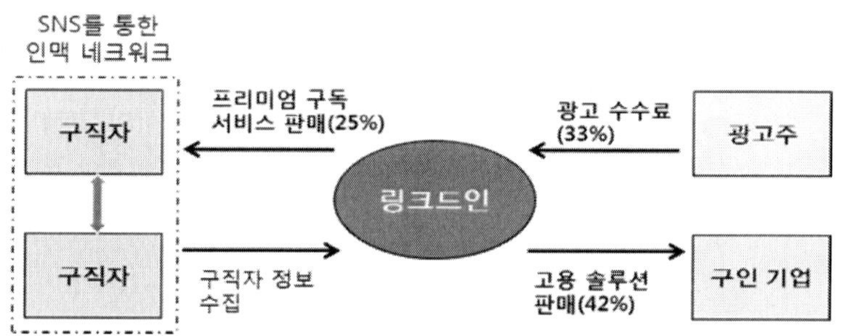

자료: 삼성경제연구소(2011). SNS 활용 기업의 성공전략. SERI 경영노트. 제100호.

〈그림 2-2〉 링크드인 비즈니스 모델

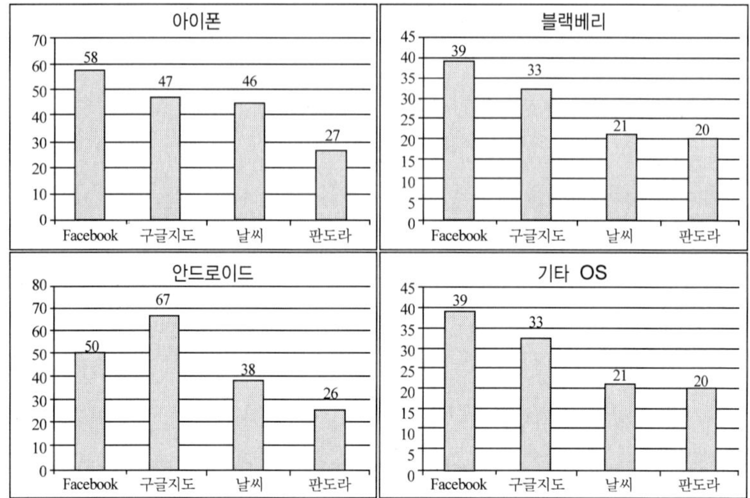

주: 2010년 상반기 중 애플리케이션을 받아 사용한 사용자 표본
자료: Nielsenwire(2010), 한국무역협회(2011). 미국 기업의 소셜 네트워크 서비스(SNS) 마케팅 활용사례와 시
　　사점. Trade Focus, 10(3). 재인용.

〈그림 2-3〉 스마트폰 애플리케이션의 사용 비중

이처럼 SNS는 단순히 사람 간 관계를 형성하는 것을 넘어 비즈니스 분야에서 인맥관리와 전문분야에 대한 정보의 생산 및 탐색 등을 기제로 영향력을 넓혀 가면서 소셜 검색(Social Search), 소셜 뉴스(Social NEWS), 소셜 TV(Social TV), SNG(Social Network Game), 소셜 쇼핑(Social Shopping) 등의 분야로 진출하고 있다.

오늘날은 어마어마한 양의 실시간 정보 중에서 자신에게 필요한 정보를 빠르고 정확하게 찾아내는 것이 중요하다. 소셜 검색은 한 가지 주제에 대한 다양한 내용보다는 꼭 필요한 핵심내용을 검색하는 데 큰 도움을 주고, 실시간으로 양질의 정보를 얻어내는 데 중요한 역할을 한다. 과거와 달리 사람들은 야후, 구글 등과 같은 검색포털의 검색

보다 페이스북과 같은 SNS를 이용하여 정보를 습득하고 공유하고 있다. 소셜 검색의 대표적인 서비스로는 트위터 등 소셜 네트워킹 사이트에서 등록한 친구들이 남긴 메시지들을 검색 결과에 반영해 주는 서비스인 구글의 '소셜 서치'가 있으며, 최근에는 네이버, 다음 등의 국내 주요 검색 사이트들도 소셜 검색기능을 강화하는 추세이다.

소셜 뉴스는 소셜 미디어에 저널리즘을 접목시킨 개념으로 세상에서 일어나는 일들을 실시간으로 알고 싶은 이들의 필요를 소셜 미디어를 통하여 빠르게 전하는 것을 목적으로 한다. 뉴스는 더 이상 기자들만 쓰는 것이 아니라 모든 사람들로부터 나오게 되고, 전통적인 미디어 채널을 거치지 않고 뉴스원천으로부터 각 개인에게 직접 전해진다. 대표적인 서비스로 유저들이 좋은 기사를 서로 평가하고 공유하는 서비스인 '디그닷컴', 인터넷을 통해 공유되고 있는 다양한 정보를 링크와 함께 의견을 제시함으로써 특정 주제로 내용을 꾸며 타인과 공유할 수 있도록 해주는 서비스인 '토픽미'가 있다.

소셜 TV는 TV 콘텐츠에 관련이 있는 정보 습득, TV 시청 중에 일어나는 상호작용 또는 커뮤니케이션을 지원하는 기술의 일종으로 실시간 방송에 SNS를 결합해 시청자 간 소통을 돕는 서비스이다. 대표적인 서비스로 키보드가 내장된 전용 리모콘을 이용하여 웹콘텐츠와 TV방송 프로그램, DVR콘텐츠를 자유롭게 통합검색할 수 있으며, 시청자가 원하는 콘텐츠를 쉽게 검색하여 이용할 수 있는 맞춤형 시청 기능을 제공하는 구글TV 서비스가 있다.

SNG는 사용자 간 사회적 연결을 가능하게 해주는 다중접속 온라인 게임으로 MMORPG와는 달리 SNG는 주로 단순한 그래픽의 플래시를 기반으로 단순한 과제를 다른 사용자들과 함께 달성해 나가는

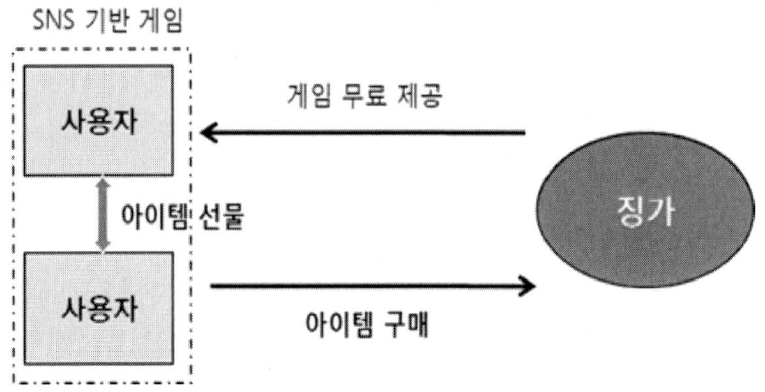

자료: 삼성경제연구소(2011). SNS 활용 기업의 성공전략. SERI 경영노트. 제100호.

〈그림 2-4〉 징가의 비즈니스 모델

방식을 갖고 있다. 기존 MMORPG보다 다른 사용들과의 상호작용에 더욱 초점을 맞춘 게임으로 볼 수 있다. 이러한 SNG의 특성으로 인해 SNG 대부분이 짧은 기간과 적은 비용으로 개발되어 무료 또는 낮은 가격으로, 짧은 시간에 많은 사용자들에게 제공되고 있다. 현재 SNG 분야의 대표적인 회사는 북미와 유럽의 '앱스토어', '페이스북', '마이스페이스' 등에 SNG를 제공하는 '플레이피쉬(Playfish)', '징가(Zynga)', '에스지엔(SGN)' 등이 있다.

소셜 쇼핑은 소비자가 소셜 네트워크 환경에서 쇼핑하는 것으로, 소비자가 집단지성을 이용하여 제품, 가격, 거래에 관한 정보를 습득하고 교류하게 된다. 기존의 SNS에 쇼핑몰이 영업을 하는 방식과 소셜 북마크와 같은 기능을 이용하여 쇼핑몰 정보를 공유하거나 중개하는 서비스 등이 있는데 대표적으로 디스넥스트, 그루폰, 티켓몬스터 등이 있다.

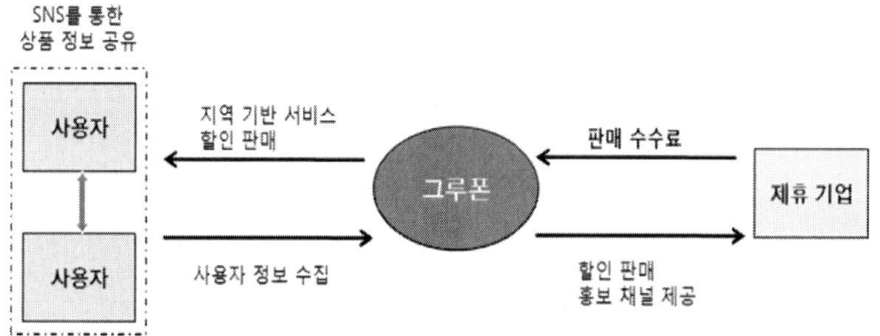

자료: 삼성경제연구소(2011). SNS 활용 기업의 성공전략. SERI 경영노트. 제100호.

〈그림 2-5〉 그루폰의 비즈니스 모델

3) SNS의 이용동기 및 만족도

SNS의 등장으로 사람들은 과거 수동적이고 폐쇄적이었던 커뮤니케이션에서 개방적이고 능동적인 커뮤니케이션을 통한 관계형성을 지향하고 있다. SNS의 이용동기는 사용자들의 이러한 목적행위를 만족시켜주는 데서 발생되는 요인이며 또한 각자의 이용동기가 상이할 수 있다. 미디어 이용자들은 목적지향적이고, 이들은 미디어의 내용을 적극적으로 선택하고 이용한다고 할 수 있다(박광순·조명휘, 2004). 아울러, SNS의 선택이나 이용 또한 상이하게 나타날 수 있을 것으로 기대할 수 있고 또한 SNS를 통해 충족하는 만족감 또한 차이가 있을 것이다.

고전적 미디어와 관련하여 Rubin(1981)은 미국의 성인을 대상으로 조사하여 9개의 시청동기 요인을 추출하였다. 여기서 루빈은 미디어 이용에 대해 시간 보내기, 습관, 휴식, 친교성과 같은 관습적 이용 동기 유형과 정보와 학습을 위한 동기, 사회적 상호작용을 위한 동기 등과 같은 목적지향적이고 의도적인 도구적 이용동기 유형을 도출하였다. 뉴미디어와 관련한 이용동기 연구에서 Miller(1996)는 현실도피, 오락, 상호작용성, 감시 등과 같은 이용동기 요인을 도출하고 이용동기 요인이 이용만족에 영향을 미친다는 것을 밝혔다. Papacharissi & Rubin(2000)의 경우, 인터넷 이용동기를 개인적 효용성, 정보탐색, 시간 보내기, 편의성, 오락 등 다섯 가지 요소로 구분하였으면 Parker & Plank(2000)는 효용성과 휴식으로 양분하면서 효용성을 동반자와 사회적 욕구를 원하는 사회적 효용성과 학습 및 흥분 욕구를 대변하는 개인적 효용성으로 구분하였다. 또한 이들의 연구에서 인터넷의 이용동기는 기존 매체의 이용동기와 매우 유사하다는 것을 밝혀내기도 했다. 심흥진과 황유선(2010)은 트위터의 이용동기를 '정보교환을 통한 사회이슈 참여', '상호작용을 바탕으로 팔로어 그룹 형성', '편리한 소통기능', '정보전달의 용이성', '휴식 및 오락', '사적기록 공간', '140자 글쓰기 유용성'으로 분류하였다. 이는 기존의 미디어 연구에서 밝혀진 '상호작용', '정보 추구', '휴식' 등과 같은 전통적 이용동기 외에도 사회참여 및 여론 형성, 팔로어 그룹 형성 등 현재 트위터 상에서 관찰되는 새로운 이용동기를 포착하였다는 점에서 주목할 만하다. 또한 김유정(2009)은 가상공간에서 이루어지고 있는 온라인 관계 맺기를 확인하기 위해 미니홈피 이용자들의 이용동기 요인을 조사하였다. 그 결과 미니홈피 이용자들이 갖는 친밀감, 사회실재감, 동질감, 관계적 메시지 표현 등의 이용동기 요인이 인지된 온라인 관계 맺기 정도에 영향을 미치고 있음을 검정하였다. 박광순과 보명휘(2004)는 대학생들을 대상으로 웹 블로그의 이용동기를 자긍심 및 정체성 표현, 이용의 편리성, 사회성, 관음주의, 추억공유, 영상물 게재 및 감상,

상호작용성, 유행성, 경제성, 학습도구, 기록성, 습관, 교재관계 및 흥미, 현실도피 등 13개의 요인으로 밝히고 이용동기와 이용만족도 간에 유의미한 상관관계가 있음을 규명하였다.

인터넷의 전반적인 이용동기를 살펴보면 Rubin(1981)의 연구에서 밝혀진 정보검색, 오락, 시간 보내기 등의 고전적 미디어 이용동기들이 중요한 요소로 등장하고 있으며, 인터넷이라는 매체의 기술적 특성으로 인해 사회적 상호작용과 다양한 효용성 등이 추가되고 있는 것을 알 수 있다(최영, 2001). 즉, 고전적 미디어에 관한 이용동기 차원과 뉴미디어에 관한 이용동기 차원은 유사하면서도 차별화된 특징이 있음을 알 수 있다. 또한 새로운 미디어에 대한 이용동기의 파악이 만족감과 매체의 속성을 파악하는 유용한 도구로 사용되었음을 알 수 있다.

4) SNS와 개인정보보호

먼저 개인의 사생활 침해 문제를 살펴보면, SNS는 타인과의 관계를 통해 형성된 네트워크에서 다양한 정보를 공유하고 의견을 교류하는 것이 강점이다. SNS에서 이름, 성별, 연령, 학교, 직장 등의 기본정보의 공개와 이를 활용한 네트워크의 형성은 SNS의 장점을 극대화하는 기본방식이기도 하다. 즉, 개인정보를 활용한 네트워크 형성을 수월하게 해주는 것이 SNS의 매력적인 비즈니스모델이다. 따라서 일정 범위의 개인정보 공개는 SNS가 가진 장점을 충분히 누리는 데 효과적일 수도 있다. 그러나 개인정보의 공개가 의도하지 않았던 사생활 침해, 상업적 오·남용, 사이버 스토킹 등 다양한 부작용을 낳을 수도 있다는 점에서 해당 인터넷서비스기업은 물론 이용자 개인의 주의가 요구된다.

또한 소셜 미디어와 관련해 결코 간과할 수 없는 대목은 '위치 프라이버시(location privacy)'의 문제이다. 과거에도 일반 휴대전화에 그 이용자의 위치 정보가 접목되기는 했지만 지금처럼 우려할 만한 수준은 아니었고, 긴급 구난에 필수불가결한 요소로 이해되어 왔다. 그러나 근래 몇 년 동안 휴대전화의 무게중심이 스마트폰으로 급격히 기울고, 여기에 소셜 미디어가 결합되면서 위치 프라이버시는 전자상거래의 새로운 금광으로 부각되기 시작했다. 전자상거래 분야의 또 다른 금맥으로 여겨지는 이른바 '증강현실(augmented reality)'도 이 위치 정보가 디폴트로 제공되지 않고는 그 기능을 제대로 발휘하기 힘든 경우가 많다.

〈표 2-2〉 국내외 주요 SNS의 노출 가능 개인정보 현황

	SNS	공개된 신상정보 및 접근 가능한 정보 수준
국내	미투데이	사진, 학교, 직장, 관심사, 지인 현황
	요즘	사진, 생년월일, 학교, 직장, 성별, 혈액형, 개인선호, 즐겨 찾는 장소, 특기
	블로그	- 다음 블로그: 사진, 자기소개 - 네이버 블로그: 이름, 성별, 생일, 별명, 지역, 취미
	싸이월드	이름, 성별, 생년월일, 이메일, 혈액형, 집전화, 휴대전화, 집주소
국외	페이스북	이름, 성별, 생년월일, 거주지, 직장, 취미, 정치성향, 가족이름
	마이스페이스	이름, 성별, 거주지, 결혼여부, 별자리
	트위터	이름, 거주지, 개인 작성한 소개정보

얼마 전 트위터가 서비스 약관을 수정해 이용자의 물리적 위치 정보를 더할 수 있도록 한 것도 그 정보가 몰고 올 어마어마한 비즈니스의 기회에 주목했기 때문이다. 소셜 네트워킹과 모바일, 행태 기반

의 마케팅, 여기에 증강현실을 접목할 경우, 연관 기업들이 거둘 수 있는 수익성은 막대할 것이라는 게 중론이다. 소셜 미디어 자체만으로도 '프라이버시의 종언' 주장이 여기저기서 들려오는 마당에, 스마트폰과 증강현실까지 가세하게 된다면 프라이버시의 지형에 어떤 변화가 오게 될지 점치기 어렵다. 전혀 새로운, 또 하나의 '판도라의 상자'가 열리는 셈이기 때문이다.

최근 들어 국내외에서 SNS의 급속한 확산과 더불어 이용량이 늘어나면서 논란이 되고 있는 문제 가운데 하나가 개인정보 보호이다.[1] SNS에서 이용자 개인의 정보가 유출되거나 악용될 가능성에 대한 우려는 이미 몇 해 전에도 제기된 바 있다. 2007년 유럽의 네트워크 및 정보보호기구(ENISA)는 소셜 네트워킹 서비스를 통해 개인정보가 유출되거나 악용될 가능성이 있음을 지적했다(이응용 외, 2007). 동 보고서에서는 SNS 상의 가입자 프로파일, 즉 개인정보를 제3자가 데이터화할 목적으로 사적으로 저장하여 악용될 가능성이 있음을 지적했다. 이 외에도 가입자의 이용행태 정보 역시 데이터화하여 광고기업에게 이용될 가능성이 있다고 보았다. 이러한 문제들은 그 뒤로도 자주 언급되다가 2010년 10월 미국의 월스트리트저널이 마이스페이스와 어플리케이션 협력업체들이 가입자의 개인정보를 알 수 있는 데이터를 광고업체들에게 전송해왔다고 보도함으로써 다시 이슈화됐다. 여기서 전송된 정보는 마이스페이스의 가입자 ID로 마이스페이

---

1) OECD는 〈프라이버시보호 및 개인정보의 국가간 유통에 관한 가이드라인에 관한 이사회권고〉에서 정보를 "식별된 또는 식별될 수 있는 개인에 관한 정보"(any information relating to identified or identifiable individual)로 정의한 바 있다. EU는 1995년 〈개인정보처리에 있어서 개인정보의 보호 및 정보의 자유로운 이동에 관한 유럽의회 및 이사회의 지침〉에서 개인정보를 "자연인을 식별하거나 식별할 수 있는 모든 정보"로 규정했다.

스 이용자가 광고를 클릭할 때 전송되는 것으로 나타났다. 이 ID는 가입자 프로필 페이지를 보는 데 사용될 수 있으며, 이 페이지에는 실제 이름, 사진, 사용자 위치, 성별, 나이 등이 기록된 경우도 있다 (아이뉴스24, 2010.10.24). 페이스북 역시 유사한 문제로 논란이 되고 있다. 페이스북은 같은 시기에 인기랭킹 상위 10위권 어플리케이션 가운데 상당수가 이용자 개인정보를 광고기업 또는 인터넷 트래킹기업에 전송해온 것으로 알려졌다. 페이스북의 경우는 세계 최대 SNS라는 때문에 미국 상원의 청문회에서 다뤄질 가능성까지 보도될 정도로 쟁점이 되고 있다(ZDnet코리아, 2010.11.4). 페이스북에서 문제가 되는 개인정보 유출은 소셜 게임으로 유명한 징가의 게임도 포함된 것으로 알려져 충격을 주었다.

SNS를 통해 개인정보가 유출되는 이유는 첫째, 소셜 네트워킹 서비스의 구동모델에 근본적인 원인이 있다. 소셜 네트워킹 서비스는 가입자들을 인맥으로 연결시키기 위해 가입자의 개인정보를 통해 연결 가능한 루트를 찾아내 추천한다. 이 과정에서 가입자의 신상정보가 중요한 데이터로 활용되는데 이때 개인정보가 유출될 가능성이 높아진다. 둘째, 가입자가 SNS를 이용하면서 축적한 다양한 정보와 개인자료들이 공개원칙에 따라 운영되면서 발생하는 문제이다. 이 역시 SNS의 서비스 운영모델과 연관된 문제로 볼 수 있다. 기본적으로 가입자의 SNS 이용현황을 네트워크 상에서 인맥관계에 있는 사람들과 공유하도록 하기 때문에 정보 유출 가능성이 높아진다. 예를 들어, SNS의 인맥을 통해 확장된 네트워크에는 실제로 지인관계가 아닌 사람들에도 접근이 가능하며, 이 과정에서 타인의 성별, 직업, 연령, 학력, 직업, 가족관계 등의 신상정보는 물론, 취미 등 생활정보까지 파악하는 것이 충분히 가능하다. 아울러 일부 SNS의 경우 이용을 중지하더라도 해당 서비스에 축적된 개인데이터들은 그대로 남기 때문에 정보 남용의 가능성이 충분하다. 이렇게 가입자 데이터는 물론 이용 행태 데이터가 고스란히 노출되는 것은 SNS의 서비스 모델과 근본적인 연관이 있다. SNS의 최대 장점인 인맥 형성 및 확대 그리고 정보의 개방과 공유 등 기본 서비스정책이 남용되는 경우 개인정보의 유출이라는 문제로 직결될 수 있다는 것이다.

트위터, 페이스북 등 SNS에서 집단과 개인은 각자의 이름으로 계정을 개설하고 이를 통해 상호 교류하도록 되어 있다. 이 과정에서 유명인 또는 기업, 공공기관 등의 명의를 타인이 선점하여 원래 명의의 사회적 공신력을 네트워크 확장의 수단으로 악용하는 사례가 빈번히 발생하면서 사회적 문제가 되고 있다. 온라인 공간에서 타인의 명의를 위장하여 해당 명의자의 정체성을 통해 커뮤니케이션하는 현상인 사이버 스쿼팅(cyber squatting) 현상이 SNS 공간에서도 논란이 되고 있는 것이다.

<표 2-3> 국내외 SNS 계정 도용 사례

	유형	사례
국내	기업, 공공기관	LG, SK, 포스코, 더페이스샵, 예스24, 교보문고, 인터파크
	유명 개인	이건희, 이병헌, 이민호, 장근석, 이효리, 소녀시대, 비, 김현중
국외	기업, 공공기관	엑슨모빌, 아메리칸 에어라인
	유명 개인	스티브 잡스, 메간 폭스

사이버스쿼팅(cyber squatting)2) 때문에 발생 가능한 문제는 첫째,

---

2) 기업이나 단체, 유명인 등의 이름과 동일한 인터넷 주소를 영리 목적으로 선점하는 행위.

유명인 또는 기업, 조직의 공신력을 이용하여 왜곡된 정보가 유포될 가능성이 높다. 대표적인 경우가 애플 CEO 스티브 잡스의 명의를 이용해 개설된 트위터 계정에서 아이폰4의 리콜을 언급한 후 발생한 국내외 언론의 오보논란이다(문화일보, 2010.6.28). 국내에서도 유명 연예인 계정을 이용한 트위터 계정이 개설되어 수만 명에 이르는 팔로어가 가입하기도 했다(한겨레, 2010.1.19). 둘째, 명의를 사칭한 개인, 기업, 조직의 명예에 부정적인 정보나 메시지를 게시함으로써 해당 명의 소유주체의 사회적 신뢰에 손상을 줄 가능성이 있다. 이 때문에 아메리칸 에어라인은 트위터에서 등록 가능한 계정을 수십 개를 선점해 놓기도 했다. 셋째, 발생 가능성은 낮지만 타인의 명의를 도용한 계정을 통해 불법행위에 악용되는 경우가 있을 수 있다. 이 경우 본인 또는 기업, 조직의 사회적 이미지에 치명적 손상이 가해질 수 있는 것은 물론 법률적 분쟁에까지 이를 수 있어 막대한 손실이 발생할 수 있다. SNS의 사이버 스쿼팅 때문에 발생하는 사회적 부작용을 방지하기 위해 페이스북의 경우는 다음 그림과 같이 명의도용 사례가 발생했을 때 피해자로 하여금 해당 사이트를 신고할 수 있는 기능을 제공하고 있다.

 SNS는 개인미디어의 연결성을 기반으로 실시간성을 극대화한 커뮤니케이션 서비스라는 점에서 기존 블로그에 비해 높은 공표성을 가진다. 이 때문에 항상 논란이 되는 것이 저작권 문제이다. SNS 이용자 네트워크에 공유된 기성 콘텐츠는 이용자 리뷰를 통해 다양한 방식으로 재확산되고 소비된다. 이 과정에서 논란의 여지가 큰 것이 이용자 공유를 통한 콘텐츠 소비가 저작권을 위반하는 경우이다. 2009년 4월 국회를 통과해서 7월 시행된 개정 저작권법에는 블로그

등 SNS에서 발생 가능한 저작권법 위반 사항을 포함하고 있어 논란
이 벌어졌다.

첫째, 블로그 등 개인미디어에서 음원 또는 동영상 등의 디지털 콘
텐츠를 스트리밍 방식으로 업로드하는 경우에 발생 → 개인미디어
공간에서 불특정 다수 또는 네트워크 상의 연결자들에게 스트리밍
형태로 제공하는 것은 일종의 전송권에 해당하는 행위이기 때문에
저작권자에게 별도의 허락을 받아야 한다.

둘째, 이용자 리뷰 또는 댓글의 저작권 → 이용자 상품후기 또는
댓글의 작성자가 본인의 저작물임을 뚜렷하게 드러낼 수 있는 요건
은 일정한 수준 이상의 문장 길이와 작성자를 드러내는 어휘와 문장
내용의 특성 등이 필요하다.

셋째, 개인미디어 이용자에 대한 삼진아웃제이다. 개정 저작권법의
삼진아웃제는 정보통신망을 통해 저작권, 그 밖에 저작권법에 따라
보호되는 권리를 침해하는 복제물 또는 정보를 전송하는 행위로 인
해 경고를 3회 이상 받은 복제, 전송자가 불법복제물을 전송한 경우
에 온라인서비스제공자에게 6개월 이내의 기간을 정하여 해당 복제·
전송자의 계정을 정지할 것을 명할 수 있도록 한 규정을 말한다.3) 페
이스북의 경우는 이용자가 특정 콘텐츠를 게시하여 저작권법에 위배

---

3) 저작권법 제133조의2 (정보통신망을 통한 불법복제물등의 삭제명령 등) ① 문화체육관광부장관은 정보통
  신망을 통하여 저작권이나 그 밖에 이 법에 따라 보호되는 권리를 침해하는 복제물 또는 정보는 정보(이하
  "불법복제물등"이라 한다)가 전송되는 경우에 위원회의 심의를 거쳐 대통령령으로 정하는 바에 따라 온라
  인서비스제공자에게 다음 각 호의 조치를 할 것을 명할 수 있다.
  1. 불법복제물등의 복제·전송자에 대한 경고
  2. 불법복제물등의 삭제 또는 전송 중단 ② 문화체육관광부장관은 제1항제1호에 따른 경고를 3회 이상 받
  은 복제·전송자가 불법복제물등을 전송한 경우에 위원회의 심의를 거쳐 대통령령으로 정하는 바에 따라
  온라인서비스제공자에게 6개월 이내의 기간을 정하여 해당 복제·전송자의 계정[온라인서비스제공자가 이
  용자를 식별·관리하기 위하여 사용하는 이용권한 계좌(이메일 전용계정은 제외한다)를 말하며, 해당 온라
  인서비스제공자가 부여한 다른 계정을 포함한다]을 정지할 것을 명할 수 있다.

했을 경우, 해당 침해를 주장하는 자의 신고를 통해 임의로 신고 게시물을 삭제할 수 있도록 하고 있다.

넷째, 트위터 등 마이크로 블로그에 올려진 게시글의 저작권 문제 → 트위터에서 리트윗된 메시지가 단순 사실에 해당하는 내용만을 포함하는 경우에는 저작권법 7조(보호받지 못하는 저작물) 5의 "사실의 전달에 불과한 시사보도"의 조항에 따라 저작권이 인정되지 않지만, 메시지 작성자의 창의적 표현이 더해진 문장으로 구성된 리트윗이라면 저작권이 인정될 가능성도 있다.

다른 기본권보다 표현의 자유를 제한하는 데 있어서는 표현할 수 있는 자유의 본질적 내용이 침해되지 않도록 더 유의하여야 한다. 왜냐하면 표현의 자유는 손쉽게 억압될 수 있는 데 비하여, 그러한 위험을 무릅쓰고 하는 표현행위를 통하여 거둘 수 있는 이익은 미약하기 때문이다. 그리고 표현의 자유를 제한하는 데 있어서만 고려되는, '명백하고 현존하는 위험의 원칙'이나 '광범위성 무효의 원칙'을 적용한다는 것은 '위축효과'4) 방지와 밀접한 관련을 가지고 있다고 생각된다. 따라서 이와 같은 법리를 통하여 '억제효과'를 달성하되, '위축효과'를 방지할 수 있도록 하여야 한다. 법률에 내재하고 있는 금지된 행위에 대한 '억제효과'는 법치주의 국가에서 당연히 요청된다. 그러나 표현의 자유에 대한 제한에 있어서 광범위한 규제 법규에 의한 제한, 과도한 처벌 규정에 의한 제한, 표현에 대한 국가에 의한 자의적 심사와 처벌 등은 국민의 자유롭게 표현할 권리를 크게 '위축'할 수 있기 때문에 주의를 기울여야 할 필요가 있다. 명예훼손에 관

---

4) chilling effect: 공권력에 의한 과도한 제한으로 인하여 합법적인 표현행위조차도 하지 못하게 되는 현상.

한 처벌을 과도하게 규정함으로써 민주국가에서 필요한 정권에 대한 감시와 비판의 기능을 '위축'시킬 위험이 있다. 또한 공공관료에 대한 비판의 기능이 명예훼손 소송의 위험으로 인하여 '위축'되는 것도 방지되어야 한다.

SNS가 루머 확대 창구로 불안사회 조성 및 경제적 손실을 야기하기도 한다. 특히 국가안보와 국민의 안전을 위협하는 위험요소에 관한 국민의 정보수요가 커지면서, SNS의 용이한 연결과 단순성은 추측이나 루머와 결합되어 부정확한 정보를 확산시키는 촉진제로 사회 불안과 공포감을 빠르게 조성시켰다. SNS의 단문메시지를 통한 전후 맥락이 누락된 표현은 충분한 설명 부재와 표현의 한계로 정보의 왜곡확률이 높고 퍼나르기 기능을 통해 정보의 무한 확산을 촉진시켰다. 특히 남북분단이라는 특수상황에 있는 우리나라의 경우, 국가 안보에 관한 인포데믹스5)는 치열한 이념논쟁이나 편 가르기, 사회분열 등으로 연결 가능하다. 또한 이런 인포데믹스의 가열화는 기존 미디어와 정부발표에 대한 불신을 조장하여, 지인의 SNS 정보에 따른 그릇된 대처를 부추기고 사재기 등 비경제적 활동을 야기하는 등, 또 다른 부작용을 양산하기도 하였다.

그리고 잘못된 온라인 사용으로 변질된 우리의 情적 관심문화, 빨리빨리 문화, 집단적 단결문화 등이 SNS에도 반영되면서, 특정 이슈나 인물을 둘러싼 논쟁이 오프라인에까지 급속히 확산되며 사회적 혼란을 확산되기도 하였다. 정보왜곡, 미확인 정보유포, 악의적 정보

---

5) 인포데믹스(Infodemics)는 정보(Information)와 전염병(Epidemics)의 합성어로 부정확한 정보 확산으로 발생하는 부작용을 가리키며 허위정보가 IT기기나 미디어를 통해 빠르게 확산되어 정치, 경제, 사회, 안보 등에 치명적인 위기를 초래하자 2007년 다보스포럼 CEO 세션에서 최초로 언급. 네이버 백과사전 참조.

게시 등은 인류의 역사와 함께 계속되어 온 일이며, 앞으로도 계속될 것으로 예측된다. SNS를 통한 인포데믹스 문제는 SNS 이용자는 물론, 오프라인 사회로까지 파급력이 커질 것으로 전망된다.

하지만 이에 대한 반대 주장도 설득력이 떨어지지는 않는다. 보수 언론이 선거를 좌지우지했던 시대는 SNS의 등장으로 끝났으며 앞으로 SNS의 영향력 확대가 이어질 것으로 판단할 수 있을 것이다. 최근 서울시장 선거를 예로 들면 SNS의 영향력은 몇 사람이 만드는 게 아니라 대중들의 정서를 타는 것이기 때문에 SNS도 하나의 언론으로 바라봐야 한다. 기존의 신문·방송이 소통의 주도적인 역할을 계속하고, SNS는 그동안 언론 생태계의 불균형으로 소통이 어려웠던 다양한 의견을 담는 보조적인 매체로 자리 잡아야 할 필요성이 있다. 이러한 현재의 미디어 지형에서는 개별 매체의 공정성보다는 다양한 매체가 공생할 수 있는 것을 고민하는 게 효과적일 것이다.

2

기업 SNS의 이용행태

1) 기업 SNS의 유형

상당수의 기업은 대내외 소통채널로 SNS를 활용하고 있으며, 주로 사내소통과 홍보 채널, 마케팅도구로 활용하고 있다. ≪포춘≫이 선정한 글로벌 500개 기업 중 상위 100개 기업의 84%가 1개 이상의 SNS를 사용하고 있으며 실제 활용도와 고객의 호응도 상승 추세에 있다(Burson-Marsteller, 2011). 2010년 대비 조사대상 기업의 트위터 계정당 평균 팔로어 수는 241% 증가. 기업의 페이스북 페이지에 대하여 '좋아요' 버튼을 클릭한 횟수는 115% 증가, 리트윗(트위터 콘텐츠 재전송)은 78%가 증가한 것으로 나타났다.

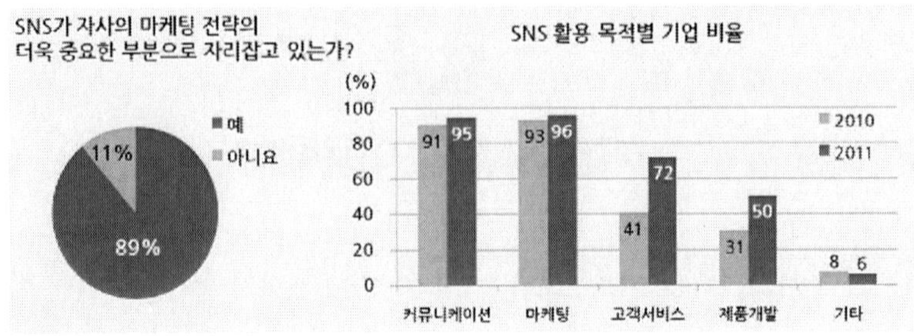

자료: 삼성경제연구소(2011).

〈그림 2-6〉 기업의 SNS 활용 목적

커뮤니케이션(Communication)은 사람과 사람 사이에서 정보가 이동하는 과정(강민주, 1980)이며, 하나 또는 하나 이상의 유기체가 다른 유기체와 지식, 정보, 의견, 신념, 감정 등을 공유하는 행동이라고 할 수 있다(모종화, 2010). 다시 말해 커뮤니케이션은 일반적으로 개인, 집단, 조직과 같은 사회적 주체들 간에 어떤 의미가 포함된 메시지나 정보를 상호 교환하여 공유하는 사회적 과정이라고 할 수 있다(Jones, 1996).

조직 커뮤니케이션은 조직 내에서 이루어지고 있는 의사소통으로 조직 내에서의 개인이나 집단들 간에 메시지나 정보를 상호, 교환하여 공유하는 활동이나 과정을 말한다. 조직 내 의사소통은 개인 간, 개인과 집단 간, 집단구성원 간, 집단 간, 집단과 조직 간에 이루어지는 의사소통을 모두 포함한다.

조직 커뮤니케이션은 조직 활동에 있어서 다음과 같은 역할을 한다(양상진, 2007).

첫째, 조직구성원들의 활동을 조정하고 통합하는 기능을 함으로써 집단 목표성을 위하여 구성원들의 역량이 결집될 수 있도록 한다. 기업의 경영목표와 부서의 목표, 직무수행방법, 행동의 표준, 필요한 변화 등에 관한 정보와 지식을 알려줌으로써 구성원들이 효과적으로 업무를 수행할 수 있도록 도움을 준다.

둘째, 조직구성원들을 동기부여하는 유용한 수단이다. 의사소통을 통하여 조직구성원들이 좌절이나 만족과 같은 감정을 표현하게 함으로써 스트레스를 해소할 수 있을 뿐만 아니라, 구성원들 간의 사회적인 접촉을 가능하게 함으로써 인간의 사회적 소속욕구와 같은 기본욕구를 충족시켜 준다.

셋째, 집단 또는 조직의 구성원들이 창의적이고 신속하게 업무를 수행할 수 있도록 활력을 불어넣어 준다. 의사소통이 원활하게 이루어지면 업무를 수행하는 과정에서 구성원들 상호 간에 건설적인 자극을 줌으로써 사회적 촉진을 일으키고 상호 간에 학습을 유발하며, 개방적이고 민주적인 조직운영이 가능해진다.

넷째, 커뮤니케이션은 구성원들로 하여금 변화된 상황에 적응하도록 하며, 나아가 조직혁신을 촉진한다. 조직에 몸담고 있는 구성원들에게 조직의 변화 및 경영환경의 변화에 대한 정보를 제공해 줌으로써 조직변화에 대응할 수 있도록 도움을 주며, 새로 들어오는 구성원들에게도 집단이나 조직의 가치규범, 역할, 성과기준 등을 제공함으로써 조직사회화를 촉진한다.

다섯째, 커뮤니케이션은 인간이 집단이나 조직을 이루어 활동하는 데 있어서 가장 기본적인 활동이므로, 경영혁신이 성공을 거두어 기업이 지속적인 성장을 추진하기 위해서는 의사소통을 더욱 활성화시켜야 한다.

　조직 커뮤니케이션의 유형은 크게 공식적 커뮤니케이션과 비공식
적 커뮤니케이션으로 나눌 수 있다. 공식적 커뮤니케이션은 다시 상
향식 커뮤니케이션, 하향식 커뮤니케이션, 수평적 커뮤니케이션으로
나눌 수 있다. 상향식 커뮤니케이션은 공식적 경로를 통한 수직적 커
뮤니케이션의 하나로 가장 큰 목적은 부하직원들이 가지고 있는 생
각을 자발적으로 의사전달한다는 것과 이를 통하여 현장감 있는 실
무 아이디어를 창출할 수 있다는 것이다(Beck & Beck, 1986). 그렇지
만 한계점으로 관리자들이 부하직원들의 아이디어를 무시하거나, 부
하직원들이 자신 있는 분야만 보고하게 되어 목표달성을 위해 조직
의 전체 의사가 반영되지 못해 오히려 상향식 커뮤니케이션의 효과
가 떨어질 수 있다(Allan, 1985). 하향식 커뮤니케이션은 지시적·전
통적 커뮤니케이션으로 최고경영자, 관리자의 의견이나 전달사항이
공식적인 경로를 통해서 부하직원들에게 전달되는 것을 의미한다. 하
향식 커뮤니케이션은 사내공지, 업무지시, 회사간행물, 지시·강조사
항 등으로 부하직원들에게 지시나 명령을 하달하는 것을 목적으로
일사불란하게 단시간 내에 명령의 일원화 원칙을 지키고 책임소재를
분명히 할 수 있는 장점이 있다(백기복, 2005). 반면 관리자가 조직의
분위기나 자신의 직무에 대해 정확히 알지 못한 상태에서 일방적으
로 지시를 하게 되면 조직구성원들로 하여금 갈등을 유발시킬 수 있
고 스트레스를 가중시킬 수 있다. 수평적 커뮤니케이션은 팀제의 도
입이 대표적이며 조직 내에서 대등한 지위에 있는 구성원이나 조직
끼리 일어나는 커뮤니케이션으로 구성원들로 하여금 기업 내부의 정
보 공유를 활성화시킬 수 있다.
　비공식적 커뮤니케이션은 공식적인 경로와 절차에 따라 이루어지

는 의사소통이 아닌, 인간의 욕구에 근거하여 자생적으로 이루어지는 비공식적 의사소통이다. 조직구성원들은 조직에서 규정한 의사소통 경로 이외에 그들의 다양한 욕구를 충족시키기 위하여 조직도표에 규정한 관계 외에도 여러 사람들과 대화를 나누고 인간적인 유대를 맺으려고 한다. 조직구성원들이 행하는 의사소통의 상당부분을 비공식적 의사소통이 차지한다. 비공식적 의사소통 체계가 조직에 순기능을 하는지 역기능을 하는지 여부는 조직의 목표달성에 도움을 주는지 여부에 따라 판단할 수 있다. 조직구성원 개인의 목적과 조직의 목적이 서로 부합할 때 비공식적 커뮤니케이션은 조직의 목적달성에 필요한 관련정보를 급속히 파급시켜 공식적 의사소통체계나 경로를 보완해 주는 순기능을 하지만 개인의 목적이 조직의 목적에 반할 때에는 조직의 목적달성에 장애를 주는 헛소문을 퍼뜨리는 역기능을 초래한다.

조직 커뮤니케이션 만족에 대한 연구결과에 따르면, 대부분 긍정적으로 인식된 커뮤니케이션 환경이 조직 유효성 증대에 공헌을 하고 있으며(Pincus, 1986), 조직생활의 활력소를 제공하고 조직의 생산성을 향상시킬 수 있는 것으로 나타나고 있다. 즉, 조직 커뮤니케이션에 대한 만족도가 높으면 그만큼 조직구성원 간의 관계가 원활해지고, 직무에 대한 만족도가 높아지고 그 결과 조직의 생산성이 향상된다는 것이다(양영종, 1996; 정다운, 2009).

2) 기업 SNS의 마케팅 활용

소셜 네트워크 서비스(SNS)의 사용자가 급증하면서 이를 기업의 마케팅 수단으로 활용하여 성공적인 결과를 보이는 사례가 점차 늘어나고 있다. 2007년 11월에는 소셜 네트워크 서비스 사용 시간이 이메일 사용 시간을 추월하였으며(한국무영협회, 2011), 2009년 7월부터 소셜 네트워크 서비스의 수가 이메일 사용자의 수를 상회하였다. 소셜 네트워크 서비스 사용자와 이용시간이 확대됨에 따라 소셜 네트워크 서비스를 이용한 마케팅 전략은 향후 지속적으로 확대될 것으로 전망된다.

기업들이 소셜 네트워크 서비스를 이용한 마케팅 전략에 관심을 갖는 이유는, 첫째, 고객과의 소통 극대화를 통해 기업 이미지를 제고할 수 있기 때문이다. 이메일과 다르게 대화체로 글을 쓰는 소셜 네트워크 서비스의 특성상 업체와 대화를 하는 형식으로 이루어져 있어 친근감을 형성하고 업체 이미지를 젊고 빠른 이미지로 변화시킬 수 있다. 또한 이메일은 보낸 사람과 받는 사람만이 볼 수 있지만 소셜 네트워크 서비스를 이용하면 모든 사람이 공유할 수 있어 효율적이다.

둘째, 저비용으로 고효율을 올릴 수 있는 마케팅 수단이다. 유튜브를 이용하여 기업을 홍보하고 상품을 광고할 수 있으며, 소비자들은 아는 사람들에게 업체나 상품을 쉽게 추천해 줄 수 있다. 한 번의 클릭으로 친구들에게 추천이 가능한 페이스북의 경우 업체의 홈페이지를 알려주는 방식보다 쉽고 빠르다. 직접 제품을 경험한 사람들이 추천하는 글을 남김으로써 홍보효과가 극대화될 수 있다. 중소기업의 경우 웹페이지를 만들기 위해 도메인을 등록하지 않아도 소셜 네트워크 서비스를 이용하여 홈페이지를 만드는 것이 가능하다.

셋째, 향후 발전가능성이 높다. 기존의 홈페이지는 가입 후에 사용이 가능하였으나 소셜 네트워크 서비스 사용자는 소셜 네트워크 서비스의 가입으로 여러 업체 접근이 효과적이며 용이하다. 또한 스마트폰 사용자가 증가하고 있는 시점에서 많은 사람들이 스마트폰을 이용한 실시간 접속이 가능하므로 급속한 발전이 이루어지고 있다.

그러나 소셜 네트워크 서비스의 이러한 장점에도 불구하고, 신규 진입업체의 노출 제약과 소문 등 부정적 파급효과에 대한 우려가 단점으로 작용할 수 있다. 이름을 모르는 업체의 경우 현 시스템에서는 업체의 소셜 네트워크 서비스 존재 여부를 알 수 없고, 여러 사람이 소셜 네트워크 서비스에 비슷한 이름으로 사이트를 만들어 기업에서 제작한 사이트가 어떤 것인지 파악하는 데 어려움이 있을 수 있다. 그리고 나쁜 사건이나 제품에 대한 불평 발생 시 소셜 네트워크 서비스에 의한 이미지 실추가 예상되기도 한다.

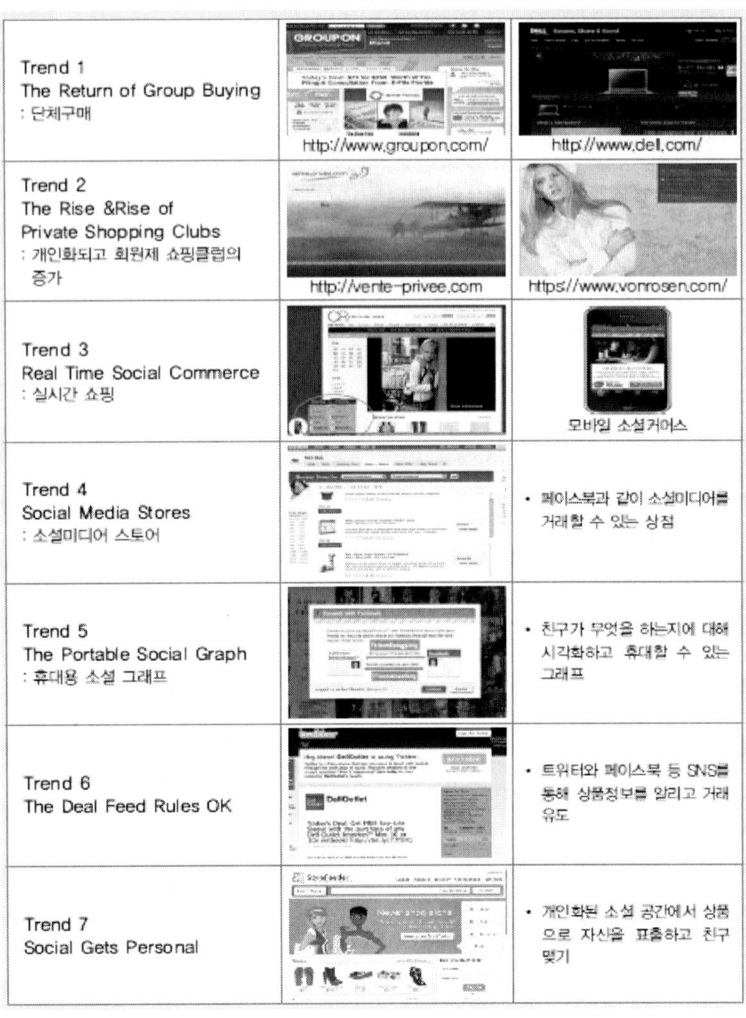

자료: 한국정보화진흥원(2011).

〈그림 2-7〉 소셜커머스의 7가지 트렌드

대표적인 소셜 네트워크 서비스인 트위터와 페이스북은 국내외 기업들이 마케팅 차원에서 적극적으로 활용하고 있으며, 이 외에도 미투데이, 유튜브 등 다른 소셜 네트워크도 다양한 방식으로 마케팅에 활용되고 있다. 미국 항공사 제트블루 항공(JetBlue Airline)과 유나이티드 항공(United Airline)은 2009년 7월부터 자사 트위터 팔로어를 대상으로 파격적으로 할인된 항공권 판매를 통해 기존 고객뿐 아니라 신규 고객 개척에도 기여하고 있으며, 단골 고객도 늘어나는 것으로 파악되고 있다. 스타벅스가 2009년 5월에 실시한 이벤트가 트위터와 오프라인 광고의 조합으로 진행되었고, 스타벅스는 잡지, 신문, 옥외 광고와 같은 매스미디어를 총동원하여 '만약 커피가 완벽하지 않다면 다시 만들어 드리겠습니다. 그래도 완벽하지 않다면 당신은 스타벅스에 있어서는 안 됩니다'라는 메시지를 공개하고 동시에 이 메시지가 적혀 있는 포스터를 발견하면 사진을 찍어 트위터에 올리도록 하는 이벤트를 실시하였다. 미국의 대형컴퓨터 판매회사인 델(Dell)사는 소셜 네트워크 서비스에 대한 초기대응을 소홀히 하여 큰 손해를 본 적이 있다[델의 서비스센터 사건으로 버즈머신닷컴이라는 파워블로그를 운영하는 제프 자비스(Jeff Jarvis)는 델의 고객서비스 센터에서 겪은 좋지 않은 경험담을 블로그에서 폭로하여 델을 난처하게 함]. 그 후 델은 소셜 네트워크 서비스에 대한 대응의 중요함을 깨닫고 2006년 'Direct2DELL'이라는 블로그를 개설하고 회사정보 제공 및 고객과의 쌍방향 소통을 하였으며, 2007년부터 페이스북과 트위터를 활용하여 마케팅에 투자한 결과, 고객의 호응을 얻게 되고 2년 후 300만 달러, 다시 반년 후에 650만 달러의 매출을 올리게 되었다. 대한항공은 2009년도부터 페이스북, 트위터, 미투데이 등 다양한 SNS를 활용하여 고객과의 실시간 소통을 통해 고객밀착도 강화 및 친근하고 젊은 이미지 구축을 위해 노력하고 있다. 트위터로는 자연재해 등으

로 인한 결항 및 지연정보 제공, 페이스북을 통해 바비인형을 기내에
서 분실하여 상심한 아이에게 예쁜 인형을 제공해준 데 대해 고마움
을 표시한 부모의 감사편지를 싣는 등 친근한 이미지를 형성하는 데
주력하고 있다. 미스터피자는 고객들을 위한 이벤트공간으로 트위터
를 활용하고 있으며, 매일유업의 경우 특정일에 팔로어들을 대상으로
이벤트를 실시하여 불우이웃을 돕는 활동도 병행하면서 사회적 기업
으로의 이미지 형성에 노력하고 있다. 금융권 최초로 기업은행은 트
위터, 페이스북, 블로그 등을 이용하여 기업중심의 금융서비스 제공
으로 친근한 이미지 변화를 위해 노력해 오고 있다. 올레 KT는 2009
년 10월 아이폰과 관련되어 애플 측에 무선랜 제한요구를 했다가 거
절당했다는 루머에 대해 트위터를 통해 명확히 해명하여 이슈를 잠
재울 수 있었다.

3) 기업 SNS 효과

기업들은 그동안 사내 커뮤니케이션과 협업체제, 지식 관리 및 공
유 등을 위해 많은 비용을 들였지만 기대했던 효과는 투자에 비해 미
미하였다. 이에 따라 기업들은 소기의 목적을 달성하기 위한 새로운
접근방식을 찾고 있는 과정에서 일반적이고 전통적인 탑-다운 방식
의 비효율적인 점을 보완해주고, 블로그 포스트의 제작으로 지식 창
출이 가능하고, RSS Aggregator를 통한 지식의 공유가 가능하고, 사내
커뮤니케이션을 위한 인스턴트 메신저나 이메일의 지식을 전달하기
위한 대안으로 기업용 블로그를 선택하고 있다. 기업용 블로그의 장
점은 첫째, 직원 간의 양방향 커뮤니케이션이 가능하다. 둘째, 지식의

축적·공유의 속도가 기존의 방식보다 수 배 이상 빨라진다. 셋째, 각 부서와 프로젝트팀 간의 효율적인 협업 시스템이 제공 가능하다. 넷째, 간단한 검색만으로도 사내 그 분야의 전문가를 찾을 수 있다. 다섯째, 신입사원의 업무 파악에 소요되는 학습 시간을 줄일 수 있다.

직원 블로그, 프로젝트/팀/부서 블로그, 지식 블로그, 엔터프라이즈 블로그와 같이 네 가지 유형의 기업용 블로그가 생성되고 관리된다. 직원 블로그는 개인의 일상, 대화, 회의 감정, 지식들을 기술한다. 프로젝트/팀/부서 블로그는 집단 지성과 협업 커뮤니티를 지원하기 위한 블로그이다. 각 직원 블로그의 콘텐츠는 관련 있는 프로젝트, 팀, 부서 블로그로 퍼블리싱이 되고 이러한 블로그들은 Business Intelligence의 집중화된 원천이 되며, 원활한 협업 커뮤니티를 가능하게 한다. 지식 블로그는 지식의 공유와 관리에 포커싱이 된 지식 블로그이다. 각 직원들에 의해 제작된 콘텐츠와 프로젝트, 팀, 부서 간 블로그의 인터렉션을 통해 생성된 지식은 필터링되고 분류되는데, 이는 간단한 검색, 접근, 지식공유 등의 기능을 원활하게 하기 위함이다. 엔터프라이즈 블로그는 전사적으로 조직 내에 있는 모든 블로그가 통합된 것으로 엔터프라이즈 블로그 시스템의 주요 게이트웨이 기능을 하게 된다.

블로그의 장점을 인지하고, 도입을 검토하려고 하는 기업들이 기업 전략을 위해서 내부 정보를 외부로 공개한다는 것에 상당한 부담감이 존재한다. 소통의 수단으로 블로그를 이야기하지만 기업의 경우 블로그를 통해 인터넷 상의 모든 익명 사용자와 공유할 필요는 없다. 사내직원만을 위한 비공개 블로그를 운영해도 무방하기 때문이다. 외국의 경우 많은 수의 비즈니스용 블로그가 비공개로 운영되고 있다. 이와 같이 블로그 시스템에서 기업 혹은 그룹단위의 정책을 정의하여 접근 수준을 제어할 수 있어야 한다. 블로그 글 작성이 아닌 블로그 자체를 접근할 때 인증 과정을 거치고, 이런 인증은 개인 또는 그룹별로 각각 제어할 수 있어야만 기업이 요구하는 접근 제어를 충족할 수 있고, 기업 입장에서도 보안이라는 중요한 정책을 충족시키면서 사내 커뮤니티와 지식의 공유를 활성화시킬 수 있다.

기업용 블로그는 지식관리 시스템의 개인화 영역에 포함될 수 있다. 지식등록 측면에서 기업의 임직원들은 자신의 개인화된 영역에서 자신의 블로그에 일상의 기록이든 자신의 업무 경험이든, 지식이든 형식에 구애를 받지 않고 포스팅을 할 수 있는 지식의 등록 창구로 활용한다. Peer-To-Peer 커뮤니케이션 측면에서 기업은 메시지를 통제하고 직원들에게 일방적으로 메시지를 전달하려는 경향이 있다. 이러한 방식으로는 효과적으로 직원과 기업이 커뮤니케이션을 할 수 없다. 기업들은 블로그가 가지고 있는 '느슨한 커뮤니티'를 최대한 활용하여 기업의 수평적인 커뮤니케이션 수단으로 활용할 수 있다. 블로거들은 직접 글을 쓰고, 다른 사람의 글을 링크로 묶거나 댓글을 남기고, 그렇지 않으면 단순히 서핑만 하면서 블로고스피어에 직간접적으로 참여하는 형태의 수평적 커뮤니케이션이 활성화된다. 그리고 소셜 네트워크 기반 시스템은 수평적 대화의 단초를 제공해 줄 수 있는 가장 훌륭한 방식의 블로그이다. 게다가 블로그는 그 특성상 참여인원이 늘어날수록 '긴 꼬리'가 형성되면서 활기가 생긴다. 그로 인해 기업 내의 블로그를 기반으로 하여 직원들의 관심도가 분석되고 정보의 축적도가 분석되고 검색을 통한 지식의 전문가를 알 수 있어서 조직의 업무 효율성을 증가시킬 수 있는 인적 지식 네트워크 분석의 토대가 된다(하호진, 2006).

IBM은 전 세계적으로 30개 이상의 국가에서 500명이 넘는 직원들이 비스니스 전략 수립과 소프트웨어 개발 프로젝트 수행 시 블로그를 활발히 사용하고 있다. 웹에 퍼블리싱을 원하는 사람들에게 퍼블리싱 권한을 제공함으로써 쉽고 편리한 제작, 관리 공유 수단이 되고 있으며, 단순성과 정보공유 활용성이 뛰어난 이 서비스가 직원들에게 크게 도움이 되고 있다. 하트포드 금융서비스그룹에서는 40여 명에 달하는 현업 테크놀로지 매니저팀들이 솔루션에서부터 기술적인 문제 해결에 이르기까지 다양한 목적으로 블로그를 사용하고 정보를 공유하고 있다. 종전의 이메일이나 메신저에서는 커뮤니케이션 기록에 대한 추적과 관리가 쉽지 않고, 커뮤니케이션 내용을 검색하기도 쉽지 않았기 때문에 지식관리 측면에서 정보공유와 커뮤니케이션 기록을 보관하고 검색하는 데 블로그를 도입한 것이다. 다임러 크라이슬러는 미국 내에 있는 공장을 위해 블로그를 개설하여 매니저들이 블로그를 통해 문제들을 해결하고 그 기록을 남겨 여러 사람이 공유할 수 있도록 하고 있다. 시스코는 핵심기업 블로그 역할을 하는 News@Cisco Notes Blog 외에도 정부기관을 독자로 하는 Cisco High Policy Blog, wireless를 주된 주제로 하는 Mobility Blog, 데이터센터를 주된 주제로 하는 Data Center Networks Blog 등을 가지고 있다. 이들 블로그를 통해 각 목표 독자에 맞는 주제로 블로깅을 함으로써 네트워크의 역할을 홍보하는 수단으로 활용하고 있다.

3

SNS 정치참여의 동학과 구조

1) 웹의 진화와 정치참여

본서에서는 웹의 진화를 3단계로 구분하여 정치참여와 관련지어 논의하고자 한다(이원태 외, 2009). 인터넷 초기 모델인 웹 1.0시대에는 인터넷 홈페이지, 전자우편, 인터넷 토론방/커뮤니티를 통해 적은 비용으로 누구나 자유롭고 신속하게 다양한 정치적 정보를 얻고 의견을 개진해 왔다. 웹 1.0은 포털사이트를 중심으로 뉴스제공과 여론형성이 이루어졌다. 토론이 주로 이루어지는 공간이 인터넷 포털사이트이고, 토론이 이루어지는 주된 방식은 바로 댓글이다. 인터넷 뉴스를 통해 전달된 사안에 대한 평가는 해당 기사에 대한 댓글을 통해 이루어진다. 인터넷 토론방의 게시물에 대한 평가방식은 크게 댓글, 찬반투표 등이 존재하며, 이 중 양적으로 가장 우세한 방식도 댓글이다. 댓글 중심의 토론문화는 참여를 촉진시키고 새로운 정보의 노출을 증대시키는 장점을 가짐과 동시에 적절하게 관리되지 않을 경우 숙의 자체를 방해하는 한계를 보여 주기도 한다(나은경 외, 2009).

웹 1.0이 포털로서의 웹으로 통칭되는 일 방향 정보접근이 가능한 웹이었다면, 웹 2.0은 이용자들의 공유와 참여가 가능한 웹을 의미한다. 구체적으로 웹 1.0시대에서는 사업자가 인터넷 상의 정보의 생산, 관리, 배급을 주도하여 이용자들이 정보를 검색하고 활용하는 데 주력했다면, 웹 2.0시대에서는 사업자가 모든 사람들에게 개방된 공간을 제공함에 따라 이용자는 정보와 콘텐츠를 생산하고 공유하며 전파하는 주체가 되었다(윤승욱, 2009). 웹 2.0은 이용자가 직접 콘텐츠를 생산하고 정보를 공유하고 소비한다는 점에서 이용자 중심의 웹 환경으로 변화하였다고 평가한다(정재철, 2008). 웹 2.0시대에서는 누구나 원하는 시간과 장소에서 손쉽게 자신의 의견을 표현하고 공유하였고, 사회문화적으로 개인의 가치가 중시되면서 블로그, 미니홈피, UCC 등의 개인미디어가 발전하였다. 또한 전통미디어가 정치보도에 있어서 객관성과 균형 등을 위시해 소극적인 정치적 주장을 제공한 반면, 블로그 등에서는 여과되지 않고 꾸밈없는 정치적 의견을 대중에게 신속하게 제공하였다. 또한 개인미디어는 단순히 선거 홍보를 위한 수단으로서가 아니라 정치인이 자신의 인간다운 모습을 보여줌으로써 네티즌들과 감성을 공유하는 공간으로 이용된다.

웹 3.0시대의 핵심기술은 시맨틱 웹(Semantic Web)으로 컴퓨터 스스로 정보를 이해하고 추론할 수 있는 웹을 의미한다. 웹 3.0은 시맨틱 웹 기반의 지능형 웹(Intelligent) 서비스로 인간이 정보를 주면 컴퓨터가 그것을 이해해서 프로그램의 의미에 따라 정보를 통합하여 제공할 수 있다. 웹 3.0시대가 되면서, 이동성, 휴대성 등 웹의 유비쿼터스 기능을 통해 미디어는 단순한 테크놀로지 이상의 개인의 독특한 삶의 양식으로 자리 잡게 되었다. 아이폰과 스마트폰이 결합된 트위터와 페이스북 같은 마이크로 블로깅 서비스는 대표적인 웹 3.0 미디어로서 실시간 커뮤니케이션을 가능케 하고 있다. 더 나아가 융합이 더욱 진행되면서는 시맨틱 웹(Semantic Web)을 통해 개인이 원하는 정보를 전달함에 따라 플래시몹과 같이 비형식적이고, 일시적으로 오프라인의 특정시간과 장소에서 일시적으로 모였다가 흩어지는 정치참여의 양상을 보이고 있다.

<표 2-4> 웹의 진화

	웹 1.0	웹 2.0	웹 3.0	웹 4.0
미디어/서비스	홈페이지, 전자우편, 토론방, 커뮤니티	블로그·미니홈피 등 1인 미디어, UCC 등 참여촉진형 미디어, 웹 TV, IPTV	웹서버·데스크톱PC·모바일의 경계가 사라진 미디어, 트위터·페이스북 등 소셜 네트워크 서비스	웹의 지능형 서비스를 활용한 미디어
대표기술	웹브라우저	브로드밴드	시맨틱웹 → 강화	
정치주체	개인 → 개인화 심화(개인/자발)			
커뮤니케이션 성격	쌍방향적(정부 ↔ 시민, 시민 ↔ 시민)			
이슈/어젠다	거대담론/이성적 → 생활이슈/감성적 → 심화			
정치참여 형태	게시글 작성, 댓글 달기, 퍼나르기, 온라인 여론조사, 온라인 투표, 여론형성, 온라인 정치자금모음, 사이버정당 연설, 사이버 후원회 → 심화			
정치참여 특성	정보접근성, 다양성, 개인화	개방성, 연결성, 상호작용성, 신속성, 일상성	맞춤화, 이동성, 편재성, 휴대성, 비형식적, 일시적	유기적, 지식·정보의 구조화, 실제화

자료: 이원태 외(2009), 재구성.

2) SNS 정치참여

SNS는 일반적으로 웹 상에서 다양한 인적 네트워크를 구축하여 정보를 공유하고 의사소통을 도와주는 서비스를 지칭한다. SNS는 협의의 정의로는 실체적인 서비스를 지칭하지만, 광의로는 웹 기반의 사회적 연계현상을 통칭하는 용어로 사용된다(Boyed and Ellison, 2007;

송경재, 2011). 가장 대표적인 SNS는 페이스북과 트위터이다. 트위터가 속보처럼 쉴 새 없이 의제를 던지는 미디어라면, 페이스북은 속보성보다는 좀 더 많은 의견수렴의 기능을 가지며, 트위터는 자기정체성을 수렴할 수 있는 정보가 매우 분산적으로 제시되는 것에 비해 페이스북에서는 자기정체성이 수시로 나타나 프로파일링(profiling)이 더 손쉽게 이루어질 수 있다(조희정, 2011). 페이스북, 트위터 등의 SNS 정치참여에 대한 대표적인 사례는 2008년 미국대선 이후 2009년 6월 이란대선, 2010년 5월 영국총선, 2010년 7월 일본 참의원 선거, 2010년 8월 호주총선, 2011년 초반 튀니지의 시민혁명 등이다. 2008년 미국대선과 2009년 6월 이란대선, 그리고 2010년 5월 영국총선의 사례를 구체적으로 살펴보면 다음과 같다.

2008년 미국의 오마바 대통령은 SNS를 이용해 민주당의 유력한 대선후보였던 힐러리 클린턴 후보에게 도전장을 던졌다. 대선 출마를 선언한 얼마 뒤 오바마는 마이스페이스란 SNS를 통해 4만 8000여 명의 회원과 친구를 맺고 강력한 후보로 부상하던 힐러리를 제치고 당선됐다. 비록 오프라인에서는 힐러리 후보에 비해 열세인 대선캠프를 가졌던 오바마였지만, 4만 8천여 명의 온라인 친구들은 그가 가는 곳마다 열광과 함께 용기를 주었다. 선거자금을 모금할 당시 힐러리 진영은 400만 달러를 모금했지만 오마바는 그보다 월등한 690만 달러를 모금할 수 있었다. 2008년 10월 19일 미국 대선과정 중 공화당 정부에서 국무장관을 지낸 콜린 파월(Colin Powell)이 당시 민주당 후보인 오바마에 대한 지지를 표시한 지 몇 분 지나지 않아, 이 뉴스는 소셜 네트워크 서비스를 타고 전 세계로 타전되었다(송경재, 2011). 당시 오바마의 대표 페이스북 친구는 301만 명이 넘었다고 한다. 이 수치는 지지자들이 만든 '오바마를 지지하는 학생모임'이나 '자랑스러운 오바마', '미셸 오바마' 등의 친오바마 페이스북 그룹은 포함되지 않은 수치로, 상위 20개 그룹만 합쳐도 200만 명이 더 늘어난다. 반면에 당시 공화당 후보였던 존 매케인(John McCain)은 61만 4천 명에 불과했다. 이러한 결과는 오바마를 미국 최초의 흑인대통령으로 만들었다.

이란 대선이 치러진 2009년 6월 12일 당시 외신들과 이란 내부 젊은 층의 예상과 달리 마무드 아마디네자드 대통령이 득표율 62.6%로 야당 후보인 무사비를 압도적인 표차로 누르고 재선에 성공할 것으로 공식발표되었는데 이날 트위터에서는 '이란선거(#iranelection)'라는 해시태그(hashtag, 트위터 주제어)가 처음 등장하였다. 트위터의 활약은 13일부터 두드러지기 시작했는데 대선 결과에 불복한 젊은이들이 대규모 시위에 나서게 됐고, 인터넷에 익숙한 이란 젊은 층은 이 사실을 전 세계에 알리기 위해 트위터와 유튜브를 활용하기 시작하였다. 인기 트윗 주제어인 '#iranelection'으로 모인 글들 중에는 시위 도중에 이란 학생이 사망했다는 소식이 전해지기도 했지만 어느 언론에서도 이러한 사실은 보도되지 않았다. 또한 낙선한 무사비 후보를 상징하는 녹색의 물결이 시작되어 이란에서는 녹색천을 두른 시위대가 거리를 가득 메웠고 트위터에서는 아이콘을 녹색으로 바꾸는 어플리케이션이 소개되기도 하였다. 6월 14일에는 '#CNNFail'이라는 해시태그가 생성되면서 미국 언론의 이란대선 결과 항의시위 보도 태도를 비판하는 글들이 점차 늘어나기 시작하며 이란 트위터 사용자들의 항의시위 글과 사진이 트위터에 유포되면서 이란의 정권교체를 희망하던 미국인들도 함께 참여하게 되었다. 이들의 메시지는 '오후 5시까지 시위 계속', '자동차를 이용하지 말 것'과 같은 내용이었다고 로이터 통신이 전했다. 19~21일에는 시위가 격화되면서 사망자가 늘어나게 됐고, 이러한 가운데 20일에는 네다 아가 솔탄(Neda Soltani, 27세) 양이 민병대가 쏜 총에 사망한 동영상이 트위터와 유투브를 통해 급속히 퍼져나가기 시작하였다. 주요 '빅블로거'들은 트위터가 이란인들 간의 커뮤니케이션뿐 아니라 이란과 이란 밖 세계인들의 커뮤니케이션 창구 역할을 했다고 평가하였다. 또한 트위터 활용의 유형을 중심으로 본다면 해시태그를 통한 전 세계인의 주목을 연결하고 결집하는 효과를 거둠으로써 또 다른 적극적인 정치적 활용의 사례로 평가될 수 있다(조희정, 2010).

2010년 영국총선은 소셜 미디어의 영향력을 확인한 영국 최초의 소셜 미디어 선거로서 주요 정당이나 후보자들이 소셜 미디어를 매우 적극적으로 활용하게 됨에 따라 유권자들도 트위터 등 소셜 미디어를 통해 정치적 정보를 습득, 공유하거나 TV 정치토론을 시청하면서 트위터 상에서는 실시간으로 자신의 정치적 감정이나 의견을 표출하였다. 2010년 5월 총선기간 동안 트윗민스터(tweetminster.com)라는 정치정보 사이트에서 각 정당에 대한 긍정적 또는 부정적 메시지의 비율을 토대로 측정된 트위터 상의 여론이 실제 선거결과와 거의 비슷하게 나타나 트위터를 통해 선거결과를 예측할 수 있었다(이원태 외, 2010). 일종의 트위터 정치포털과 같은 트윗민스터 서비스가 가능한 것은 우리와 달리 영국선거법이 인터넷을 이용한 정치참여에 대한 별도의 규제 규정이나 법이 없다는 제도적 특성이 기여한 것으로 평가할 수 있는데 비단 트위터뿐만 아니라 모든 콘텐츠의 네트워크를 구축하고 있는 SNS가 의미 있기 위해서는 이와 같이 자발적인 정치적 자원의 동원, 실제 선거결과에의 영향 등이 제시되어야 한다는 사실을 보여 주고 있다(조희정, 2010). 영국의 ≪가디언(The Guardian, 2010)≫ 2010년 영국총선을 '최초의 소셜 미디어 선거'라고 표현하였다. 총 3회의 TV토론 기간 중 유권자들이 TV 외에 컴퓨터, 휴대전화를 통해 SNS에 접속하여 후보자들의 의견을 실시간으로 공유하면서 선거에 대한 관심이 확대되었다. 그 결과 2010년 총선에서는 SNS 이용 확산에 힘입어 2005년 총선대비 3.7% 증가한 65.1%의 투표율을 기록했다.

3) SNS의 정치사회운동 효과에 대한 논쟁

페이스북과 트위터 등의 SNS는 2009년 이란혁명에서부터 시작하여 2011년 중동혁명에서 더욱 적극적으로 사용된 혁명의 플랫폼으로 평가되었다. SNS에 대한 역할에 대해서 'SNS의 영향력이 혁명을 야기하였다', 'SNS가 아니라 광장에 모인 다수 시민의 위력이 훨씬 더 중요하다', 'SNS가 그렇게 효과적이라면 혁명은 왜 트윗되지 않는가' 등의 논쟁이 진행되고 있다.

유명작가 말콤 글래드웰(Malcolm Gladwell)은 2010년 10월 미 시사 주간지 ≪뉴요커(The New Yorker)≫에 기고한 글에서 "왜 혁명은 트윗되지 않는가"라는 주제로 글을 게재하였다, 그는 관계의 고리가 약한 SNS 자체가 혁명을 만드는 것은 아니라는 것이다. 이집트의 SNS 혁명과 비교되는 1987년 한국의 6월 항쟁에는 트위터나 SNS도, 인터넷이나 스마트폰도 없었다. 카이로와 서울의 공통점이라면 군사독재에 대한 염증과 민주화에 대한 갈망이 폭발적으로 분출했고, 혁명의 분화구가 동일하다는 것이었다. SNS에 홀려 간과하고 있는 광장이 그것이다. 광장에 모인 '행동하는 시민'이 역사의 물줄기를 바꾼 것이다. 이와 유사하게 칼럼니스트 기든 라흐만(Gideon Rachman) 또한 "이집트 혁명에 대한"이라는 주제로 ≪파이낸셜 타임스≫ 기고문에서 이집트 국민의 44%가 문맹 또는 반문맹 상태에 놓여 있고 SNS를 사용할 수 있는 사람은 상대적으로 교육을 잘 받은 소수에 불과하다고 지적했다(Rachman, 2011.2.4). 따라서 이집트 혁명은 단지 인터넷에 의해 가능했던 것이 아니라 독재와 부패에 대한 분노, 중산층의 좌절과 빈민들의 절망 등, 좀 더 보편적인 요인에 의해 촉발되었다는 것이다(조희정, 2011).

글래드웰의 주장에 대해 여러 가지 관점의 비판들이 있다. 트위터 공동창업자 비즈 스톤은 트위터가 의미 있는 변화의 미래를 위해 아무런 역할을 하지 못했다고 무시했다고 하면 "작은 것이 큰 차이를 만들 수 있다"고 주장하였다. 트위터가 작은 구성원들로 하여금 접근을 가능케 해줌으로써 저널리즘으로서의 잠재력을 가지고 있다고 하였다. 디온 알제리(Dion Algeri)는 글래드웰이 SNS의 긍정적인 잠재력을 보지 못하고 있다며 비판하였다. SNS로 인해 사회혁명이라는 총알과 같은 즉각적인 현상이 나타나지 않다고 해서 가치가 없는 것은 아니라고 주장하였다. 이전에 웹사이트가 비즈니스 도구로 등장했을 당시도 비슷한 회의적인 시각은 존재하였다. 또한 약한 연대에 기반하는 온라인에서 효과적인 사회운동이 조직되지 않는다고 하는 글래드웰이 느슨한 연대의 가치를 무시하고 있다고 말하였다. 즉각적이고 어디서나 쌍방향으로, 자유롭게 할 수 있는 대화는 그 자체로 충분한 가치를 가진다(Algeri, 2010; 이원태 외, 2011).

이상의 논의와 달리 SNS가 정치사회적 영향력의 크기에 관한 수정론 또는 매개역할을 할 것이라고 주장하는 연구자들도 있다. 사회학자 제이넵 투페키(Zeynep Tufekci)는 소셜 미디어에 대한 과도한 기대와 찬양을 비판하는 글래드웰의 핵심적 주장에는 공감하지만 약한 연결과 강한 연결을 서로 연결하지 못하는 글래드웰의 인식적 오류에 대해서는 분명하게 비판을 가한다. 그녀는 글래드웰이 '약한 연결'과 '강한 연결'이 상호작용할 수 있는데 양자를 너무 대립적이고 모순적인 것으로 파악하였다고 비판한다(Tukekci, 2010).

아담 엘쿠스(Adam Elkus)도 ≪허핑턴 포스트≫지에 글래드웰의 글로 촉발된 트위터혁명을 둘러싼 논쟁을 기술예찬론자 대 기술회의론자의 대립으로 볼 것이 아니라 그 너머에 있는 좀 더 유연한 사고를 가질 것을 주장하는 글을 게재하였다. 그는 소셜 네트워크에 인간의 요소가 결여되었다고 볼 수 없으며, 희망, 공포 그리고 열망과 같은 감정들이 복잡하게 녹아 있는 신체의 확장으로서 기술을 바라보아야 한다고 주장하였다. 또한 그는 인간과 기계의 효과적인 결합이야말로 중요한 목적을 달성하는 데 도움이 된다고 말하였다(Elkus, 2010).

CHAPTER
3

SNS 이용행태 분석

SNS
BUSINESS
POLITICS

1

조사개요

1) 조사도구개발 절차

조사도구개발은 크게 4단계의 절차를 거쳐 이루어졌다.

1단계에서는 소셜 네트워크 서비스(SNS)를 활용한 기업경쟁력 제고방안과 관련된 국내외 선행연구를 분석하고 국내 전문기관 및 담당자들과의 면담결과를 토대로 수차례에 걸친 전문가 협의회 및 연구진 워크숍을 거쳐 측정을 위한 기본적인 조사모형을 구상한다.

2단계에서는 조사모형을 토대로 국내외 소셜 네트워크 서비스(SNS)를 활용한 기업경쟁력 제고방안 관련 설문조사 문항을 참고하여 임금 노동자에게 맞도록 커스터마이징하여 설문 문항을 개발한다.

3단계에서는 개발된 문항주제들을 전체 설문지의 규모, 설문지조사의 가능성 여부, 내용의 타당성 등을 고려하여 우선순위를 정하고 설문문항을 개발한다.

마지막으로 4단계에서는 개발된 문항들을 주로 전문가 워크숍과 연구진 회의를 거쳐 설문실시 문항을 최종선택하여 설문지 구성에 따라 문항들을 배열한다.

2) 조사내용

본 연구에서는 소셜 네트워크 서비스(SNS)를 활용한 기업경쟁력 제고방안 조사를 보다 정확히 하고자 20세 이상의 임금노동자들을 대상으로 한 설문지가 개발되었다. 첫째, 응답자 특성의 경우, 성별, 연령, 혼인상태, 최종학력, 가구 월평균소득, 주관적 계층의식, 근무지, 근무형태, 회사규모 등이 포함되었다.

둘째, SNS 이용행태를 분석하기 위해서 소셜 네트워크 서비스(SNS) 이용수준, 소셜 네트워크(SNS) 이용정도, 소셜 네트워크 서비스(SNS) 만족정도, 소셜 네트워크 서비스(SNS)에 접속하기 위해 이용하는 매체 또는 기기, 소셜 네트워크 서비스(SNS)를 주로 이용하는 장소, 스마트폰 하루 평균이용시간, 스마트폰 이용시간대, 소셜 네트워크 서비스(SNS)의 가치정향, 소셜 네트워크 서비스(SNS)를 이용하는 이유, 소셜 네트워크 서비스(SNS) 이용만족도, 소셜 네트워크 서비스(SNS)를 활용하여 상품정보 검색경험, 상품정보를 검색할 때 사용하는 SNS, 소셜 네트워크 서비스(SNS)를 활용하여 상품구매경험 여부, 상품을 구매할 때 사용하는 SNS, 소셜 네트워크 서비스(SNS)를 통해 상품을 구매하는 이유 등이 포함되었다.

셋째, 기업 SNS를 분석하기 위해 귀사의 기업 SNS 사용여부, 기업 SNS 하루 평균이용시간, 기업 SNS 만족수준, 기업 SNS 이용이유, 기업 SNS 자주 사용하지 않는 이유, 기업 SNS에 대한 일반적 의견, 마케팅을 위한 기업 SNS 활용에 대한 의견 등이 포함되었다.

넷째, 조직 커뮤니케이션을 분석하기 위해 정보공유 및 커뮤니케이션에 대한 의견, 직장 내 인간관계 및 의사소통에 대한 의견(동료도움/업무처리/업무지원/정신적·물질적 지원/신뢰감·애정/존경심), 업무상 인간관계에 대한 의견(관리자와 종업원 사이의 관계/직장동료들 사이의 관계) 등이 포함되었다.

다섯째, 직무만족과 조직몰입을 분석하기 위해 직장에서 하는 일의 만족여부에 대한 전체적 의견, 직무만족에 대한 의견(업무/일자리/열심히 일할 생각/승진기회/재량/이직의사/경험·능력/즐거움/경력발전/자부심/열정), 스트레스에 대한 의견(일에 지친 상태에서 들어오는 경우/육체적으로 힘들게 일해야 하는 경우/위험한 상황에서 일하는 경우), 직업에 대한 의견, 현 직장에 대한 의견(안정/승진기회/흥미/도움/유익한 일), 직장상사의 리더십에 대한 의견 등이 포함되었다.

여섯째, SNS 기업환경과 정책을 분석하기 위해 우리나라의 SNS 기업환경점수, 귀사의 SNS 기업환경점수, SNS 기업환경조성을 위한 정부지원에 대한 의견 등이 포함되었다.

3) 표본추출방법 및 분석방법

소셜 네트워크 서비스(SNS)를 활용한 기업경쟁력 제고방안 측정을 위하여 전국 규모의 실증자료 수집을 실시하였다. 설문조사를 위한 표본을 추출하기 위하여 통계청자료를 근거로 성별, 연령별, 지역별, 회사규모별 모수를 확인하였다. 그리고 표집의 대표성을 확보하기 위해 파악된 모수를 근거로 하여 할당표집을 실시하였다. 표집방법은 표와 같다.

〈표 3-1〉 표본추출방법

조사대상	조사방법	조사대상자 수	표집방법
임금근로자	온라인조사	1,000명	성별, 지역별, 연령별, 회사규모별

본 연구에서는 소셜 네트워크 서비스(SNS)를 활용한 기업경쟁력 제고방안을 분석하기 위해서 기술통계와 평균차이검증(t-검증/F검증), 그리고 교차분석을 실시하였다.

첫째, 기술통계에서는 본 연구에서 사용된 소셜 네트워크 서비스와 기업경쟁력 관련 변인들의 수준을 탐색하기 위하여 기술적으로 분석하였다.

둘째, 평균차이검증에서는 소셜 네트워크 서비스와 기업경쟁력에 대해 임금노동자들의 SNS 이용행태, SNS 이용행태에 따른 기업경쟁력과 그 차이가 있는지를 t/F 검증을 사용하여 분석하였다.

셋째, 교차분석에서는 조사대상자들의 개인적 특성에 따른 SNS 이용행태, SNS 이용행태에 따른 기업경쟁력에 대한 수준과 관계양상을 분석한다. 이상의 분석방법을 위해 사용된 통계프로그램은 SPSS12.0이다.

2

사회 인구학적 특성

분석에 사용된 조사대상자의 성별, 연령, 학력, 거주지, 주관적 계층의식 등의 빈도를 살펴보면, 성별의 경우 남성은 50.6%로 여성보다 약간 높으며, 연령은 20대 20.2%, 30대 24.3%, 40대 24%, 50대 19.8%, 60세 이상 11.7%로 구성되었다.

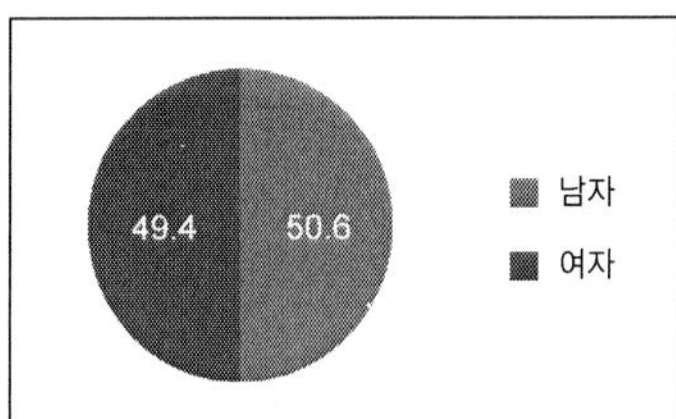

〈그림 3-1〉 성별분포

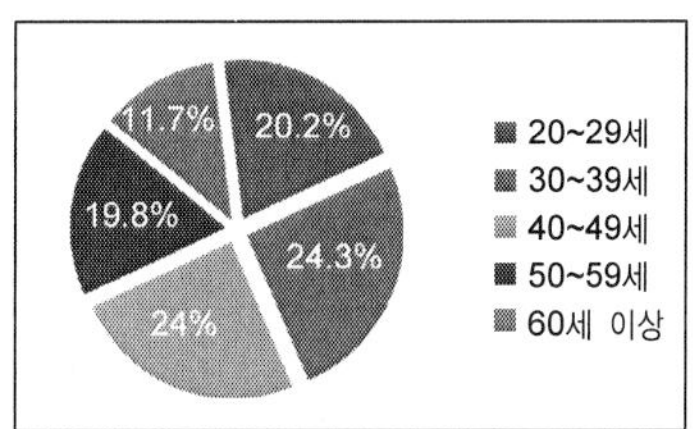

〈그림 3-2〉 연령분포

조사대상자들의 거주지를 살펴보면, 경기도가 24.3%로 가장 많이 분포되었고, 그 다음으로 서울 21.7%, 부산 7.8%, 경남 6.3%, 인천 5.4%, 대구 5.4%, 경북 5.1%, 충남 3.6%, 강원도 3%, 충북 3%, 전북 3%, 전남 3%, 광주 2.7%, 대전 2.7%, 울산 2.4%, 제주 0.6% 순서로 분포되었음을 보여 준다.

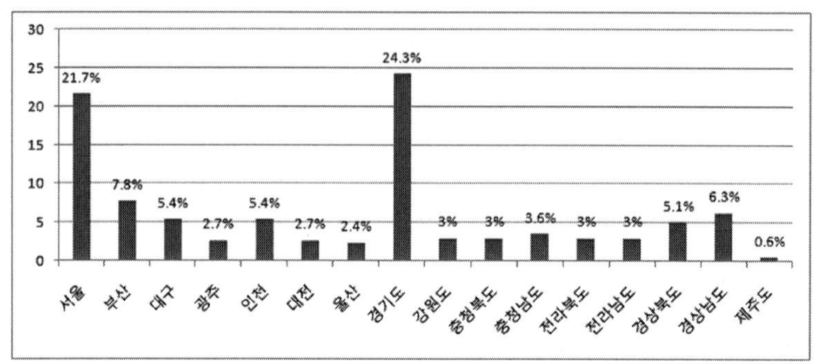

〈그림 3-3〉 거주지 분포

조사대상자들의 혼인상태를 살펴보면, 기혼 62.5%로 가장 많고 그 다음으로 미혼 34.7%, 이혼 1.9%, 사별 0.7%, 별거 0.2% 순서로 분포되었음을 보여 준다. 학력을 살펴보면, 대학교 졸업 60%, 초대졸/대학중퇴/대재 17.7%, 고등학교 중퇴/졸업 12.8%, 대학원 9%, 중학교 중퇴/졸업 0.2%, 초등학교 중퇴/졸업 0.2%, 무학 0.1%로 구성되었다.

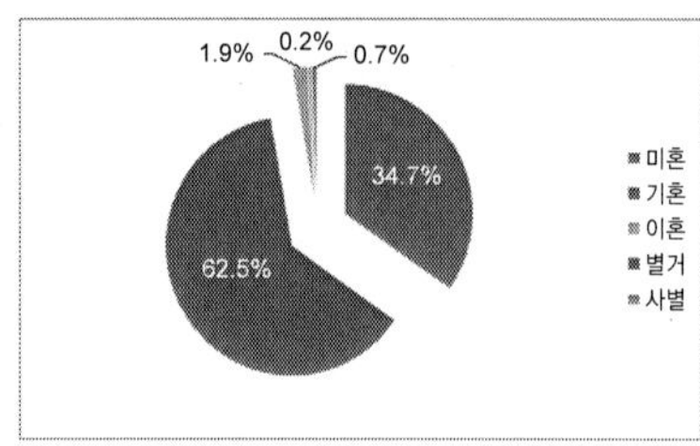

〈그림 3-4〉 혼인상태

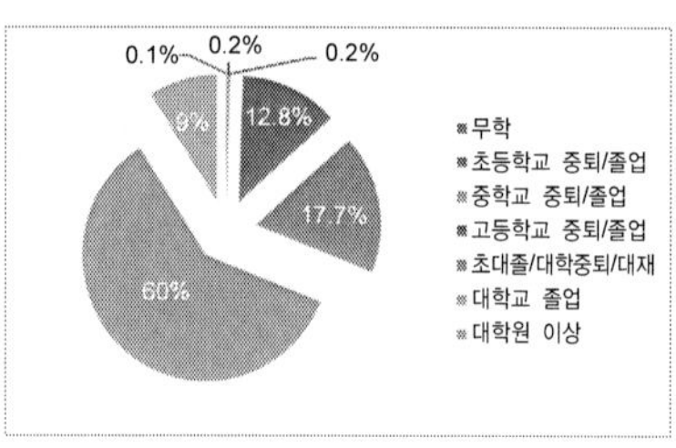

〈그림 3-5〉 학력

　조사대상자들의 월평균소득을 살펴보면, 200~299만원 수준이 28.6%로 가장 많고 그 다음으로 100~199만원 22.5%, 300~399만원 19.2%, 500만 원 이상 14%, 400~499만 원 13.3%, 100만 원 미만 2.4% 순서로 분포되었음을 보여 준다. 주관적 계층의식을 살펴보면, 중층의 하가 47.3%로 가장 많고 그 다음으로 중층의 상 26%, 하층의 상 19.7%, 하층의 하 4.7%, 상층의 하 1.8%, 상층의 상 0.5% 순서로 분포되었음을 보여 준다.

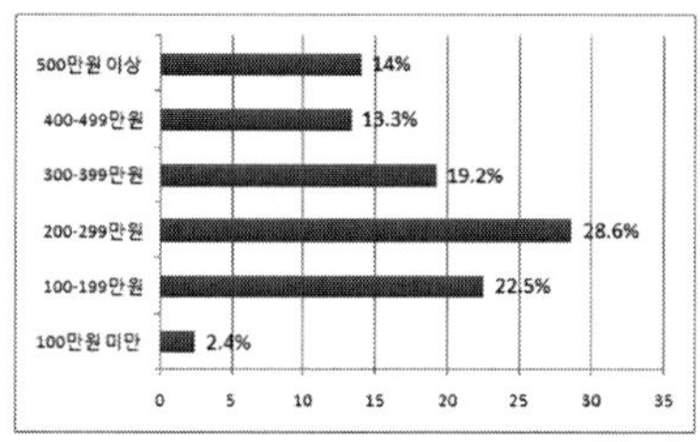

〈그림 3-6〉 월평균 소득　　　　　〈그림 3-7〉 주관적 계층의식

　조사대상자들의 직업분포를 살펴보면, 일반사무직이 53.6%로 가장 많고, 그 다음으로 경영관리직 13.2%, 전문직 12.7%, 판매서비스직 11.2%, 생산/기술직 7.7%, 단순노무직 1.4%, 농림/어업/광업 종사자 0.2% 순서로 분포되었음을 보여 준다.

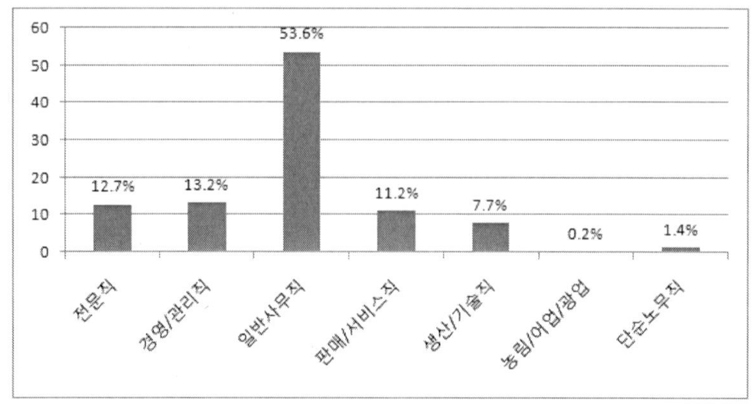

〈그림 3-8〉 직업 분포

정규직과 비정규직의 비율은 각각 87.6%와 12.4%로 구성되었고, 근무형태의 비율은 전일제 96.7%와 시간적 3.3%로 구성되었다.

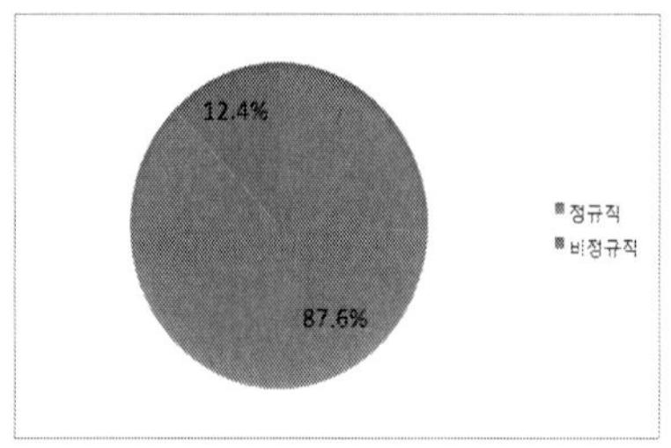

〈그림 3-9〉 정규직과 비정규직 여부

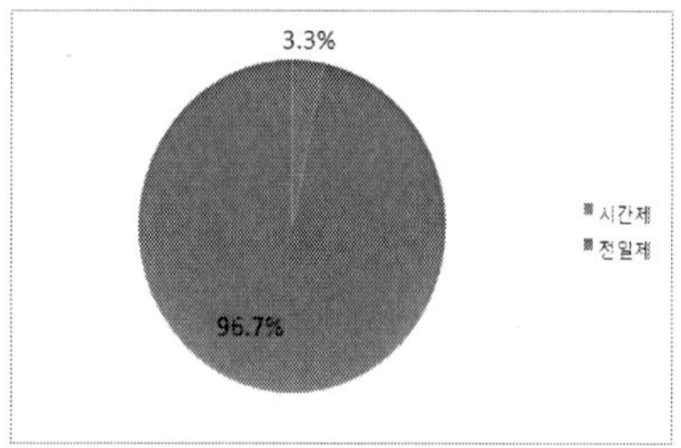

〈그림 3-10〉 근무형태

3

SNS 이용행태 분석

1) 소셜 네트워크 서비스 이용

소셜 네트워크 서비스(SNS)의 하루 평균이용수준에 대한 분석결과는 그림과 같다. 카페/커뮤니티(3.59점)와 카카오톡(3.51)을 다른 소셜 네트워크보다 더 많이 이용하는 것으로 나타났다. 다음은 블로그(3.12), 미니홈피(3.15), 소셜 커머스 사이트(3.02), 마이크로블로그(2.93), 페이스북(2.76), 기업마이크로블로그(2.14)의 순서로 높게 나타났다.

이러한 분석결과는 소셜 커머스 사이트, 카카오톡, 미니홈피, 카페/커뮤니티, 블로그는 5점 척도의 중간값인 3보다 큰 수치로서 많이 이용하는 것으로 나타난 반면에, 마이크로블로그, 기업마이크로블로그, 페이스북 등은 3보다 작은 수치로서 현재까지는 상대적으로 적게 이용하는 것으로 나타났다.

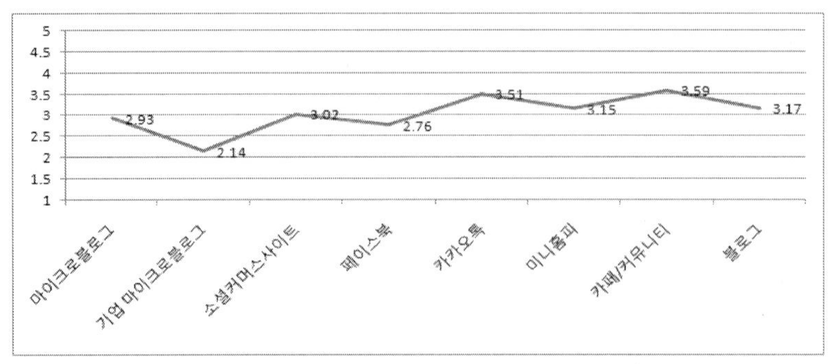

〈그림 3-11〉 소셜 네트워크 서비스 하루 평균이용수준

소셜 네트워크 서비스 이용에 있어 남성과 여성 사이에 차이가 있는 지를 비교하였다. 소셜 커머스, 페이스북, 카카오톡, 미니홈피, 카페/커뮤니티 변인들은 남성과 여성 사이에 유의미한 차이가 있는 것으로 나타났다. 남성은 여성보다 페이스북을 더 많이 이용하는 반면에, 여성은 남성보다 소셜 커머스, 페이스북, 카카오톡, 미니홈피, 카페/커뮤니티를 더 많이 이용하는 것으로 나타났다.

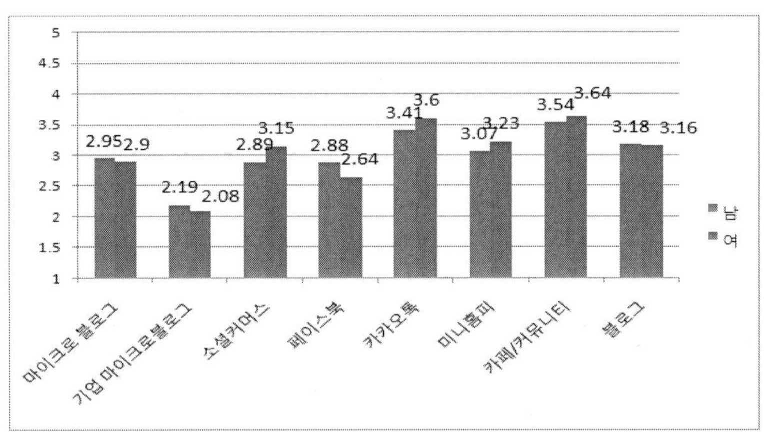

〈그림 3-12〉 성별 소셜네트워크서비스 하루 평균이용수준에 대한 평균차이검증결과

소셜 네트워크 서비스 이용수준에 있어 회사규모에 따라 어떠한 차이가 있는지를 비교하였다. 기업마이크로블로그, 소셜 커머스, 페이스북, 카카오톡은 회사규모에 따라 유의미한 차이가 있는 것으로 나타났다. 50~299명 규모의 회사노동자들은 기업마이크로블로그와 소셜 커머스 그리고 카카오톡을 더 많이 이용하는 반면에, 300명 이상 규모의 회사노동자들은 페이스북을 더 많이 이용하는 것으로 나타났다.

〈표 3-2〉 기업규모별 소셜 네트워크 서비스 이용수준에 대한 평균차이 검증결과

구분	회사규모			F
	50명 미만	50~299명 미만	300명 이상	
1) 마이크로(미니)블로그	2.85	2.96	2.97	1.215
2) 기업용 마이크로블로그	2.01	2.22	2.18	3.964*
3) 소셜 커머스 사이트	2.79	3.16	3.11	10.158***
4) 페이스북	2.57	2.82	2.89	6.529**
5) 카카오톡, 마이피플	3.24	3.67	3.6	8.982***
6) 미니홈피(싸이월드, 버디버디 등)	3.1	3.27	3.08	2.887
7) 카페/커뮤니티	3.57	3.59	3.6	0.106
8) 블로그(blog)	3.21	3.17	3.13	0.505

*$p<.05$(단측검증), **$p<.01$(단측검증), ***$p<.001$(단측검증)
주: 점수가 높을수록 이용정도가 높음(1: 이용 안 함. 5: 매우 자주 이용)

소셜 네트워크 서비스 이용현황이다. 소셜 네트워크 사이트는 카카오톡이 773명으로 가장 많이 이용하고, 그 다음으로 페이스북 646명, 쿠팡 630명, 트위터 609명, 티켓몬스터 528명, 미투데이 486명, 그루폰 401명, 요즘 125명, 플레이톡 65명, 커넥팅 45명, 토씨 26명, 자이쿠 25명 순서로 많이 이용하는 것으로 나타났다. 소셜 네트워크의 하루 평균이용시간(분)은 카카오톡이 하루 평균 115.4분으로 가장 많

이 이용하고, 그 다음으로 트위터 50.7분, 페이스북 34.5분, 커넥팅 31.7분, 미투데이 27.8분, 요즘 24.7분, 자이쿠 24분, 토씨 23.4분, 플레이톡 22.2분, 쿠팡 21.2분, 그루폰 18.7분 순서로 많이 이용하는 것으로 나타났다. 따라서 카카오톡의 이용자 수와 하루 평균이용시간이 가장 많은 것으로 나타났다. 그 이유는 카카오톡이 기존 휴대전화 메신저와 인터넷 SNS가 가진 장점을 그대로 결합되었고 자신의 휴대폰에 등록돼 있는 사람과 연결해주는 이 서비스는 다른 어떤 종류의 SNS보다 긴밀한 관계 형성을 가능하게 하기 때문인 것으로 예측된다.

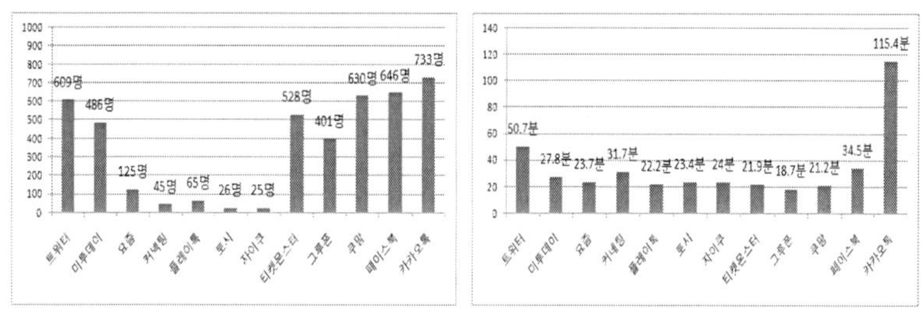

〈그림 3-13〉 소셜 네트워크 서비스 이용현황 　〈그림 3-14〉 소셜 네트워크 서비스 하루 평균이용시간(분)

2) 소셜 네트워크 서비스 접속 매체, 장소, 스마트폰 이용시간

소셜 네트워크를 주로 이용하는 장소는 회사가 47.3%로 가장 많고 그다음으로 집 41.7%, 이동 중 교통수단 9.5%, 상업시설 0.6%, 길거리 0.9% 순서로 나타났다. 소셜 네트워크를 주로 이용하는 장소가 회사로 나타난 이유는 업무시간 내내 컴퓨터가 켜져 있고 인터넷에 언제든지 접속할 수 있기 때문으로 예상된다. 이동 중 교통수단과 상업시

설 그리고 길거리에서 주로 이용한다는 응답률이 11%로 적지 않은
비율로 나타났다. 그 이유는 스마트폰 이용자일 것으로 예상된다.

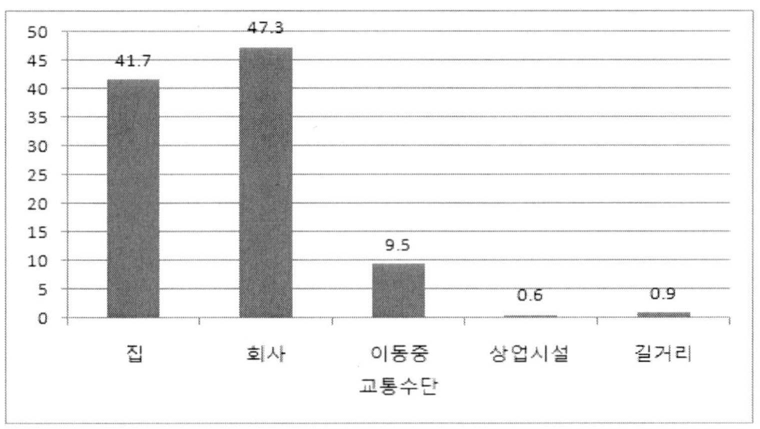

〈그림 3-15〉 소셜 네트워크 서비스 이용장소

소셜 네트워크 서비스 이용장소에 있어 남성과 여성 사이에 어떠
한 차이가 있는지를 확인하기 위해 교차분석을 실시하였다. 남성은
주로 회사에서 가장 많이 이용하고 그다음으로 집, 이동 중 교통수단,
길거리 순서로 나타났으며, 여성도 남성과 마찬가지로 회사에서 가장
많이 이용하고, 그다음으로 집, 이동 중 교통수단, 길거리, 상업시설
순서로 많이 분포되었음을 보여 준다.

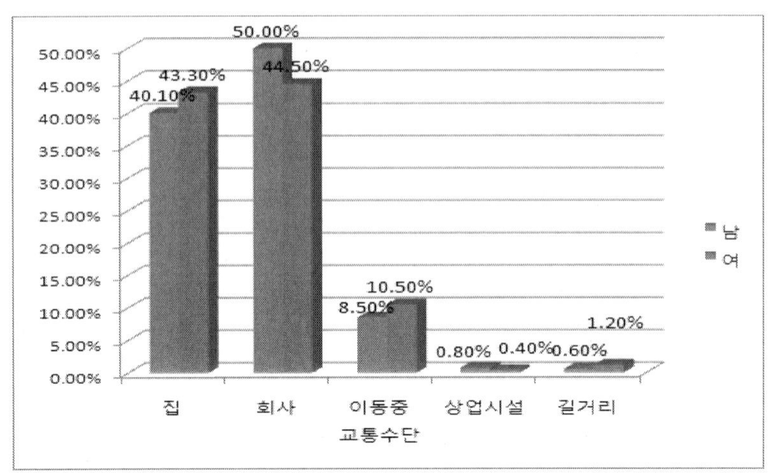

〈그림 3-16〉 성별 소셜 네트워크 서비스 이용장소에 대한 교차분석 결과

소셜 네트워크 서비스이용 장소에 있어 연령에 따른 차이가 있는지를 확인하기 위해 교차분석을 실시하였다. 그림과 같이 연령이 많을수록 집에서 가장 많이 이용하는 반면에, 연령이 적을수록 회사에서 더 많이 이용하는 것으로 나타났다. 이동 중 교통수단에서 가장 많이 이용하는 연령은 30대이고, 상업시설은 연령이 젊을수록 많이 이용하며, 길거리는 20~30대가 가장 많이 이용하는 것으로 분포되었다. 이러한 분석결과는 통계적으로 유의미하다.

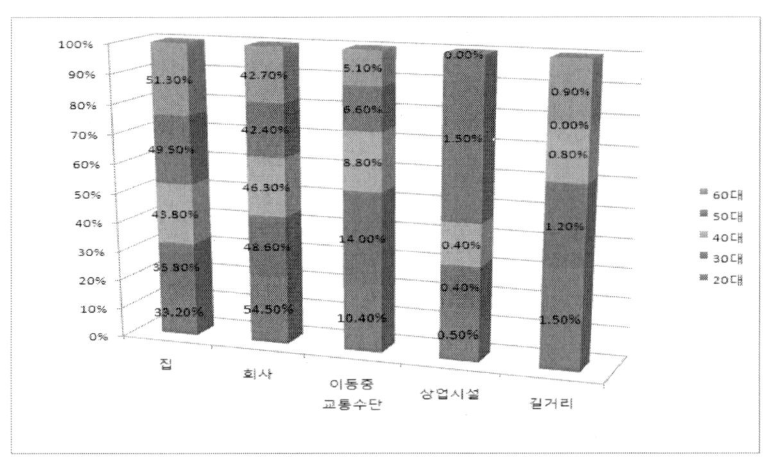

〈그림 3-17〉 연령별 소셜 네트워크 서비스 이용장소에 대한 교차분석 결과

소셜 네트워크 서비스 이용장소에 있어 회사규모에 따른 차이가 있는지를 확인하기 위해 교차분석을 실시하였다. 그림과 같이 회사규모가 작은 조직에 종사하는 노동자일수록 집에서 많이 이용하는 반면에, 회사규모가 큰 조직에 종사하는 노동자일수록 회사에서 많이 이용하는 것으로 나타났다. 이동 중 교통수단과 길거리에서 이용하는 경우는 50~299명의 규모에 종사하는 임금노동자가 가장 많은 것으로 나타났다.

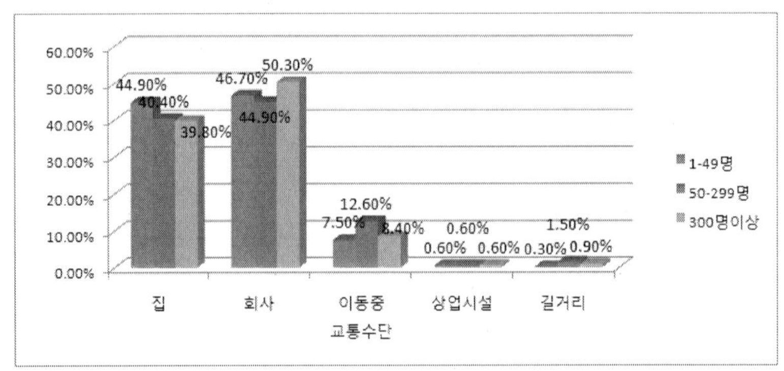

〈그림 3-18〉 회사규모별 소셜네트워크서비스 이용장소에 대한 교차분석결과

스마트폰 하루 평균이용시간은 그림과 같다. 응답자들은 하루 평균 2시간이 16.8%(123명)로 가장 많이 이용하는 것으로 분포되었고, 그다음으로 1시간대 15.9%(116명), 3시간 15.5%(113명), 5시간 11.8%(86명), 1시간 미만 9.9%(72명), 6시간대 8.4%(61명), 8시간 7.1%(52명), 4시간 6%(44명), 10시간 이상 5.3%(39명), 7시간 2.9%(21명), 9시간 0.4%(3명) 순서로 분포되었음을 보여 준다. 전체 하루 평균시간은 3.63시간이고 227.34분이다.

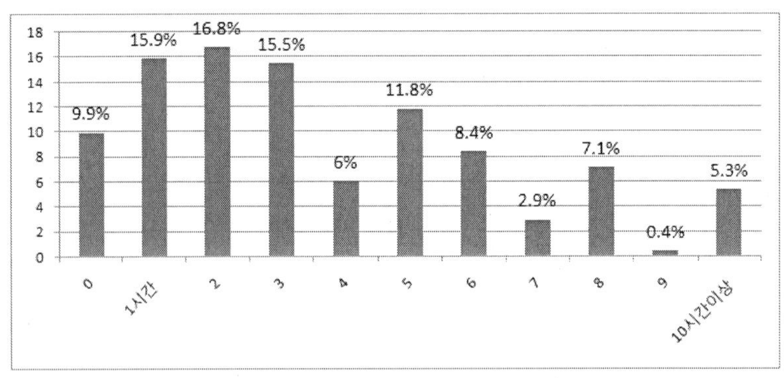

〈그림 3-19〉 스마트폰 하루 평균이용시간

	빈도	퍼센트	평균시간(분)
1시간 미만	72	9.9	
1시간	116	15.9	
2	123	16.8	
3	113	15.5	
4	44	6.0	3.63시간
5	86	11.8	(227.34분)
6	61	8.4	
7	21	2.9	
8	52	7.1	
9	3	0.4	
10시간 이상	39	5.3	
합계	730	100.0	

하루 중 스마트폰을 가장 많이 이용하는 시간대가 언제인지 조사한 분석결과는 그림과 같다. 아울러 이들이 스마트폰을 이용하는 시간대를 여덟 가지로 구분하여 5점 척도('전혀 이용하지 않는다'–'매우 자주 이용한다')로 측정하였다. 18:00~21:00시 사이가 3.88로 가장 높고, 그다음으로 12:00~15:00시(3.59), 15:00~18:00시(3.58), 21:00~24:00시(3.29), 09:00~12:00시(3.27), 06:00~09:00시(2.74), 00:00~03:00시(1.97), 03:00~06:00시(1.52)의 순서로 높게 사용하는 것으로 나타났다. 오후 5시부터 8시로 가장 많이 이용한 것으로 나타난 이유는 퇴근길 교통정보를 검색하거나 멀티미디어를 이용하는 매체로 활용하는 것으로 예상된다.

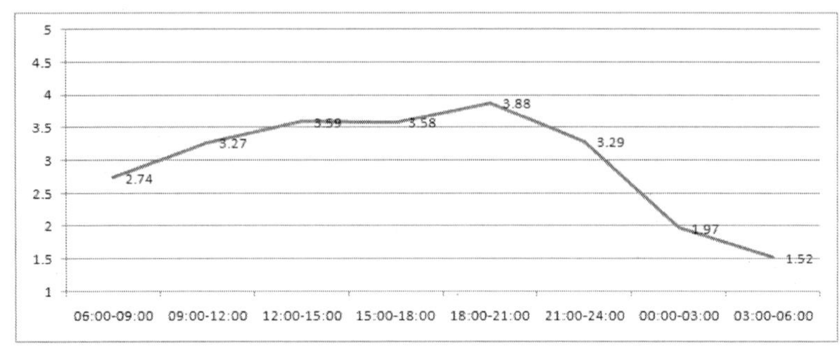

〈그림 3-20〉 스마트폰 이용시간대

3) 소셜 네트워크 서비스 이용이유

　본 조사에서는 소셜 네트워크(SNS)를 이용하는 이유를 '오락', '사적기록', '정보공유 및 획득', '관계형성 및 유지' 등을 측정하기 위해 24개 설문항목을 측정하여 분석하였다. 소셜 네트워크 서비스 이용이유를 분석결과, '타인들과 추억을 간직하기 위해서'와 '시간과 공간의 제약이 없어 사용'한다고 응답한 것이 각각 3.85로 가장 높고 그다음으로 '이용이 편리하기 때문에' 3.81, '필요한 정보를 얻을 수 있어' 3.79, '많은 사람들과 공감대를 형성할 수 있어' 3.76, '여가시간을 즐기기 위해' 3.74, '재미가 있어' 3.71, '관심분야에 대해 공감대를 형성할 수 있어' 3.69, '다른 사람의 지식을 공유하기 위해' 3.67, '최근에 일어나는 사회적 이슈에 대해 알기 위해' 3.64, '사람들과의 사이를 돈독히 하기 위해' 3.54, '많은 사람들과 만날 수 있어' 3.64, '자료를 수집할 수 있어' 3.59, '많은 사람들이 이용하기 때문에' 3.58, '기분전환을 위해' 3.52, '나만의 공간을 가질 수 있어' 3.5, '타인들과 추억을 간직하기 위해' 3.47, '말로 표현하기 힘든 것을 표현할 수 있어' 3.41,

'나만의 개성을 표현하기 위해' 3.38, '유행에 뒤떨어지지 않기 위해' 3.35, '콘텐츠 내용을 마음대로 만들 수 있어' 3.36, '일상생활을 탈피하기 위해' 3.18, '성취감을 얻을 수 있어' 3.05, '내가 주인공이라는 생각이 들어' 3.03, '경력 관리에 직간접으로 도움이 되기 때문에' 2.97, '자부심을 느낄 수 있어' 2.94, '나의 인기를 확인할 수 있어' 2.81, '비이용자에 비해 상대적 우월감을 느낄 수 있어' 2.71의 순서로 높게 형성되었다. 이러한 분석결과는 경력관리 도움, 자부심, 나의 인기확인, 상대적 우월감을 제외한 24가지 변인은 5점 척도의 중간값인 3보다 큰 수치로서 소셜 네트워크 서비스를 이용하는 이유에 대해 동의하는 반면에, '경력관리 도움, 자부심, 나의 인기 확인, 상대적 우월감에 대해서'는 동의하지 않고 있음을 보여 준다.

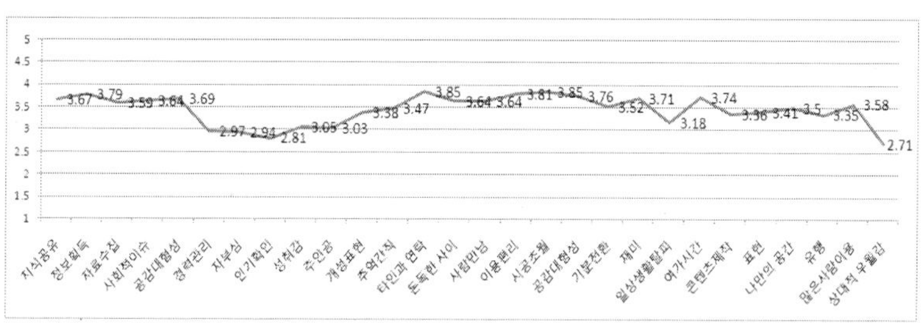

〈그림 3-21〉 소셜 네트워크 서비스 이용이유

소셜 네트워크 서비스 이용이유에 있어 남성과 여성 사이에 어떠한 차이가 있는지를 비교하였다. 성별에 따른 차이는 정보획득, 자료수집, 추억 간직, 타인과 연락, 돈독한 사이, 이용편리, 시공초월, 공감대 형성, 기분전환, 일상생활 탈피, 여가시간, 콘텐츠 제작, 자기표현, 유행변인들이 통계적으로 유의미하게 나타났다. 이들 변인들을 상호 대비시켜 살펴보면, 여성은 남성보다 필요한 정보를 얻을 수 있고, 자료를 수집할 수 있으며, 타인들과 추억을 간직하고, 타인들과 연락하기 위해, 사람들과의 사이를 돈독히 하기 위해, 이용이 편리하기 때문에, 시간과 공간의 제약이 없어서, 많은 사람들과 공감대를 형성할 수 있어서, 기분전환을 위해, 일상생활을 탈피하기 위해, 여가시간을 즐기기 위해, 콘텐츠 내용을 마음대로 만들 수 있어서, 말로 표현하기 힘든 것을 표현할 수 있어서, 나만의 공간을 가질 수 있어서, 유행에 뒤떨어지지 않기 위해 더 많이 사용하는 것으로 나타났다.

〈표 3-3〉 성별 소셜 네트워크 서비스 이용이유에 대한 평균차이 검증결과

구분	성별		t
	남	여	
다른 사람의 지식을 공유하기 위해 사용한다.	3.66	3.69	-0.732
필요한 정보를 얻을 수 있어 사용한다.	3.73	3.84	-2.286*
자료를 수집할 수 있어 사용한다.	3.52	3.66	-2.69**
최근에 일어나는 사회적 이슈에 대해 알기 위해 사용한다.	3.62	3.67	-0.915
관심분야에 대해 공감대를 형성할 수 있어 사용한다.	3.66	3.72	-1.149
경력 관리에 직간접적인 도움이 되기 때문에 이용한다.	2.98	2.96	0.375
자부심을 느낄 수 있어 사용한다.	2.92	2.95	-0.463
나의 인기를 확인할 수 있어 사용한다.	2.79	2.83	-0.591
성취감을 얻을 수 있어 사용한다.	3.02	3.08	-1.162
내가 주인공이라는 생각이 들어 사용한다.	3	3.07	-1.078
나만의 개성을 표현하기 위해 사용한다.	3.34	3.42	-1.524
타인들과 추억을 간직하기 위해 사용한다.	3.39	3.56	-3.199***
타인들과 연락하기 위해 사용한다.	3.76	3.94	-3.436***
사람들과의 사이를 돈독히 하기 위해 사용한다.	3.56	3.71	-2.937**
많은 사람들과 만날 수 있어 사용한다.	3.63	3.65	-0.483
이용이 편리하기 때문에 이용한다.	3.75	3.86	-2.045*
이용하는 시간과 공간의 제약이 없어 사용한다.	3.79	3.91	-2.377**
많은 사람들과 공감대를 형성할 수 있어 사용한다.	3.71	3.81	-2.055*

기분전환을 위해 사용한다.	3.41	3.63	-4.073***
재미가 있어 이용한다.	3.67	3.74	-1.443
일상생활을 탈피하기 위해 사용한다.	3.08	3.29	-3.710***
여가시간을 즐기기 위해 사용한다.	3.63	3.86	-4.763***
콘텐츠 내용을 마음대로 만들 수 있어 사용한다.	3.32	3.41	-1.731*
말로 표현하기 힘든 것을 표현할 수 있어 사용한다.	3.35	3.46	-1.961*
나만의 공간을 가질 수 있어 사용한다.	3.43	3.57	-2.614**
유행에 뒤떨어지지 않기 위해 사용한다.	3.29	3.41	-2.121*
많은 사람들이 이용하기 때문에 사용한다.	3.58	3.59	-0.301
비이용자에 비해 상대적 우월감을 느낄 수 있어 사용한다.	2.71	2.71	-0.139

*$p<.05$(단측검증), **$p<.01$(단측검증), ***$p<.001$(단측검증)
주: 점수가 높을수록 이용정도가 높음(1: 전혀 만족하지 않음, 5: 매우 만족)

소셜 네트워크 서비스 이용이유에 있어 스마트폰 이용자와 비이용자 사이에 어떠한 차이가 있는지를 비교하였다. 스마트폰 이용여부에 따른 차이는 소셜 네트워크 서비스 이유 변인 모두 통계적으로 유의미하게 나타났다. 이들 변인들을 상호 대비시켜 살펴보면, 스마트폰을 이용하는 노동자들이 이용하지 않는 노동자들보다 소셜 네트워크 서비스 이유 28가지가 모두 더 높게 나타났다. 이는 항상 휴대 가능한 고이동성 매체로서의 스마트폰 이용의 특성에 기인하는 것으로 설명할 수 있다.

〈표 3-4〉 스마트폰 이용여부별 소셜 네트워크 서비스 이용이유에 대한 평균차이 검증결과

구분	스마트폰 이용여부		t
	예	아니오	
다른 사람의 지식을 공유하기 위해 사용한다.	3.73	3.53	3.668***
필요한 정보를 얻을 수 있어 사용한다.	3.84	3.63	3.802***
자료를 수집할 수 있어 사용한다.	3.63	3.47	2.881**
최근에 일어나는 사회적 이슈에 대해 알기 위해 사용한다.	3.71	3.46	4.373***
관심분야에 대해 공감대를 형성할 수 있어 사용한다.	3.73	3.59	2.549**

경력 관리에 직간접적인 도움이 되기 때문에 이용한다.	3.05	2.78	3.962***
자부심을 느낄 수 있어 사용한다.	3.02	2.72	4.714***
나의 인기를 확인할 수 있어 사용한다.	2.89	2.6	4.374***
성취감을 얻을 수 있어 사용한다.	3.11	2.89	3.687***
내가 주인공이라는 생각이 들어 사용한다.	3.11	2.83	4.091***
나만의 개성을 표현하기 위해 사용한다.	3.45	3.19	4.315***
타인들과 추억을 간직하기 위해 사용한다.	3.57	3.23	5.694***
타인들과 연락하기 위해 사용한다.	3.96	3.55	7.265***
사람들과의 사이를 돈독히 하기 위해 사용한다.	3.73	3.37	6.531***
많은 사람들과 만날 수 있어 사용한다.	3.73	3.4	5.539***
이용이 편리하기 때문에 이용한다.	3.9	3.55	6.421***
이용하는 시간과 공간의 제약이 없어 사용한다.	3.95	3.58	6.755***
많은 사람들과 공감대를 형성할 수 있어 사용한다.	3.84	3.54	5.606***
기분전환을 위해 사용한다.	3.61	3.27	5.682***
재미가 있어 이용한다.	3.8	3.44	6.677***
일상생활을 탈피하기 위해 사용한다.	3.23	3.05	2.805**
여가시간을 즐기기 위해 사용한다.	3.82	3.53	5.516***
콘텐츠 내용을 마음대로 만들 수 있어 사용한다.	3.45	3.13	5.443***
말로 표현하기 힘든 것을 표현할 수 있어 사용한다.	3.48	3.21	4.410***
나만의 공간을 가질 수 있어 사용한다.	3.55	3.34	3.399***
유행에 뒤떨어지지 않기 위해 사용한다.	3.44	3.1	5.298***
많은 사람들이 이용하기 때문에 사용한다.	3.68	3.31	6.345***
비이용자에 비해 상대적 우월감을 느낄 수 있어 사용한다.	2.77	2.55	2.976**

*$p<.05$(단측검증), **$p<.01$(단측검증), ***$p<.001$(단측검증)
주: 점수가 높을수록 이용정도가 높음(1: 전혀 만족하지 않음, 5: 매우 만족)

4) 소셜 네트워크 서비스 만족도

소셜 네트워크 서비스 만족도에 대한 응답자들의 생각은 어떤지 21개 설문 항목에 대해 리커트 5점 척도로 응답하도록 하였다. 그림과 같이 응답자들은 '글과 사진을 올리는 것'이 3.76으로 가장 높고 그다음으로 '이미 알던 친구들과 관계유지' 3.71, '자유롭게 의견교환'

3.65, '나와 관심사가 비슷한 사람을 쉽게 만날 수 있음' 3.63, '내가 올린 글이나 사진에 사람들이 실시간으로 댓글' 3.6, '관심 있는 콘텐츠를 구독하거나 스크랩' 3.6, '서비스가 빠른 속도로 제공' 3.53, '다른 서비스들과 연동되어 더욱 풍부한 경험과 기능 제공' 3.53, '내가 자유롭게 꾸밀 수 있어' 3.51, '서비스 내에서 내가 찾고 싶은 글들을 검색' 3.49, '다양한 양질의 콘텐츠' 3.48, '서비스 제공업체에 대해 호감과 좋은 이미지' 3.46, '다양한 글들이 모이는 광장과의 연계' 3.44, '다른 사람에게 내 글과 나라는 사람이 널리 알려짐' 3.44, '서비스 안정' 3.39, '콘텐츠를 만들고 편집하는 기능 편리' 3.32, '서비스의 불편 사항이 빠른 시일 개선' 3.17, '내가 제작한 콘텐츠에 대한 통제권과 소유권 명확' 3.17의 순서로 높게 형성되었음을 보여 준다. 이러한 분석결과는 소셜 네트워크 서비스(SNS)의 만족도에 대한 21가지 변인 모두 5점 척도의 중간값인 3보다 큰 수치로서 소셜 네트워크 서비스(SNS)에 대해 전반적으로 만족하고 있음을 보여 준다. 소셜 네트워크 서비스 만족도 가운데 글과 사진을 올리거나 이미 알던 친구들과 관계를 유지를 하는 것에 대한 만족도가 특히 높은 것으로 나타났다.

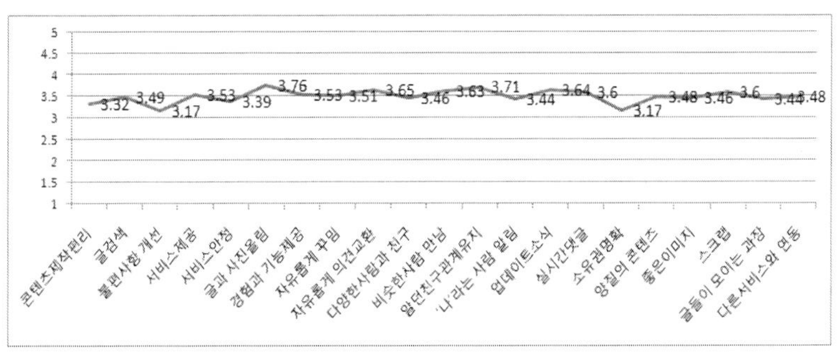

〈그림 3-22〉 소셜 네트워크 서비스 만족도

　　소셜 네트워크 서비스 만족도에 있어 스마트폰 이용자와 비이용자 사이에 어떠한 차이가 있는지를 비교하였다. 스마트폰 이용여부에 따른 차이는 소셜 네트워크 서비스 만족 변인 모두 통계적으로 유의미하게 나타났다. 이들 변인들을 상호 대비시켜 살펴보면, 스마트폰 이용자들은 비이용자들보다 소셜 네트워크 서비스 만족을 측정하는 21가지 변인이 모두 더 만족하는 것으로 나타났다.

〈표 3-5〉 스마트폰 이용여부별 소셜 네트워크 서비스 만족도에 대한 평균차이검증결과
(예: 730, 아니오: 270)

구분	스마트폰 이용여부		`t
	예	아니오	
콘텐츠를 만들고 편집하는 기능이 편리하다.	3.35	3.23	2.274*
서비스 내에서 내가 찾고 싶은 글들을 검색하기 쉽다.	3.55	3.33	3.936***
서비스의 불편 사항이 빠른 시일 내에 개선된다.	3.22	3.03	3.301***
서비스가 빠른 속도로 제공된다.	3.55	3.46	1.581
서비스가 안정적이다.	3.43	3.27	2.830**
언제나 손쉽게 글과 사진을 올릴 수 있다.	3.82	3.6	4.234***
다른 서비스들과 연동되어 더욱 풍부한 경험과 기능을 제공한다.	3.58	3.37	3.950***
내가 원하는 형태로 자유롭게 꾸밀 수 있다.	3.58	3.33	4.684***
이 서비스를 통해 타 사용자들과 자유로이 이야기와 의견을 주고받는다.	3.73	3.46	5.059***
이 서비스를 통해 다양한 사람들을 알게 되었고, 친구가 되었다.	3.53	3.29	3.811***
이 서비스를 통해 나와 관심사가 비슷한 사람을 쉽게 만날 수 있다.	3.67	3.53	2.470**
이미 알던 친구들과 관계를 유지하는 데 도움이 된다.	3.79	3.49	5.399***
이 서비스를 통해 다른 사람들에게 내 글과 나라는 사람이 널리 알려진다.	3.51	3.25	4.497***
이웃의 업데이트된 소식을 즉시 알려 준다.	3.69	3.49	3.766***
내가 올린 글이나 사진에 사람들이 실시간으로 댓글을 단다.	3.65	3.46	3.530***
내가 제작한 콘텐츠에 대한 통제권과 소유권이 명확하다.	3.2	3.07	2.245*
이 서비스를 통해 다양한 양질의 콘텐츠를 접한다.	3.56	3.27	5.108***
서비스 제공업체에 대해 호감과 좋은 이미지를 갖고 있다.	3.52	3.28	4.436***
관심 있는 콘텐츠를 구독하거나 스크랩할 수 있다.	3.66	3.44	4.256***

| 이 서비스와 다양한 글들이 모이는 광장(메타 블로그)의 연계가 잘 되어 있다. | 3.51 | 3.25 | 4.690*** |
| 서비스 내의 다른 서비스물(검색, 광장 등)과 잘 연동된다. | 3.54 | 3.3 | 4.376*** |

*p〈.05(단측검증), **p〈.01(단측검증), ***p〈.001(단측검증)
주: 점수가 높을수록 이용정도가 높음(1: 전혀 만족하지 않음. 5: 매우 만족)

5) 상품정보검색과 SNS, 그리고 상품구매경험과 SNS

소셜 네트워크 서비스(SNS)를 활용하여 상품정보를 검색한 경험에 대한 분석결과는 그림과 같다. 상품정보를 검색한 경험이 있다고 응답한 비율이 56.8%(568명)로 경험이 없다고 응답한 비율 43.2%(432명)보다 높게 분포되었음을 보여 준다.

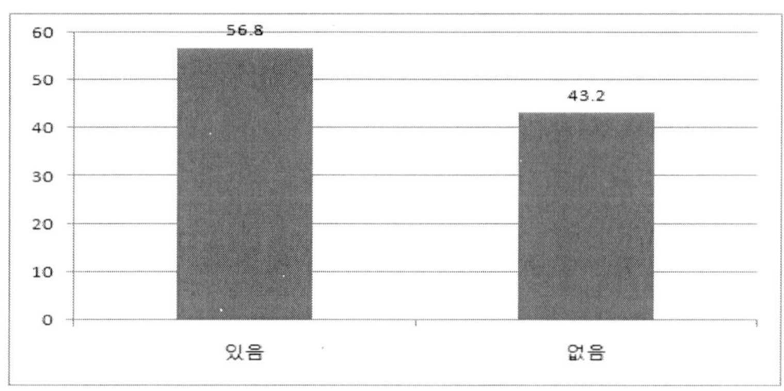

〈그림 3-23〉 SNS를 활용한 상품정보검색 경험

소셜 네트워크 서비스(SNS)를 활용하여 상품정보를 검색할 때 주로 사용되는 SNS에 대한 분석결과는 그림과 같다. 쿠팡이 48.1%로 가장 많고 그다음으로 티켓몬스터 33.8%, 그루폰 14.3%, 기타 3.9% 순서로 분포되었음을 보여 준다.

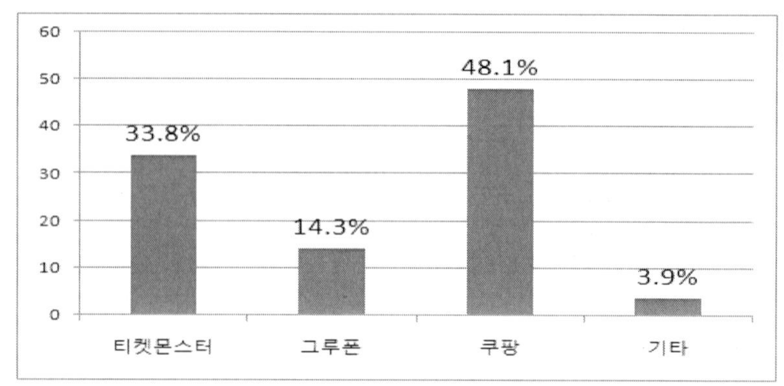

〈그림 3-24〉 상품정보를 검색할 때 주로 사용하는 SNS

소셜 네트워크 서비스(SNS)를 활용하여 상품을 구매한 경험에 대한 분석결과는 그림과 같다. 상품구매 경험이 없다고 응답한 비율이 50.9%(509명)로 구매경험이 있다고 응답한 비율 49.1%(491명)보다 높게 분포되었음을 보여 준다.

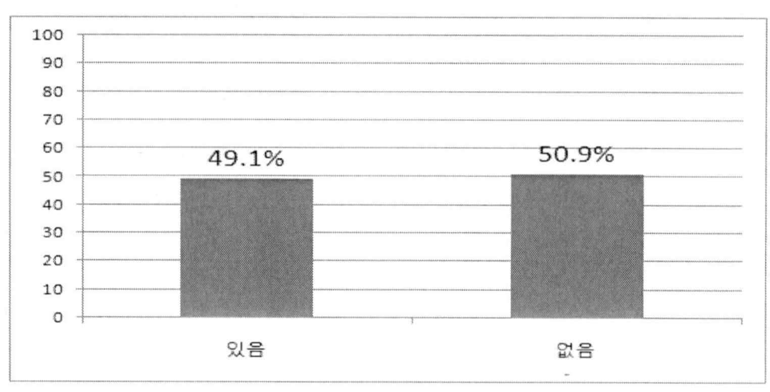

〈그림 3-25〉 SNS를 활용한 상품구매 경험

소셜 네트워크 서비스(SNS)를 활용하여 상품구매할 때 주로 사용하는 SNS에 대한 분석결과는 그림과 같다. 쿠팡이 45.6%로 가장 많고 그다음으로 티켓몬스터 38.9%, 그루폰 14.1%, 기타 1.4% 순서로 분포되었음을 보여 준다.

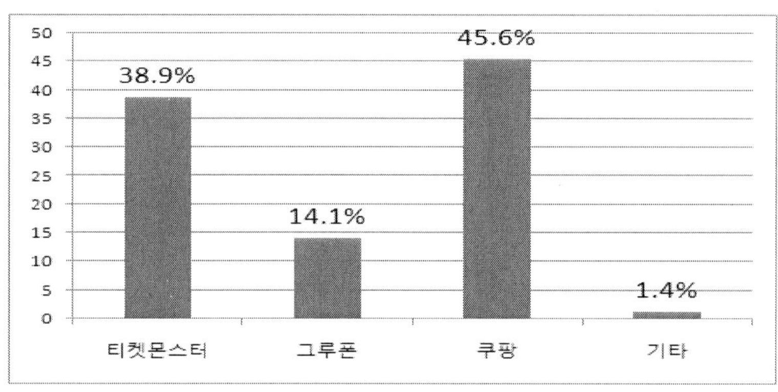

〈그림 3-26〉 상품구매 할 때 주로 사용하는 SNS

소셜 네트워크 서비스를 통해 상품을 구매하는 이유에 대한 응답자들의 생각이 어떤지 각 항목에 대해 리커트 5점 척도로 응답하도록 하였다. <그림 3-27>과 같이 응답자들은 가격절감효과가 3.93으로 가장 높고 그다음으로 가격이 상대적으로 낮음 3.82, 금전적 손실 3.7, 지불비용감소 3.56, 검색노력 감소 3.53, 조사노력 감소 3.53, 오랜 시간 기다릴 필요 없음 3.51, 비교 노력 감소 3.49, 협상노력 감소 3.48, 기대 이상 3.42, 배송비용 감소 3.4, 다양한 제품 및 서비스 3.36, 선택 폭 다양 3.32, 양질의 정보 3.32, 프라이버시 침해 감소 3.2, 피해 축소 3.11의 순서로 높게 형성되었다.

이러한 분석결과는 소셜 네트워크 상품구매이유 15개 변인, 모두 5점 척도의 중간값 3점 척도보다 큰 수치로서 소셜 네트워크를 통해 상품구매이유 15개 모두 동의하는 것으로 나타났다. 가격절감효과, 금전적 손실, 지불비용 감소는 상대적으로 높게 나타나 경제적 이유 때문에 구매하는 반면에, 프라이버시 침해와 피해 축소는 상대적으로 낮은 것으로 나타났다.

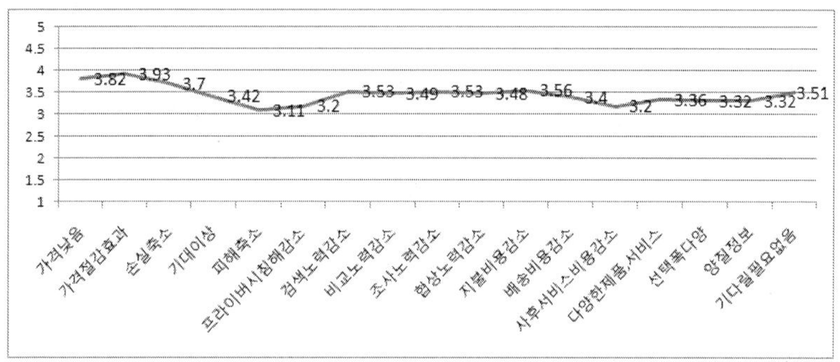

<그림 3-27> 소셜 네트워크 서비스를 통해 상품을 구매하는 이유에 대한 의견

소셜 네트워크 서비스로 상품을 구매하는 이유에 있어 남성과 여성 사이에 어떠한 차이가 있는지를 비교하였다. 성별에 따른 차이는 피해 축소, 프라이버시 침해 감소 변인에서 유미하게 나타났다. 이들 변인들을 상호 대비시켜 살펴보면, 남성은 여성보다 구매과정에서 발생할 수 있는 소비자 개인에 대한 피해를 줄일 수 있다는 점과 프라이버시 침해를 줄일 수 있다는 점에 더 높게 동의하는 것으로 나타났다.

〈표 3-6〉 성별 소셜 네트워크 서비스를 통해 상품을 구매이유에 대한 평균차이 검증결과

구분	성별		t
	남	여	
가격이 상대적으로 낮다.	3.85	3.79	0.784
가격절감 효과가 있다.	3.94	3.93	0.065
금전적 손실을 줄일 수 있다.	3.7	3.71	-0.09
제품 혹은 서비스 결과에 대한 소비자의 기대수준을 만족시킬 수 있다.	3.43	3.41	0.266
구매과정에서 발생할 수 있는 소비자 개인에 대한 피해를 줄일 수 있다.	3.19	3.04	1.760*
구매과정에서 발생할 수 있는 소비자의 프라이버시 침해를 줄일 수 있다.	3.28	3.13	1.847*
제품 혹은 서비스 거래정보와 같은 출처를 탐색하는 단계에서 발생하는 검색노력을 줄일 수 있다.	73.53	3.54	-0.118
제품 혹은 서비스 쇼핑몰에 대한 선택 대안을 비교하는 단계에서 발생 하는 비교노력을 줄일 수 있다.	3.5	3.48	0.319
구매하고자 하는 제품 혹은 서비스의 조사단계에서 발생하는 조사노력 을 줄일 수 있다.	3.57	3.5	1.013
판매자와의 협상단계에서 발생할 수 있는 협상노력을 줄일 수 있다.	3.46	3.5	-0.53
제품 혹은 서비스의 대금지불과 주문과정에서 발생하는 지불비용 (노력)을 줄일 수 있다.	3.52	3.6	-1.05
제품 배달지연이나 혹은 높은 거래비용 등과 같이 제품 혹은 서비스를 받는 과정에서 발생하는 배송비용(노력)을 줄일 수 있다.	3.4	3.4	-0.088
고객에 대한 지원 및 사후서비스 등과 같이 제품 혹은 서비스를 받고 난 후에 발생하는 사후서비스비용(노력)을 줄일 수 있다.	3.18	3.22	-0.47
제품 혹은 서비스의 종류가 많다.	3.35	3.36	-0.176
제품 혹은 서비스의 선택의 폭이 다양하다.	3.32	3.32	-0.016
제품 혹은 서비스에 대한 양질의 정보가 많다.	3.34	3.3	0.607
제품 혹은 서비스를 구매하기 위해서 오랜 시간을 기다릴 필요가 없다.	3.46	3.54	-0.925

소셜 네트워크 서비스를 통한 상품구매 이유에 있어 스마트폰 이용자와 비이용자 사이에 어떠한 차이가 있는지를 비교하였다. 스마트폰 이용여부에 따른 차이는 기대이상 수준, 검색노력감소 변인에서 유의미하게 나타났다. 이는 스마트폰을 이용자가 비이용자보다 제품 또는 서비스결과에 대한 소비자의 기대수준을 만족시킬 수 있다는 점과 제품 또는 서비스 거래정보와 같은 출처를 탐색하는 단계에서

발생하는 검색노력을 줄일 수 있다는 점에 더 높게 동의하는 것으로
나타났다.

<표 3-7> 스마트폰 사용여부별 소셜네트워크 서비스를 통해 상품을 구매이유에 대한 평균차이검증결과

구분	스마트폰 이용		t
	예	아니오	
가격이 상대적으로 낮다.	3.84	3.76	0.8
가격절감 효과가 있다.	3.96	3.82	1.397
금전적 손실을 줄일 수 있다.	3.73	3.58	1.513
제품 혹은 서비스 결과에 대한 소비자의 기대수준을 만족시킬 수 있다.	3.45	3.29	1.657*
구매과정에서 발생할 수 있는 소비자 개인에 대한 피해를 줄일 수 있다.	3.14	3	1.227
구매과정에서 발생할 수 있는 소비자의 프라이버시 침해를 줄일 수 있다.	3.2	3.2	0.022
제품 혹은 서비스 거래정보와 같은 출처를 탐색하는 단계에서 발생하는 검색노력을 줄일 수 있다.	3.57	3.38	1.891*
제품 혹은 서비스 쇼핑몰에 대한 선택 대안을 비교하는 단계에서 발생하는 비교노력을 줄일 수 있다.	3.51	3.38	1.284
구매하고자 하는 제품 혹은 서비스의 조사단계에서 발생하는 조사노력을 줄일 수 있다.	3.55	3.47	0.781
판매자와의 협상단계에서 발생할 수 있는 협상노력을 줄일 수 있다.	3.5	3.37	1.247
제품 혹은 서비스의 대금지불과 주문과정에서 발생하는 지불비용(노력)을 줄일 수 있다.	3.58	3.48	1.054
제품 배달지연이나 혹은 높은 거래비용 등과 같이 제품 혹은 서비스를 받는 과정에서 발생하는 배송비용(노력)을 줄일 수 있다.	3.43	3.3	1.236
고객에 대한 지원 및 사후서비스 등과 같이 제품 혹은 서비스를 받고 난 후에 발생하는 사후서비스비용(노력)을 줄일 수 있다.	3.22	3.11	1.046
제품 혹은 서비스의 종류가 많다.	3.37	3.29	0.791
제품 혹은 서비스의 선택의 폭이 다양하다.	3.34	3.22	1.097
제품 혹은 서비스에 대한 양질의 정보가 많다.	3.34	3.21	1.325
제품 혹은 서비스를 구매하기 위해서 오랜 시간을 기다릴 필요가 없다.	3.53	3.4	1.293

CHAPTER
4

기업 SNS

SNS
BUSINESS
POLITICS

1

기업 SNS 이용행태

1) 기업 SNS 이용

귀사의 기업 소셜 네트워크 서비스 이용여부에 대한 분석결과는 그림과 같다. 기업 소셜 네트워크 서비스를 사용하지 않는 경우가 77.5%(775명)로 사용하는 경우인 22.5%(225명)보다 높게 분포되었음을 보여 준다.

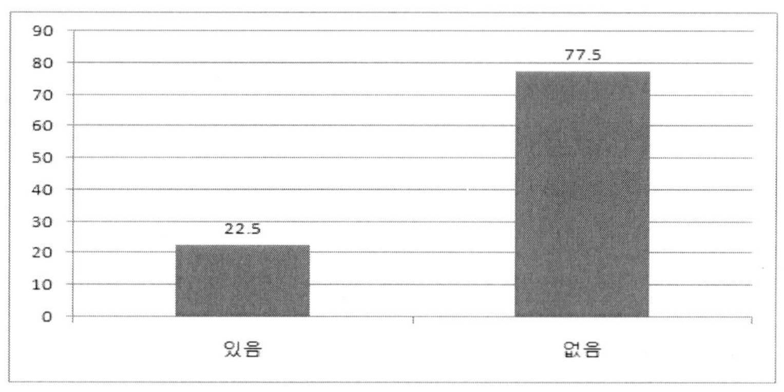

〈그림 4-1〉 귀사의 기업 소셜 네트워크 서비스 이용여부

기업 SNS 사이트 이용정도에 대한 분석결과는 그림과 같다. 트위터가 50.7%(114명)로 가장 많고 페이스북 46.7%(105명), 카카오톡 46.2%(104명), 퀵 6.2%(14명), 소셜캐스트 5.3%(12명), 야머 4.4%(10명)의 순서로 나타났다. 그 외로 사용하는 사이트는 큐브트리, 플리젠틀리, 채터, 회사자체 SNS, 쿨메신저, 온넷, 네트온, MSN, CN 트위터, 팀오피스, 구글톡, 미쓰리 등이다. 이러한 분석결과는 트위터 페이스북, 카카오톡이 가장 많이 기업 SNS로 사용되고 그 외 다양한 기업 SNS를 사용하며 회사 자체적으로 만들어 사용하고 있음을 보여 주고 있다.

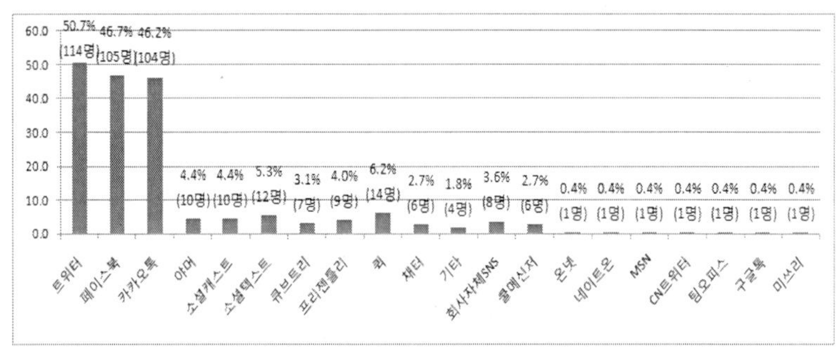

〈그림 4-2〉 기업소셜 네트워크 사이트 이용정도(N=225)

조사대상자들의 기업 SNS 사이트 이용 수에 대한 분석결과는 그림과 같다. 페이스북, 트위터, 카카오톡, 기타 모두를 사용하는 경우가 54%로 가장 많고 그다음으로 3개(26%), 2개(16%), 1개(4%) 순서로 분포되었음을 보여 준다. 한편, 기업 SNS의 사이트 분포현황은 카카오톡이 32%로 가장 많고 그다음으로 기타(27%), 트위터(25%), 페이스북(16%)의 순서로 분포되었음을 보여 준다.

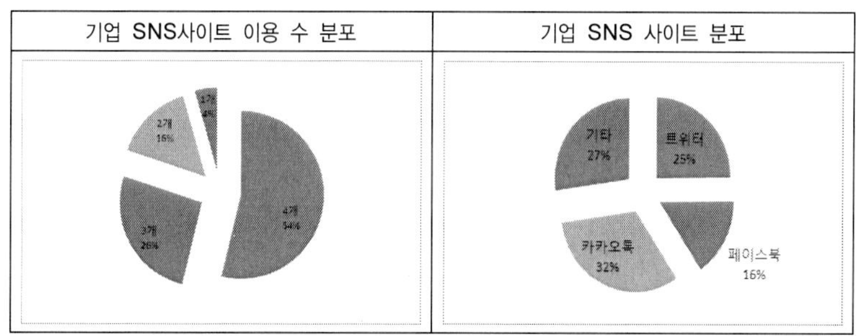

〈그림 4-3〉 기업SNS 사이트 이용 수 분포

기업 SNS의 사용유형 - 트위터, 페이스북, 카카오톡, 기타 - 을 조합하여 열다섯 가지 유형으로 만든 후 분석한 결과는 그림과 같다. 카카오톡만을 사용하는 응답은 17.3%로 가장 많고 그다음으로 기타 14.7%, 트위터·페이스북 14.2%, 트위터 13.3%, 트위터·페이스북·카카오톡 11.1%, 페이스북 8.4%, 트위터·페이스북·카타오톡·기타 4.4%, 트위터·카카오톡 4.4%, 페이스북·카카오톡 4%, 페이스북·카카오톡·기타 2.2%, 카카오톡·기타 2.2%, 트위터·페이스북·기타 1.8%, 트위터·기타 0.9%, 트위터·카카오톡·기타 0.4%, 페이스북 0.4% 순서로 많이 사용하는 것으로 분포되었음을 보여 준다.

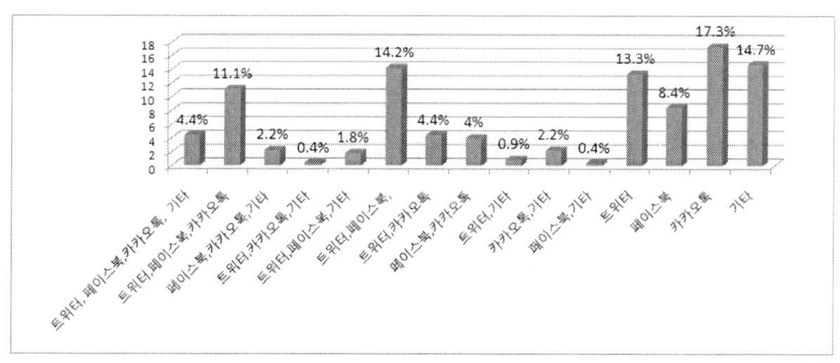

〈그림 4-4〉 기업 SNS 사이트 이용분포현황

하루 중 기업 SNS 사이트의 평균이용시간(분)에 대한 분석결과는 그림과 같다. 카카오톡이 106.5분으로 가장 높고 그다음으로 트위터 66.1분, 페이스북 61.4분, 소셜캐스트 48.9분, 야머 48.1분, 큌 45.7분, 소셜 텍스트 41.5분, 채터 32.2분, 큐브트리 26.9분 순서로 높게 나타났다.

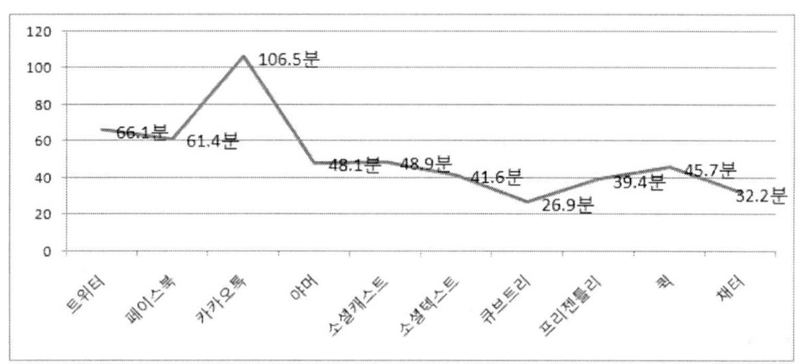

〈그림 4-5〉 기업 소셜 네트워크 사이트 평균이용시간(분, N=225)

2) 기업 소셜 네트워크 사용이유

본 조사에서는 기업 SNS 사이트의 사용이유에 대한 응답자들의 생각이 어떤지 12개 설문문항에 대해 리커트 5점 척도로 응답하도록 하여 측정하였다. '다른 사람들과의 더 많은 대화'가 3.73으로 가장 높고 그다음으로 '사내의 사람을 많이 알게 됨' 3.71, '중요한 정보지식 획득' 3.68, '업무에 도움이 되는 정보 획득' 3.68, '정보의 내용 업데이트 신속' 3.68, '다른 사람들을 더 많이 이해' 3.61, '업무에 적극적으로 참여하는 보람' 3.6, '내가 일하는 곳에 대한 친근감' 3.57, '정보의 내용 신뢰' 3.55, '내가 일하는 조직의 임무나 목표중요성' 3.53,

'정보의 내용 정확' 3.51의 순서로 높게 형성되었음을 보여 준다.

기업 SNS 사이트 사용이유에 있어 스마트폰 이용자와 비이용자 사이에 어떠한 차이가 있는지를 비교하였다. 스마트폰 이용여부에 따른 차이는 12개 변인 모두 통계적으로 유의미하지 않게 나타났다.

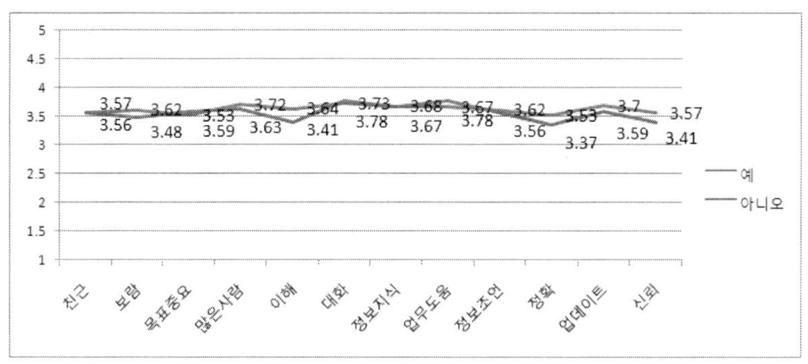

〈그림 4-6〉 스마트 이용여부별 기업 소셜 네트워크 사용하는 이유에 대한 평균차이 검증결과

기업 소셜 네트워크 사용이유에 있어 회사규모별로 어떠한 차이가 있는지를 비교하였다. 회사규모에 따른 차이는 친근감, 보람, 사람을 많이 알게 됨, 다른 사람들을 더 많이 이해, 정보지식 획득, 업무에 도움이 정보 획득, 업데이트 신속, 정보내용 변인에서 유의미하게 나타났다. 이러한 분석결과는 50~299명 규모의 회사에 종사하는 노동자들이 50명 미만 또는 300명 이상의 회사에 속한 노동자들보다 내가 일하는 곳이 더 친근하게 느끼고 업무에 적극적으로 참여하는 보람을 더 느끼며 회사 내의 많은 사람들을 더 알게 되고 다른 사람들을 더 많이 이해하며 중요한 정보나 지식을 더 얻고 업무에 도움이 되는 많은 정보를 더 획득하며, 정보의 내용은 업데이트가 신속하게 이루

어지고 정보의 내용을 더 신뢰하는 것으로 나타났다.

<표 4-1> 회사규모별 기업소셜네트워크 사용하는 이유에 대한 평균차이검증결과

구분	기업규모			F
	50명 미만	50~299명	300명 이상	
내가 일하는 곳이 더 친근하게 느껴진다.	3.44	3.77	3.48	3.290*
업무에 적극적으로 참여하는 보람을 느낀다.	3.56	3.8	3.47	3.803*
내가 일하는 조직의 임무나 목표가 중요하다고 느끼게 된다.	3.66	3.63	3.4	2.349
회사 내의 많은 사람들을 알게 된다.	3.52	3.92	3.65	3.826*
다른 사람들을 더 많이 이해하게 된다.	3.46	3.83	3.52	3.560*
다른 사람들과 더 많이 대화하게 된다.	3.76	3.88	3.61	2.135
중요한 정보나 지식을 얻는다.	3.7	3.93	3.48	6.710**
업무에 도움이 되는 많은 정보를 얻는다.	3.78	3.83	3.53	3.220*
의사결정에 필요한 정보나 조언 등을 구한다.	3.6	3.73	3.53	1.181
정보의 내용이 정확하다.	3.44	3.68	3.41	2.726
정보의 내용은 업데이트가 신속하게 이루어진다.	3.5	3.93	3.59	5.172**
정보의 내용을 신뢰할 만하다.	3.42	3.73	3.47	3.180*

*$p<.05$(단측검증). **$p<.01$(단측검증). ***$p<.001$(단측검증)

3) 기업 소셜 네트워크를 사용하지 않는 이유

본 조사에서는 기업 SNS 사이트를 사용하지 않는 이유에 대한 응답자들의 생각이 어떤지 각 항목에 대해 리커트 5점 척도로 응답하도록 하였다. 분석결과, '개인정보유출'이 3.32로 가장 높고 그다음으로 '주어진 업무를 하기에도 시간 부족' 3.12, '질문이나 제안에 반응이 없음' 2.97, '업무에 별 도움이 안 됨' 2.92, '많은 사람들과 관계를 맺는 것이 부담스러움' 2.91, '어떻게 사용하는지 잘 모름' 2.57의 순서로 높게 형성되었음을 보여 준다.

기업 SNS 사이트를 사용하지 않는 이유에 있어 스마트폰 이용자와 비이용자 사이에 어떠한 차이가 있는지를 비교하였다. 스마트폰 이용자들은 '개인정보유출'이 3.37로 가장 높고 그다음으로 '시간 부족' 3.33, '관계를 맺는 것이 부담' 3.26, '업무도움 없음' 3.04, '반응 없음' 3.04, '사용할 줄 모름' 2.7의 순서로 높게 나타났다. 스마트폰 비이용자도 '개인정보유출'이 3.31로 가장 높고 그 뒤로 '시간 부족' 3.16, '반응 없음' 2.96, '업무도움 없음' 2.91, '관계를 맺는 것이 부담스러움' 2.86, '사용할 줄 모름' 2.56의 순서로 높게 형성되었다. 이러한 분석결과는 스마트폰 이용자들은 사용할 줄 모름을 제외한 모든 변인들이 5점 척도의 중간값인 3점보다 큰 수치로서 '개인정보유출, 시간 부족, 관계를 맺는 것이 부담스럽고 업무에 별 도움이 없으며 반응도 없어서' 기업 SNS를 사용하지 않으며 미사용자들은 '개인정보유출'과 '시간 부족'의 두 가지 이유 때문에 사용하지 않는 것으로 나타났다.

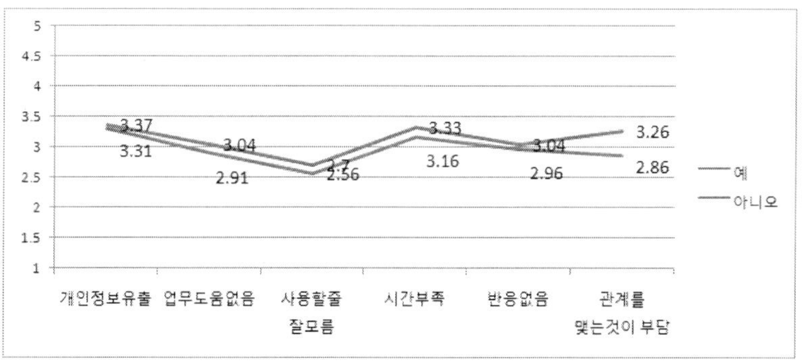

〈그림 4-7〉 기업 소셜 네트워크를 사용하지 않는 이유

본 조사에서는 귀사에서 사용하는 기업 SNS 사이트에 대해 응답자

들의 생각이 어떤지 17개 항목에 대해 리커트 5점 척도로 응답하도록
하였다. '기업 SNS 시스템의 접근은 언제나 항상 가능' 3.57, '기업
SNS시스템의 커뮤니케이션을 통해 정보공유가 원활하게 수행' 3.53,
'기업 SNS시스템을 통해 업무관련정보 제공' 3.53, '기업 SNS시스템
에 새로운 정보가 빠르게 제공' 3.52, '기업 SNS시스템을 통한 커뮤니
케이션을 통해 회의 감소' 3.5, '기업 SNS 시스템을 통해 다른 조직과
정보 교류' 3.47, '기업 SNS 시스템의 커뮤니케이션을 통해서 협업이
원활하게 수행' 3.45, '기업 SNS시스템의 커뮤니케이션을 통해서 제
안이나 아이디어 제공' 3.44, '기업 SNS시스템의 커뮤니케이션을 통
해서 일상적 업무수행이 원활하게 수행' 3.42, '기업 SNS시스템을 통
한 커뮤니케이션을 통해 업무처리시간 간소화' 3.41, '기업 SNS시스
템에 등록된 정보로 의사결정에 큰 도움' 3.4, '기업 SNS시스템을 통
해서 업무 외적인 개인정보 제공' 3.39, '기업 SNS시스템을 통한 커뮤
니케이션을 통해서 업무절차 간소화' 3.38, '기업 SNS시스템은 에러
나 장애가 없고 항상 사용이 가능' 3.23, '기업 SNS시스템을 관리하는
전담조직 잘 갖추어져 있음' 3.21, '기업 SNS시스템을 통한 커뮤니케
이션을 통해 회의 감소' 3.2의 순서로 높게 형성되었음을 보여 준다.
이러한 분석결과는 귀사에서 사용한 기업 SNS에 대한 의견 17가지
변인 모두 5점 척도의 중간값인 3점 척도보다 큰 수치로서 기업 SNS
에 대한 의견 모두 동의하는 것으로 나타났다. 기업 SNS시스템의 접
근은 언제나 항상 가능하고 정보공유가 원활하게 수행되며 업무관련
정보가 가장 높게 나타나 접근성과 정보공유에 대해 특히 동의하는
것으로 나타났다.

　귀사에서 사용하는 기업 SNS 사이트에 대한 의견에 있어 스마트폰

이용자와 비이용자 사이에 어떠한 차이가 있는지를 비교하였다. 스마트폰 이용여부에 따른 차이는 17개 변인 모두 통계적으로 유의미하지 않게 나타났다.

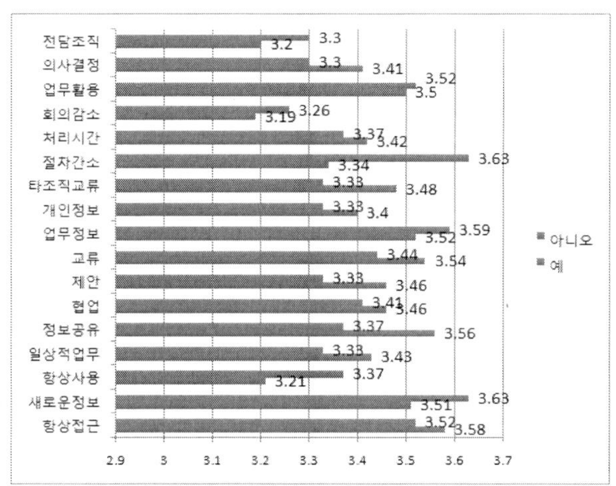

〈그림 4-8〉 귀사에서 사용하고 있는 기업 SNS에 대한 의견

회사규모에 따른 차이는 새로운 정보 제공, 교류 및 공감정도, 업무관련 정보 제공, 업무절차 간소 변인에서 통계적으로 유의미하게 나타났다. 이러한 분석결과는 50~299명 규모의 회사에 종사하는 노동자가 그렇지 않은 노동자들보다 업무용 SNS시스템에 새로운 정보가 빠르게 제공하고, 교류 및 공감정도가 높으며, 업무관련 정보가 많고, 업무절차가 간소화된 것으로 나타났다.

<표 4-2> 회사규모별 기업SNS에 대한 평균차이 검증결과

구분	회사규모			F
	50명 미만	50~299명	300명 이상	
업무용 SNS시스템의 접근은 언제나 항상 가능하다.	3.5	3.73	3.48	2.201
업무용 SNS시스템에 새로운 정보가 빠르게 제공되고 있다.	3.28	3.8	3.43	7.556**
업무용 SNS시스템은 에러나 장애가 없고 항상 사용이 가능하다.	3.1	3.4	3.17	2.073
업무용 SNS시스템의 커뮤니케이션을 통해서 일상적 업무 수행이 원활하게 수행되고 있다.	3.36	3.57	3.33	1.984
업무용 SNS시스템의 커뮤니케이션을 통해 정보공유가 원활 하게 수행되고 있다.	3.5	3.72	3.41	2.985
업무용 SNS시스템의 커뮤니케이션을 통해서 협업이 원활하게 수행되고 있다.	3.34	3.59	3.41	1.505
업무용 SNS시스템의 커뮤니케이션을 통해서 제안이나 아이디어 제공이 많아졌다.	3.44	3.6	3.33	1.989
업무용 SNS시스템의 커뮤니케이션을 통해서 교류와 공감정도가 높아졌다.	3.38	3.76	3.42	4.214*
업무용 SNS시스템을 통해서 업무관련 정보 제공이 많아졌다.	3.38	3.76	3.43	4.227*
업무용 SNS시스템을 통해서 업무 외적인 개인정보의 제공이 많아졌다.	3.16	3.55	3.39	2.605
업무용 SNS시스템을 통해서 다른 조직과 정보교류가 많아졌다.	3.36	3.61	3.41	1.514
업무용 SNS시스템을 통한 커뮤니케이션을 통해서 업무절차가 간소화되어졌다.	3.28	3.59	3.27	3.098*
업무용 SNS시스템을 통한 커뮤니케이션을 통해 업무처리시 간이 간소화되었다.	3.28	3.61	3.33	2.706
업무용 SNS시스템을 통한 커뮤니케이션을 통해 회의가 줄어 들었다.	3.08	3.37	3.13	1.898
업무용 SNS시스템에 등록된 정보를 업무에 잘 활용하고 있다.	3.42	3.67	3.42	2.294
업무용 SNS시스템에 등록된 정보로 의사결정에 큰 도움이 되고 있다.	3.34	3.57	3.29	2.267
업무용 SNS시스템을 관리하는 전담조직이 잘 갖추어져 있다.	3.1	3.31	3.2	0.655

4) 마케팅

　본 조사에서는 귀사의 마케팅을 위한 기업 SNS 활용변인 - 상품광고, 기업홍보, 기업정보, 상품아이디어, 업무협조, 상품판매, 네티즌관리, 소셜 커머스 사이트, 전문소셜 커머스, 우수한 사원채용, SNS전담직원, SNS 전담 조직 - 을 13가지로 구분하여 5점 척도로 응답하도록 하였다. 귀사의 마케팅을 위한 업무용 SNS에 대한 평균값은 '기업홍보'가 3.46으로 가장 높게 나타났고, 그 뒤로 '고객관리' 3.33, '기업정보' 3.28, '타 기업과의 업무협조' 3.15, '새로운 상품아이디어 획득' 3.13, 'SNS 전담조직' 3.05, '상품판매' 3.05, '네티즌 관리' 3.03, '상품판매를 위한 전문소셜 커머스 사이트 이용' 2.99, '우수한 사원채용' 2.91, 'SNS관련 전담조직' 2.9 등의 순서로 높게 이용되고 있다.

　귀사의 마케팅을 위한 기업 SNS 사이트 이용에 있어 스마트폰 이용자와 비이용자 사이에 어떠한 차이가 있는지를 비교하였다. 스마트폰 사용자들이 미사용자들보다 귀사에서 고객관리, 상품아이디어를 더 많이 활용하며 유의미한 차이였다. 또한 스마트폰 사용자들이 재직하는 회사는 우수사원과 전문소셜 커머스, SNS 전담조직을 제외한 여타변인들은 5점 척도의 중간값인 3점보다 높게 형성된 반면에, 스마트폰 미사용자들은 기업홍보와 기업정보를 제외한 여타변인들은 5점 척도의 중간값인 3점보다 낮게 형성되었음을 보여 준다. 이는 스마트폰 미사용자들이 재직하는 회사들은 상품광고, 상품판매, 고객관리, 상품아이디어, 우수사원, 업무협조, 전문소셜 커머스사이트, 네티즌 관리, SNS 전담조직 및 전담직원을 잘 이용하지 않는 것으로 나타난 반면에, 스마트폰 이용자들이 재직하는 회사는 우수사원 확보와

전문소셜 커머스 그리고 SNS 전담조직을 제외한 여타변인들을 상대

적으로 잘 이용하는 것으로 나타났다.

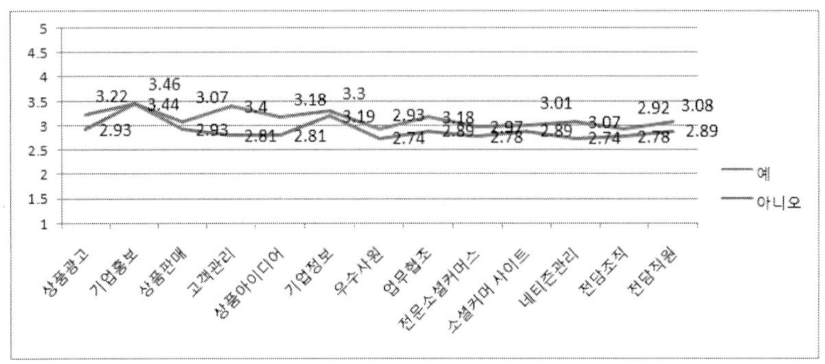

〈그림 4-9〉 스마트폰 이용여부별 귀사의 마케팅을 위한
업무용 SNS에 비교분석 결과

2

기업 SNS에 대한 차이 분석

1) 조직 커뮤니케이션

조직 커뮤니케이션은 조직 내에서 이루어지고 있는 의사소통으로 조직 내에서의 개인이나 집단들 간에 메시지나 정보를 상호 교환하여 공유하는 활동이나 과정을 말한다. 조직 내 의사소통은 개인 간, 개인과 집단 간, 집단구성원 간, 집단 간, 집단과 조직 간에 이루어지는 의사소통을 모두 포함한다. 이러한 조직 커뮤니케이션을 본 조사에서는 경영층의 정보공유 인식, 새로운 기술/아이디어 수용, 경영층의 커뮤니케이션 인식, 구성원 자발적 참여, 피드백, 창의적 아이디어 제안, 정보공유 활성화 연계, 커뮤니케이션 목표와 과제의 연계, 혁신활동, 경영층의 정보공유 활성화, 커뮤니케이션 활성화 전략으로 설정하여 리커트 5점 척도로 응답하도록 하였다. '경영층의 정보공유 인식'과 '새로운 기술/아이디어 수용'에 대한 전체평균은 각각 2.99로 가장 높고 그다음으로 '경영층의 커뮤니케이션 인식' 2.97, '구성원 자발적 참여' 2.92, '피드백' 2,92, '창의적 아이디어 제안' 2.89, '정보공유 활성화

연계' 2.87, '커뮤니케이션 목표와 과제의 연계' 2.87, '혁신활동 활발' 2.87, '경영층의 정보공유 활성화 인식' 2.78, '커뮤니케이션 활성화를 위한 전략적 투자' 2.74의 순서로 높게 형성되었음을 보여 준다.

　귀사의 정보공유 및 커뮤니케이션에 있어 기업 SNS 사용회사 노동자와 미사용회사 노동자사이에 어떠한 차이가 있는지 비교하였다. 기업 SNS 사용회사 노동자들은 미사용회사 노동자들보다 커뮤니케이션 활성화를 위해 전략적인 투자가 많이 이루어지고, 커뮤니케이션 활성화라는 목표가 전략적인 과제와 잘 연계되어 있으며, 대표이사와 경영층이 커뮤니케이션 활성화를 중요하게 인식하고, 정보공유 활성화를 위한 전략적인 투자가 많이 이루어지며, 정보공유 활성화라는 목표가 전략적인 과제와 잘 연계되었고, 대표이사와 경영층은 정보공유 활성화를 중요하게 생각하며, 구성원들이 창의적인 아이디어 제안을 잘하고 구성원들이 자발적으로 참여하고 있으며, 구성원 간의 정보공유나 커뮤니케이션 활동에 있어서 피드백이 많고, 새로운 기술/아이디어를 적극적으로 수용하며, 구성원들의 혁신활동이 활발하게 수행되는 것으로 나타났다. 이러한 분석결과는 기업 SNS 사이트 이용 회사노동자들은 귀사의 정보공유 및 커뮤니케이션 변인 모두 5점 척도의 중간값인 3점보다 큰 수치로서 귀사의 정보공유 및 커뮤니케이션이 잘 이루어지는 것으로 나타난 반면에, 미사용 회사노동자들은 분석에 사용된 변인 모두 3점보다 적은 수치로서 귀사의 정보공유 및 커뮤니케이션이 잘 이루어지지 않는 것으로 나타났다. 미사용 회사노동자에서는 대표이사나 경영층의 정보공유에 대한 활성화 인식과 커뮤니케이션 활성화를 위한 전략적 투자가 제대로 이루어지지 않는 것으로 나타났다.

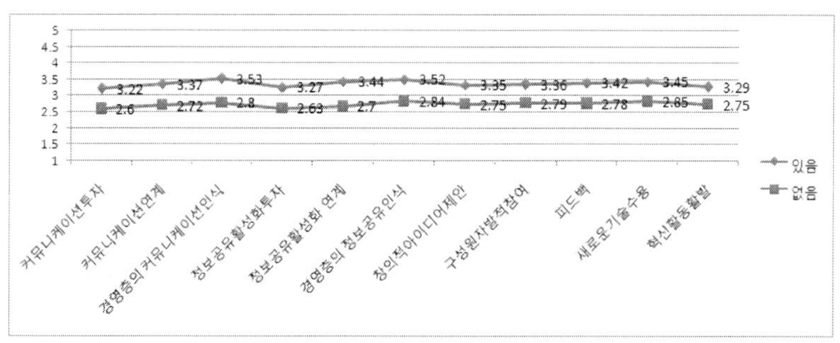

〈그림 4-10〉 기업 SNS사이트 이용여부별 귀사의 정보공유 및
커뮤니케이션에 대한 비교

　　귀사의 정보공유 및 커뮤니케이션에 있어 회사규모별로 어떠한 차이가 있는지를 비교하였다. 회사규모에 따른 차이는 새로운 기술수용 변인을 제외한 여타변인들이 통계적으로 유의미하게 나타났다. 이러한 분석결과는 300명 이상의 규모를 가진 회사에 종사하는 노동자들이 300명 미만의 회사에 종사하는 노동자들보다 커뮤니케이션 활성화를 위해 전략적인 투자가 많이 이루어지고, 커뮤니케이션 활성화라는 목표가 전략적인 과제와 잘 연계되어 있으며, 대표이사와 경영층이 커뮤니케이션 활성화를 중요하게 인식하고, 정보공유 활성화를 위한 전략적인 투자가 많이 이루어지며, 정보공유 활성화라는 목표가 전략적인 과제와 잘 연계되었고, 대표이사와 경영층은 정보공유 활성화를 중요하게 생각하며, 구성원들의 혁신활동이 활발하게 수행되는 것으로 나타났다. 반면에, 50~299명의 규모의 회사에 종사하는 노동자들은 그렇지 않은 노동자들보다 구성원들이 창의적인 아이디어 제안을 잘하고 구성원들이 자발적으로 참여하고 있으며, 구성원들 간 정보공유나 커뮤니케이션 활동에 있어서 피드백이 많은 것으로 나타났다.

<표 4-3> 회사규모별 귀사의 정보공유 및 커뮤니케이션에 대한 평균차이 검증결과

구분	회사규모별			F
	50명 미만 회사 (334명)	50~299명 미만 회사 (334명)	300명 이상 회사 (332명)	
커뮤니케이션 활성화를 위해 전략적인 투자가 많이 이루어지고 있다.	2.62	2.79	2.81	3.546*
커뮤니케이션 활성화라는 목표가 전략적인 과제와 잘 연계되어 있다.	2.72	2.93	2.94	4.974**
대표이사와 경영층이 커뮤니케이션 활성화를 중요하게 인식하고 있다.	2.87	2.96	3.08	3.159*
정보공유 활성화를 위해 전략적인 투자가 많이 이루어지고 있다.	2.63	2.81	2.89	5.574**
정보공유 활성화라는 목표가 전략적인 과제와 잘 연계되어 있다.	2.72	2.92	2.96	5.675**
대표이사와 경영층은 정보공유 활성화를 중요하게 생각하고 있다.	2.85	3.05	3.07	4.264*
구성원들이 창의적인 아이디어 제안을 잘하고 있다.	2.76	2.96	2.93	3.810*
구성원들이 자발적으로 참여하고 있다.	2.79	3.02	2.95	4.685**
구성원들 간 정보공유나 커뮤니케이션 활동에 있어서 피드백이 많다.	2.75	3.02	3	7.616**
귀사는 새로운 기술/아이디어를 적극적으로 수용한다.	2.89	3.04	3.02	2.318
구성원들의 혁신활동이 활발하게 수행되고 있다.	2.73	2.93	2.95	5.138**

*$p<.05$(단측검증). **$p<.01$(단측검증). ***$p<.001$(단측검증)

귀사의 정보공유 및 커뮤니케이션에 있어 스마트폰 이용자와 비이용자 사이에 어떠한 차이가 있는지를 비교하였다. 스마트폰 이용여부에 따른 차이는 모든 변인들이 통계적으로 유의미하게 나타났다. 이러한 분석결과는 스마트폰 이용자들은 비이용자들보다 커뮤니케이션활성화를 위해 전략적인 투자가 많이 이루어지고, 커뮤니케이션 활성화라는 목표가 전략적인 과제와 잘 연계되어 있으며, 대표이사와 경영층이 커뮤니케이션 활성화를 중요하게 인식하고, 정보공유 활성화를 위한 전략적인 투자가 많이 이루어지며, 정보공유 활성화라는

목표가 전략적인 과제와 잘 연계되었고, 대표이사와 경영층은 정보공
유 활성화를 중요하게 생각하며, 구성원들이 창의적인 아이디어 제안
을 잘하고 구성원들이 자발적으로 참여하고 있으며, 구성원 간의 정
보공유나 커뮤니케이션 활동에 있어서 피드백이 많고, 새로운 기술/
아이디어를 적극적으로 수용하며, 구성원들의 혁신활동이 활발하게
수행되는 것으로 나타났다.

〈표 4-4〉 스마트폰 이용여부별 귀사의 정보공유 및 커뮤니케이션에 대한 평균차이 검증결과

구분	스마트폰 이용		t
	예	아니오	
커뮤니케이션 활성화를 위해 전략적인 투자가 많이 이루어지고 있다.	2.82	2.53	3.990***
커뮤니케이션 활성화라는 목표가 전략적인 과제와 잘 연계되어 있다.	2.93	2.71	3.033**
대표이사와 경영층이 커뮤니케이션 활성화를 중요하게 인식하고 있다.	3.03	2.8	3.036**
정보공유 활성화를 위해 전략적인 투자가 많이 이루어지고 있다.	2.86	2.56	4.079***
정보공유 활성화라는 목표가 전략적인 과제와 잘 연계되어 있다.	2.94	2.68	3.639***
대표이사와 경영층은 정보공유 활성화를 중요하게 생각하고 있다.	3.05	2.84	2.655**
구성원들이 창의적인 아이디어 제안을 잘하고 있다.	2.97	2.66	4.378***
구성원들이 자발적으로 참여하고 있다.	2.99	2.74	3.513***
구성원들 간 정보공유나 커뮤니케이션 활동에 있어서 피드백이 많다.	3.01	2.69	4.651***
귀사는 새로운 기술/아이디어를 적극적으로 수용한다.	3.06	2.79	3.592***
구성원들의 혁신활동이 활발하게 수행되고 있다.	2.94	2.69	3.638***

*p<.05(단측검증), **p<.01(단측검증), ***p<.001(단측검증)

2) 조직신뢰

조직신뢰는 조직에 대한 신뢰와 구성원 상호 간의 신뢰인 상사와 부하 간의 신뢰, 동료 간의 신뢰로 구분할 수 있다. 이러한 조직신뢰를 본 조사에서는 고객과 협력사 및 경쟁사 직원을 포함하여 5가지 설문문항을 만들어 5점 척도로 응답하도록 하여 측정하였다. 분석결과, '직장동료 관계에 대한 신뢰'가 3.82로 가장 높고 그다음으로, '고객과의 신뢰' 3.69, '협력사 직원 간의 신뢰' 3.6, '관리자와 종업원 간의 신뢰' 3.52, '경쟁사 직원간의 신뢰' 3.51의 순서로 높게 형성되었음을 보여 준다.

조직신뢰에 있어서 기업 SNS 사용회사 노동자와 미사용회사 노동자 사이에 어떠한 차이가 있는지를 비교하였다. 기업 SNS 사용회사 노동자들은 '직장동료에 대한 신뢰'가 3.96으로 가장 높고 그다음으로 '고객과의 관계' 3.75, '협력사 직원 간의 관계' 3.71, '관리자와 종업원 관계' 3.67, '경쟁사 직원과의 관계' 3.34의 순서로 높게 형성되었다. 기업 SNS를 사용하지 않는 회사노동자들도 '직장동료 관계'가 3.78로 가장 높고 그다음으로 '고객과의 신뢰' 3.66, '협력사 직원과의 신뢰' 3.47, '관리자와 종업원 관계' 3.48, '경쟁사 직원과 관계' 3.28의 순서로 높게 형성되었다. 기업 SNS 사용여부에 따른 평균차이는 고객신뢰 변인을 제외한 여타변인들은 통계적으로 유의미하게 나타났다. 이들 변인들을 상호 대비시켜 살펴보면, 기업 소셜 네트워크를 사용하는 회사 노동자는 사용하지 않는 회사 노동자들보다 관리자와 종업원 간의 관계, 직장동료 관계, 협력사 직원 간의 관계, 경쟁사 직원과의 관계에 대해 더 신뢰하는 것으로 나타났다. 기업 SNS를 사용하는 회사직원과 사용하지 않는 회사직원 모두 사회적 신뢰변인이 3점 척도보다 큰 수치로서 신뢰가 높은 것으로 나타났다.

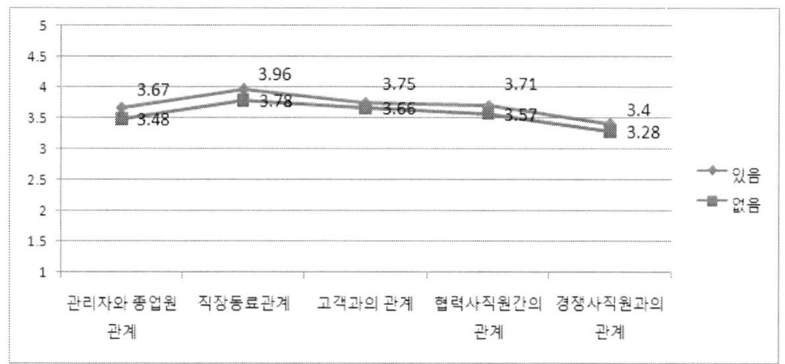

〈그림 4-11〉 기업 SNS 이용여부에 따른 조직신뢰에 대한 의견

조직신뢰 신뢰에 있어 회사규모별로 어떠한 차이가 있는지를 비교하였다. 회사규모에 따른 차이는 고객과의 관계변인만이 통계적으로 유의미하게 나타났다. 이는 50명 미만의 회사에 종사하는 노동자들은 50명 이상의 회사에 종사하는 노동자들보다 고객들과 더 신뢰하는 것으로 나타났다.

〈표 4-5〉 회사규모별 사회적 신뢰에 대한 평균차이 검증결과

	구분	N	관리자와 종업원 관계	직장동료 관계	고객과의 관계	협력사 직원 간의 관계	경쟁사 직원과의 관계
회사 규모	40명 미만	334	3.51	3.82	3.75	3.62	3.34
	50~299명	334	3.54	3.85	3.67	3.60	3.26
	300명 이상	332	3.51	3.79	3.62	3.59	3.32
	F		.167	.704	3.181*	.193	1.594

$^{*}p<.05$(단측검증), $^{**}p<.01$(단측검증), $^{***}p<.001$(단측검증)

조직신뢰에 있어 스마트폰 이용자와 비이용자 사이에 어떠한 차이가 있는지를 비교하였다. 스마트폰 이용여부에 따른 차이는 모든 변인이 통계적으로 유의미하게 나타났다. 스마트폰이용자가 이용하지 않는 노동자들보다 관리자와 종업원 간 관계, 직장동료 관계, 고객과의 관계, 협력사 직원 간의 관계, 경쟁사 직원과의 관계, 모두 더 신뢰하는 것으로 나타났다.

〈표 4-6〉 스마트폰 이용여부별 사회적 신뢰에 대한 평균차이 검증결과

구분		N	관리자와 종업원 관계	직장동료 관계	고객과의 관계	협력사 직원 간의 관계	경쟁사 직원과의 관계
스마트폰 이용자	예	730	3.56	3.85	3.72	3.64	3.34
	아니오	270	3.41	3.73	3.58	3.50	3.21
	t		2.934**	2.592**	2.943**	2.952**	2.908**

$^{*}p<.05$(단측검증), $^{**}p<.01$(단측검증), $^{***}p<.001$(단측검증)

3) 직무만족과 조직몰입

직무만족은 개인의 가치, 신념 및 욕구 등의 수준이나 차원에 따라 직무수행자가 자신의 직무와 관련하여 갖게 되는 정서적 욕구의 충족상태로 정의하는 것이 일반적 견해이다. 이러한 직무만족을 본 조사에서는 11가지 설문문항을 만들어 5점 척도로 응답하도록 하였다. '내 업무에 언제나 열정적이다'가 3.44로 만족도가 가장 높고 그 다음으로 '내 경험이나 능력을 이 직장에서 충분히 활용' 3.4, '내가 적극적으로 나설 경우 내가 원하는 새 직장을 얻을 수 있음' 3.38, '열심히 일할 생각' 3.37, '업무 만족' 3.33, '일자리 안정' 3.33, '내 업무에 즐거움' 3.33, '아래로부터 시작해서 점차로 위로 올라가는 인사방식'

3.31, '독자적으로 일할 수 있음' 3.3, '이 직장에서 일하는 것을 자랑스러워함' 3.28, '업무시간을 스스로 결정' 3.07, '다른 직장에서 돈을 상당히 더 준다 해도 이 직장에서 계속 일할 생각' 2.9, '승진기회' 2.89의 순서로 높게 형성되었다. 이러한 분석결과는 다른 직장에서 돈을 상당히 더 준다 해도 이 직장에서 계속 일할 생각과 승진기회 변인을 제외한 여타 변인들은 5점 척도의 중간값인 3점보다 큰 수치로서 직무만족도가 높게 나타난 반면에, 다른 직장에서 돈을 상당히 더 준다 해도 이 직장에서 계속 일할 생각과 승진기회는 3점보다 낮은 수치로서 이직할 의향이 높고 승진기회가 낮은 것으로 나타났다.

직무만족에 있어 기업 SNS 사용회사 노동자와 미사용회사 노동자 사이에 어떠한 차이가 있는지 비교하였다. 기업 SNS 사용여부에 따른 차이는 모든 변인이 통계적으로 유의미하게 나타났다. 이들 변인들을 상호 대비시켜 살펴보면, 기업 소셜 네트워크를 사용하는 노동자들은 사용하지 않는 노동자들보다 내 업무에 만족하고 내 일자리는 안정되었으며 직장발전을 위해서 요구되는 것 이상으로 열심히 일할 생각이고, 승진기회가 많으며 독자적으로 일할 수 있고, 내 경험이나 능력을 충분히 활용할 수 있으며 내 업무에서 즐거움을 느끼고, 내가 적극적으로 나설 경우 내가 원하는 새 직장을 얻을 수 있으며, 아래로부터 시작해서 점차 위로 올라가는 방식의 인사로 이루어졌고, 일하는 것을 자랑스럽게 생각하며 내 업무에 언제 열정적이고 업무시간을 내 스스로 결정할 수 있는 것으로 나타났다.

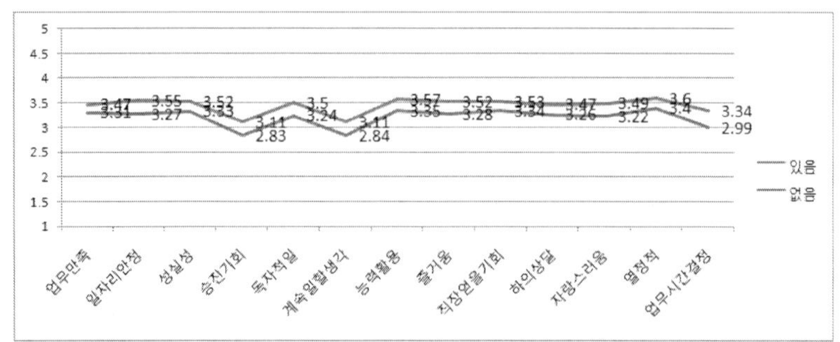

〈그림 4-12〉 기업 SNS 사용여부별 직무만족에 대한 분석결과

직무만족에 있어 스마트폰 이용노동자와 비이용 노동자 사이에 어떠한 차이가 있는지 비교하였다. 스마트폰 이용여부에 따른 차이는 업무만족, 일자리 안정, 승진기회, 새로운 직장을 얻을 기회, 하의상달식 인사, 일하는 것을 자랑스러워함 등의 변인들이 통계적으로 유의미하게 나타났다. 이들 변인들을 상호 대비시켜 살펴보면, 스마트폰을 이용하는 사람들은 이용하지 않는 사람들보다 내 일자리는 안정적이고 승진기회가 많고, 내가 적극적으로 나설 경우 내가 원하는 새 직장을 얻을 수 있는 기회가 많으며, 내 직장에서 일하는 것을 자랑스러워하는 것으로 나타났다.

〈표 4-7〉 스마트 이용여부별 직무만족에 대한 평균차이 검증결과

구분	스마트폰 이용		t
	예	아니오	
나는 내 업무에 꽤 만족하고 있다.	3.38	3.26	1.951*
내 일자리는 안정되어 있다.	3.39	3.19	2.974**
나는 이 직장의 발전을 위해서 요구되는 것 이상으로 열심히 일할 생각이다.	3.39	3.31	1.324
이 직장에서 나는 승진기회가 많다.	2.95	2.71	3.479***

이 직장에서 나는 독자적으로 일할 수 있다.	3.3	3.28	0.27
나는 다른 직장에서 돈을 상당히 더 준다고 해도 이 직장에서 계속 일할 생각이다.	2.92	2.84	1.055
내 경험이나 능력을 이 직장에서 충분히 활용할 수 있다.	3.41	3.38	0.413
나는 내 업무에서 즐거움을 느낀다.	3.36	3.27	1.474
내가 적극적으로 나설 경우 내가 원하는 새 직장을 얻을 수 있다.	3.46	3.17	4.367***
이 직장에서는 주로 아래부터 시작해서 점차 위로 올라가는 방식의 인사가 이루어진다.	3.36	3.17	2.753**
나는 이 직장에서 일하는 것을 자랑스럽게 생각한다.	3.32	3.17	2.398**
나는 내 업무에 언제나 열정적이다.	3.45	3.43	0.375
하루의 일을 시작하고 끝마치는 시간을 내 스스로 결정할 수 있다.	3.09	3.01	0.989

$^*p<.05$(단측검증), $^{**}p<.01$(단측검증), $^{***}p<.001$(단측검증)

이직은 조직과 개인의 관계단절을 의미한다. 이직 의향에 있어 기업 SNS 사용회사 노동자와 미사용회사 노동자 간의 차이를 살펴보기 위해 교차분석을 실시하였다. 분석결과, 기업 SNS 사이트를 사용회사 노동자들은 '다소 그렇다'가 25.30%로 가장 많고 그 다음으로 다소 그렇지 않다(24.60%), 매우 그렇지 않다(22.70%), 보통이다(20.40%), 매우 그렇지 않다(7.10%)의 순서로 분포되었다. 반면에 기업 SNS 사이트 미사용회사 노동자들은 '보통이다'가 31.90%로 가장 많고 그다음으로 다소 그렇지 않다(24.60%), 매우 그렇지 않다(18.30%), 다소 그렇다(17.50%), 매우 그렇다(7.60%)의 순서로 분포되었음을 보여 준다. 이러한 분석결과는 통계적으로 유의미하다.

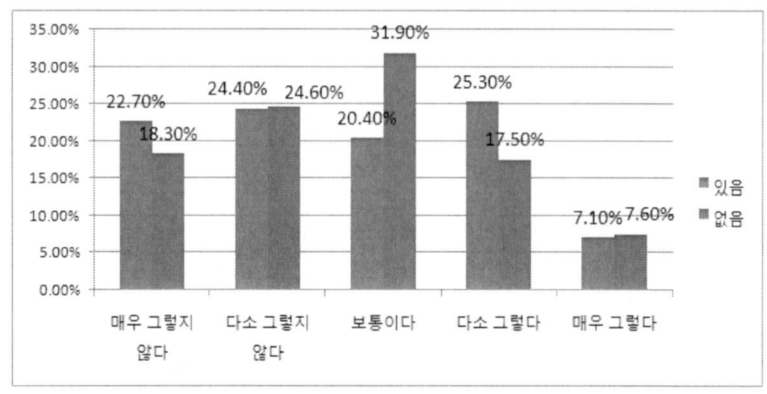

x2=15.013, p⟨.05, (df=4)
〈문항〉 앞으로 1년 내에 나는 새 직장을 찾아서 이 직장을 떠날 것 같다.

<그림 4-13> 기업 SNS 사용여부와 이직 의향 간의 교차분석결과

직업몰입은 개인적 직업목표에 애착을 가지고 동일시하며, 관여하는 것을 의미하며(Colarelii and Bishop, 1990) 몰입의 준거대상이 직업이 되는, 즉 한 개인이 자신의 직업에 대하여 가지는 태도라고 할 수 있다. 이에 본 조사에서는 3가지 설문문항을 만들어 5점 척도로 응답하도록 하였다. '나는 이 직업에서 계속 경력을 쌓아나가고 싶다' 3.4, '이 직업은 내가 평생 할 만큼 이상적이다' 3.03. '다시 시작하더라도 이 직업을 선택하겠다' 2.92의 순서로 높게 형성되었다.

직업몰입에 있어 기업 SNS 사용회사 노동자와 미사용회사 노동자 사이에 어떠한 차이가 있는지를 비교하였다. 기업 SNS 사이트 사용여부에 따른 직업몰입에 대한 차이는 기업 SNS 사이트를 사용하는 회사 노동자들은 '나는 이 직업에서 계속 경력을 쌓고 싶다'가 3.59로 가장 높고 그다음으로 '이 직업은 내가 평생 할 만큼 이상적이다' 3.28, '다시 시작하더라도 이 직업을 선택하겠다' 3.1의 순서로 높게 형성되었다. 기업 SNS 사이트 미사용 회사노동자들도 '나는 이 직업에서 계속 경력을 쌓고 싶다'가 3.35로 가장 높고 그다음으로 '이 직업은 내가 평생 할 만큼 이상적이다' 2.96, '다시 시작하더라도 이 직업을 선택하겠다' 2.86의 순서로 높게 형성되었다. 이들 변인들을 상호 대비시켜 살펴보면, 기업 SNS 사이트를 사용하는 회사에 종사하는 노동자들이 사용하지 않는 회사에 종사하는 노동자들보다 '나는 이 직업에서 계속 경력을 쌓고 이 직업은 내가 평생 할 만큼 이상적이며, 다시 시작하더라도 이 직업을 선택하는 것'으로 나타났다. 또한 기업 SNS 사이트를 사용하는 회사에 종사하는 노동자들은 3가지 변인 모두 5점 척도의 중간값인 3점보다 큰 수치로 나타났다. 반면에 기업 SNS 사이트를 사용하지 않는 회사에 종사하는 노동자들은 '이 직업은 내가 평생 할 만큼 이상적이다'와 '다시 시작하더라도 이 직업을 선택하겠다'는 문항은 5점 척도의 중간값인 3점보다 낮은 수치로서 '이 직업은 내가 평생 할 만큼 이상적이지 않고 다시 시작하면 이 직업을 선택하지 않을 수 있음'을 보여 준다.

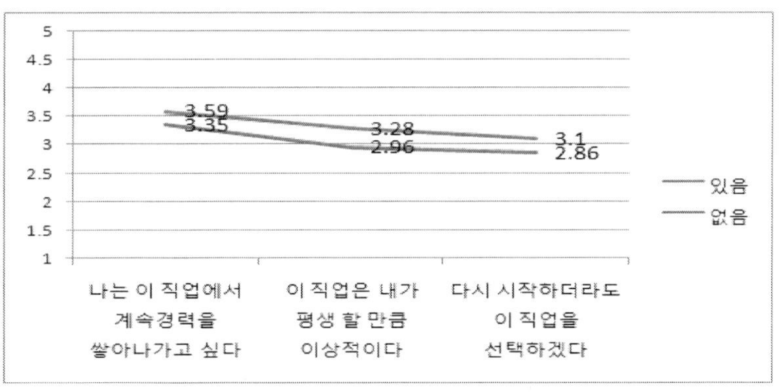

〈그림 4-14〉 기업 SNS 사이트 사용여부별 직업몰입에 대한 비교

회사규모에 따른 차이는 직업몰입 변인이 모두 통계적으로 유의미하지 않게 나타났다. 다만 회사규모가 작을수록 '나는 이 직업에서 계속 경력을 쌓아 나가고 싶다'는 것이 더 높게 나타난 반면에, 회사규모가 클수록 '이 직업은 내가 평생 할 만큼 이상적이고 다시 시작하더라도 이 직업을 선택하겠다'는 것으로 나타났다.

〈표 4-8〉

	구분	N	나는 이 직업에서 계속 경력을 쌓아나가고 싶다	이 직업은 내가 평생 할 만큼 이상적이다	다시 시작하더라도 이 직업을 선택하겠다
회사 규모	49명 이하	334	3.30	2.98	2.86
	50~299명	334	3.47	3.05	2.94
	300명 이상	332	3.44	3.07	2.95
	F		2.989	.721	.826

$^{*}p<.05$(단측검증), $^{**}p<.01$(단측검증), $^{***}p<.001$(단측검증)

스마트폰 이용여부에 따른 차이는 스마트폰 이용자가 비이용 노동자들보다 '나는 이 직업에서 계속 경력을 쌓아 나가고 싶다' 변인만이 유의미한 것으로 나타났다. 반면에, 기업 소셜 네트워크에 따른 차이는 3가지 변인 모두 유의미하게 나타났다. 이러한 분석결과는 스마트폰 이용자들은 '이용하지 않는다'고 응답한 노동자들보다 '나는 이 직업에서 계속 경력을 쌓아 나가고 싶은 것'으로 나타났다. 한편, 기업 소셜 네트워크를 사용하는 노동자들은 사용하지 않는 노동자들보다 '나는 이 직업에서 계속 경력을 쌓아 나가고 싶고, 이 직업은 내가 평생 할 만큼 이상적이며, 다시 시작하더라도 이 직업을 선택할 것'으로 나타났다.

〈표 4-9〉 스마트폰 이용별 직업몰입에 대한 평균차이 검증결과

구분		N	나는 이 직업에서 계속 경력을 쌓아나가고 싶다	이 직업은 내가 평생 할 만큼 이상적이다	다시 시작하더라도 이 직업을 선택하겠다
스마트폰 이용자	예	730	3.44	3.05	2.94
	아니오	270	3.30	2.97	2.86
	t		2.047*	1.169	1.162

*$p<.05$(단측검증), **$p<.01$(단측검증), ***$p<.001$(단측검증)

4) 리더십

리더십이란 조직과 구성원 공동의 목표를 달성하기 위해 상사와 부하 간의 영향력을 미치는 과정으로서 상사가 부하의 태도와 행동을 변화시킬 수 있는 힘을 의미한다. 이러한 상사의 리더십을 본 조사에서는 15가지 설문문항으로 구분하여 5점 척도로 응답하도록 하였다. '직무수행 재검토'가 3.2로 가장 높고 그다음으로 '도움' 3.19, '진심 충고' 3.15, '강한 목적의식' 3.12, '아이디어 표출' 3.12, '높은 목표 도전' 3.06, '자신감' 3.04, '문제해결 모색' 3.04, '새로운 방법 제시' 3.04, '권력과 확신감' 3.03, '업무에 열정' 3.02, '미래비전 제시' 2.95, '이익 초월' 2.94, '성공모델' 2.88의 순서로 높게 형성되었다. 이는 5점 척도의 중간값인 3점보다 낮은 수치로서 직무수행 재검토, 도움을 주려고 노력함, 일을 잘못했을 때 진심으로 충고, 강한 목적의식 피력, 새로운 아이디어 표출, 높은 목표 도전, 자신업무 자신감, 문제해결 모색, 새로운 방법 제시, 권력과 확신감, 업무 열정 등에 대해서는 긍정적으로 평가한 반면에, 3점보다 낮은 수치로서 미래비전 제시, 이익 초월, 성공모델 등에 대해서는 부정적으로 평가하는 것으로 나타났다.

직장상사의 리더십에 있어 기업 SNS 사용회사 노동자와 미사용회

사 노동자 사이에 어떠한 차이가 있는지를 비교하였다. 기업 소셜 네트워크 사용여부에 따른 차이는 직장상사에 대한 리더십 변인 모두 유의미하게 나타났다. 이들 변인들을 상호 대비시켜 살펴보면, 기업 소셜 네트워크 사용하는 회사의 노동자들과 트위터 만족도가 높은 이용자들은 기업 SNS를 사용하지 않는 회사의 노동자와 트위터 이용에 불만족 또는 보통이라고 응답한 노동자들보다 자신의 업무에 자신감을 갖게 하고, 스스로의 업무에 열정을 갖게 하며, 부하직원들의 직장에서의 성공모델이고, 부하들이 직무를 적절하게 수행하고 있는가를 자주 재검토하며, 조직에 대한 충성심을 불러일으키고, 문제해결에 있어 주로 다른 관점을 모색하는 편이며, 권력과 확신감을 보여주고, 부하직원들에게 새로운 아이디어를 표출하도록 장려하며, 부하직원들이 일을 잘못했을 때 진심으로 충고해주고, 부하직원들이 어려움을 처했을 때 도움을 주려 노력하며, 강한 목적의식을 가지는 것에 대한 중요성을 구체적으로 피력하고, 할당된 직무를 완수하는 데 대한 새로운 방법의 시각을 제시해주고, 집단의 이익을 위해 자신의 이익을 초월하는 편이며, 부하들에게 미래의 비전을 제시해 주고, 부하직원들이 보다 높은 목표에 도전해주는 것으로 나타났다.

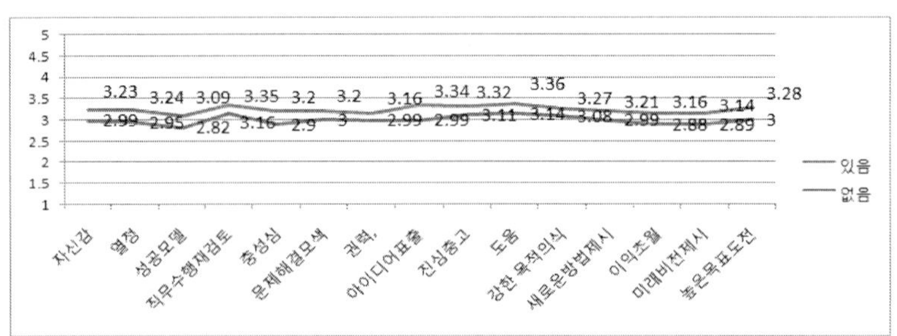

〈그림 4-15〉 기업 SNS 사용여부별 직장상사의 리더십에 대한 분석결과

　회사규모별 직장상사의 리더십에 대한 평균차이 검증결과는 표와 같다. 회사규모에 따르는 차이는 직장상사에 대한 리더십 변인 모두 통계적으로 유의미하지 않게 나타났다.

<표 4-10>

내용	회사규모			F
	50명 미만	50~299명	300명 이상	
나의 상사는 부하직원들이 자신의 업무에 자신감을 갖게 해준다.	3.02	3.06	3.05	0.151
나의 상사는 부하직원들이 스스로의 업무에 열정을 갖게 해준다.	2.96	3.03	3.06	1.087
나의 상사는 부하직원들의 직장에서의 성공모델이다.	2.82	2.91	2.9	0.796
나의 상사는 부하들이 직무를 적절하게 수행하고 있는가를 자주 재검토한다.	3.11	3.24	3.25	2.311
나의 상사는 부하직원들에게 조직에 대한 충성심을 불어넣어 준다.	2.95	2.96	3.01	0.472
나의 상사는 문제해결에 있어 주로 다른 관점을 모색하는 편이다.	2.97	3.04	3.12	2.469
나의 상사는 권력과 확신감을 보여 준다.	3.04	3.01	3.04	0.122
나의 상사는 부하직원들에게 새로운 아이디어를 표출하도록 장려한다.	2.99	3.07	3.16	2.861
나의 상사는 부하직원들이 일을 잘못했을 때 진심으로 충고해 준다.	3.1	3.18	3.18	0.727
나의 상사는 부하직원들이 어려움에 처했을 때 도움을 주려 노력한다.	3.14	3.18	3.26	1.264
나의 상사는 강한 목적의식을 가지는 것에 대한 중요성을 구체적으로 피력하는 편이다.	3.12	3.12	3.13	0.017
나의 상사는 할당된 직무를 완수하는 데 대한 새로운 방법의 시각을 나에게 제시해 준다.	2.99	3.04	3.08	0.799
나의 상사는 집단의 이익을 위해 자신의 이익을 초월하는 편이다.	2.88	2.95	3	1.25
나의 상사는 부하직원들에게 미래의 비전을 제시해 준다.	2.91	2.93	3	0.773
나의 상사는 부하직원들이 보다 높은 목표에 도전하게 해준다.	3.03	3.1	3.06	0.533

$^{*}p<.05$(단측검증), $^{**}p<.01$(단측검증), $^{***}p<.001$(단측검증)

　스마트폰 이용여부에 따른 차이는 '직무수행 재검토'와 '강한 목적의식' 변인을 제외한 여타 변인들은 유의미하게 나타났다. 이들 변인들을 상호 대비시켜 살펴보면, 스마트폰을 이용하는 노동자들은 이용하지 않는 노동자들보다 자신의 업무에 자신감을 갖게 하고, 스스로

의 업무에 열정을 갖게 하며, 부하직원들의 직장에서의 성공모델이
고, 조직에 대한 충성심을 불러일으키며, 문제해결에 있어 주로 다른
관점을 모색하는 편이고, 권력과 확신감을 보여 주며, 부하직원들에
게 새로운 아이디어를 표출하도록 장려하고, 부하직원들이 일을 잘못
했을 때 진심으로 충고해주며, 부하직원들이 어려움을 처했을 때 도
움을 주려 노력하고, 할당된 직무를 완수하는 데 대한 새로운 방법의
시각을 제시해주며, 집단의 이익을 위해 자신의 이익을 초월하는 편
이고, 부하들에게 미래의 비전을 제시해 주고, 부하직원들이 보다 높
은 목표에 도전해주는 것으로 나타났다.

〈표 4-11〉

내용	스마트폰 이용		
	예	아니오	
나의 상사는 부하직원들이 자신의 업무에 자신감을 갖게 해준다.	3.08	2.96	1.795*
나의 상사는 부하직원들이 스스로의 업무에 열정을 갖게 해준다.	3.07	2.89	2.702**
나의 상사는 부하직원들의 직장에서의 성공모델이다.	2.92	2.77	2.174*
나의 상사는 부하들이 직무를 적절하게 수행하고 있는가를 자주 재검토한다.	3.22	3.13	1.425
나의 상사는 부하직원들에게 조직에 대한 충성심을 불어넣어 준다.	3.01	2.87	2.024*
나의 상사는 문제해결에 있어 주로 다른 관점을 모색하는 편이다.	3.07	2.96	1.745*
나의 상사는 권력과 확신감을 보여 준다.	3.08	2.9	2.750**
나의 상사는 부하직원들에게 새로운 아이디어를 표출하도록 장려한다.	3.14	2.89	3.781***
나의 상사는 부하직원들이 일을 잘못했을 때 진심으로 충고해 준다.	3.18	3.07	1.682*
나의 상사는 부하직원들이 어려움에 처했을 때 도움을 주려 노력한다.	3.22	3.11	1.738*
나의 상사는 강한 목적의식을 가지는 것에 대한 중요성을 구체적으로 피력하는 편이다.	3.15	3.05	1.534
나의 상사는 할당된 직무를 완수하는 데 대한 새로운 방법의 시각을 나에게 제시해 준다.	3.09	2.89	3.182***
나의 상사는 집단의 이익을 위해 자신의 이익을 초월하는 편이다.	2.99	2.8	2.947**
나의 상사는 부하직원들에게 미래의 비전을 제시해 준다.	2.99	2.83	2.379**
나의 상사는 부하직원들이 보다 높은 목표에 도전하게 해준다.	3.1	2.97	1.926*

*p〈.05(단측검증), **p〈.01(단측검증), ***p〈.001(단측검증)

5) SNS 기업환경과 정책

　우리나라의 SNS 기업환경과 귀사의 SNS 기업환경수준에 대한 응답결과는 <그림 4-16>과 같다. 우리나라의 SNS 기업환경수준은 7점에 응답한 사람들이 20.1%로 가장 많고 그다음으로 5점, 6점, 4점, 3점, 8점, 2점, 9점, 1점, 0점, 10점의 순서로 높게 분포되었다. 반면에 귀사의 SNS 기업환경수준은 5점에 응답한 사람들이 17.6%로 가장 많고 그다음으로 6점, 7점, 3점, 4점, 1점, 2점, 0점, 8점, 9점, 10점의 순서로 높게 분포되었다. 우리나라의 SNS 기업환경수준에 대한 평균은 5.24이고 표준편차는 2.049이다. 귀사의 SNS 기업환경수준에 대한 평균은 4.31이고 표준편차는 2.402이다. 우리나라 SNS 기업환경수준은 11점 척도의 중간값인 5.5보다 작은 수치로서 보통 이하인 것으로 나타났다. 귀사의 SNS 기업환경수준은 우리나라 SNS 기업환경수준보다도 더 낮게 형성되었음을 보여 준다.

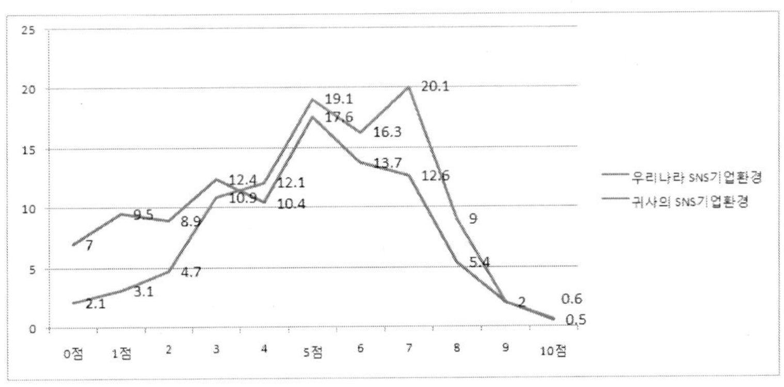

〈그림 4-16〉 우리나라의 SNS 기업환경과 귀사의 SNS
기업환경수준에 대한 의견(N=1000)

우리나라의 SNS 기업환경과 귀사의 SNS 기업환경수준에 있어 회사규모와 스마트폰 이용, 그리고 기업 SNS 사용여부에 따른 차이가 어떻게 다른지를 비교하였다. 회사규모에 따른 차이는 49명 이하의 회사에 종사하는 노동자들은 50명 이상의 회사에 종사하는 노동자들보다 우리나라의 SNS 기업환경수준이 더 높게 평가하나 통계적으로 유의미하지 않게 나타났다. 회사규모에 따른 차이는 50~299명이 4.38로 가장 높고 그다음으로 300명 이상 4.37, 49명 이하 4.17의 순서로 높게 형성되었으나 통계적으로 유의미하지 않게 나타났다.

스마트폰 이용여부에 따른 차이는 스마트폰 이용자가 미이용자보다 우리나라의 SNS 기업환경수준을 더 높게 평가하고 통계적으로 유의미하게 나타났다. 기업 SNS 이용여부에 따른 차이도 사용하는 회사 노동자가 미사용 회사 노동자보다 우리나라의 SNS 기업환경수준을 더 높게 평가하며 통계적으로 유의미하게 나타났다. 한편 스마트폰 이용여부에 따른 차이는 이용하는 노동자가 이용하지 않는 노동자들보다 귀사의 SNS 환경수준이 더 높으며 유의미하였다. 기업 소셜 네트워크 사용여부에 따른 차이는 사용하는 회사 노동자가 사용하지 않는 회사 노동자들보다 귀사의 SNS 환경수준이 더 높으며 통계적으로 유의미하였다.

<표 4-12> 회사규모, 스마트폰 이용여부별 우리나라의 SNS 기업환경과
귀사의 SNS 환경수준에 대한 평균차이 검증결과

구분		N	우리나라 기업 SNS 환경			귀사의 SNS 환경		
			평균	표준편차	t/F	평균	표준편차	t/F
전체		1000	5.24	2.049	-	4.31	2.402	-
회사 규모	49명 이하	334	5.07	2.043		4.17	2.379	
	50~299명	334	5.32	2.039	1.732	4.38	2.450	.846
	300명 이상	332	5.32	2.058		4.37	2.377	
스마트폰 이용자	예	730	5.31	2.101	1.905*	4.41	2.442	2.196*
	아니오	270	5.03	1.888		4.03	2.272	
기업 소셜 네트워크 사용	있음	225	5.88	1.901	5.432***	5.50	2.081	2.081*
	없음	775	5.05	2.053		3.96	2.378	

*$p<.05$(단측검증), **$p<.01$(단측검증), ***$p<.001$(단측검증)

본 조사에서는 소셜 네트워크 서비스의 정부지원에 대한 22개 설문항목으로 구분하여 리커트 4점 척도로 응답하도록 하였다. '개인정보보호' 3.41로 가장 높고 그다음으로 '공공정보 창의적 활용' 3.08, '소셜 펀드 관련 표준약관 제정' 2.99, '글로벌비지니스 네트워킹' 2.96, '전통산업 소셜화' 2.95, '소셜 기반 창업지원' 2.94, '지식관리시스템 소셜화' 2.88, '소셜지원센터' 2.85, '소셜벤처육성' 2.85, '소액소셜펀드 세액 면제' 2.83, '소셜 전문인력 DB구축' 2.81, '기업용 소셜 기술 보급지원과 활성화를 위한 프로그램 개발' 2.8, '소셜 비즈니스모델에 관한 교육 및 컨설팅' 2.77, '소셜 SCM(Supply Chain Management) 지원' 2.76, '기업 소셜지수의 개발과 평가 프로세스 정립' 2.76, '소셜 펀드 보조금 지원' 2.74, '소셜 인덱싱 지원' 2.72, '소셜플랫폼 지원' 2.71, '소셜벤처 온라인홍보 지원' 2.68, '인터넷커머스 소셜화' 2.68, '엔터테인먼트 소셜화' 2.62, '홈페이지 소셜화' 2.58의 순서로 높게

형성되었다. 이러한 분석결과는 소셜 네트워크 서비스 정부지원 변인
이 모두 4점 척도의 중간값인 2.5보다 약간 상회하는 수치로서 일정
정도의 정부지원이 필요한 것으로 나타났다.

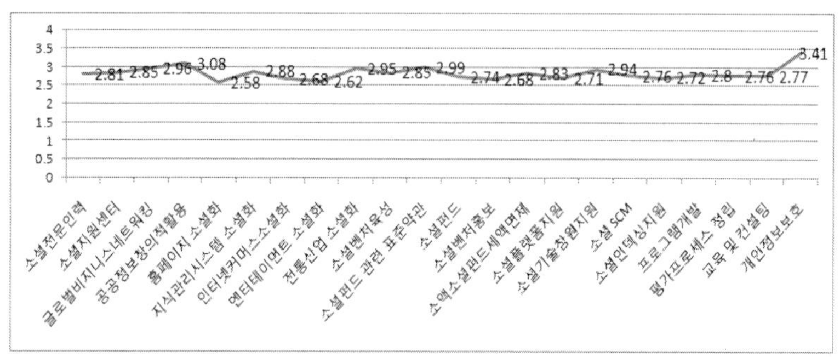

〈그림 4-17〉 소셜 네트워크 서비스의 정부지원에 대한 의견조사

소셜 네트워크 서비스의 정부지원에 있어 기업 SNS 사용회사 노동
자와 미사용 회사 노동자 사이에 어떠한 차이가 있는지를 비교하였
다. 기업 SNS 사용여부에 따른 차이는 개인정보보호를 제외한 여타
변인은 통계적으로 유의미하게 나타났다. 기업 SNS 사이트 사용회사
노동자는 미사용회사 노동자들보다 소셜 전문인력DB, 소셜 지원센터
운영, 글로벌비즈니스 네트워킹 체계 구축, 공공정보의 창의적 활용
지원, 홈페이지의 소셜화 지원, 지식관리시스템의 소셜화 지원, 인터
넷 커머스의 소셜화 지원, 엔터테인먼트의 소셜화, 전통산업의 소셜
화, 소셜 펀드를 통한 소셜벤처 육성, 소셜 펀드 관련 표준약관제정,
소셜 펀드 보조금 지원, 소셜벤처 온라인 홍보, 소액소셜펀드 세액 면
제, 소셜 플랫폼, 소셜기술 기반 창업, 소셜 SCM, 소셜 인덱싱, 기업
용 소셜 기술보급 지원과 활성화를 위한 프로그램 개발, 기업 소셜지

수의 개발과 평가 프로세스 정립, 소셜비즈니스 모델에 관한 교육 및
컨설팅을 정부가 지원해야 하는 것으로 나타났다.

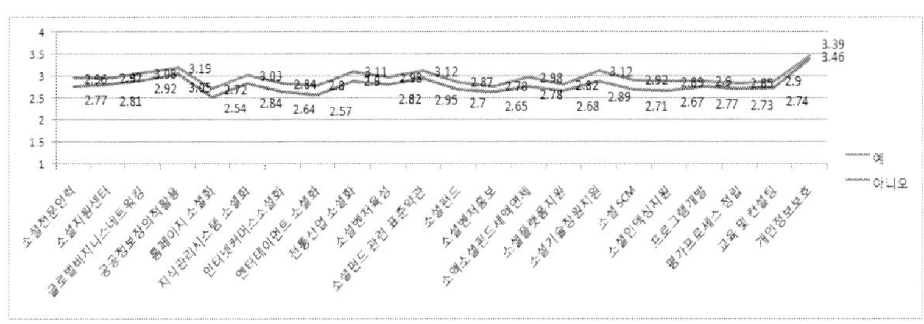

〈그림 4-18〉 기업 SNS 사용여부에 따른 소셜 네트워크 서비스
정부지원에 대한 의견조사

　　소셜 네트워크 서비스의 정부지원에 있어 스마트폰 이용자와 비이
용자 사이에 어떠한 차이가 있는지를 비교하였다. 스마트폰 이용여부
에 따른 차이는 개인정보보호를 제외한 여타 변인은 통계적으로 유
의미하게 나타났다. 스마트폰 이용자는 비이용자보다 소셜 전문인력
DB, 소셜 지원센터 운영, 글로벌비즈니스 네트워킹 체계 구축, 공공
정보의 창의적 활용지원, 홈페이지의 소셜화 지원, 지식관리시스템의
소셜화 지원, 인터넷 커머스의 소셜화 지원, 엔터테인먼트의 소셜화,
전통산업의 소셜화, 소셜 펀드를 통한 소셜벤처 육성, 소셜펀드 관련
표준약관 제정, 소셜펀드 보조금 지원, 소셜벤처 온라인 홍보, 소액소
셜펀드 세액 면제, 소셜 플랫폼, 소셜기술 기반 창업, 소셜 SCM, 소셜
인덱싱, 기업용 소셜 기술보급 지원과 활성화를 위한 프로그램 개발,
기업 소셜지수의 개발과 평가 프로세스 정립, 소셜비즈니스 모델에
관한 교육 및 컨설팅을 정부가 지원해야 하는 것으로 나타났다.

〈표 4-13〉

구분	스마트 이용		t
	예	아니오	
소셜 전문인력의 DB 구축	2.86	2.69	3.311***
소셜 지원센터 운영	2.89	2.73	3.195***
글로벌비즈니스 네트워킹 체계 구축	2.98	2.89	1.787*
공공정보의 창의적 활용 지원	3.11	3	2.159*
홈페이지의 소셜화 지원	2.6	2.51	1.659*
지식관리시스템의 소셜화 지원	2.91	2.81	1.947*
인터넷 커머스의 소셜화 지원	2.74	2.52	4.169***
엔터테인먼트의 소셜화 지원	2.65	2.54	2.145*
전통산업의 소셜화 지원	2.98	2.86	2.428**
소셜 펀드를 통한 소셜 벤처육성	2.9	2.74	3.025**
소셜 펀드 관련 표준약관제정	3.02	2.91	1.991*
소셜 펀드 보조금 지원	2.76	2.67	1.757*
소셜 벤처 온라인 홍보 지원	2.71	2.6	2.124*
소액 소셜 펀드 세액 면제	2.86	2.74	2.137*
소셜 플랫폼 지원	2.74	2.64	1.920*
소셜 기술 기반 창업 지원	2.97	2.84	2.515**
소셜 SCM(Supply Chain Management) 지원	2.8	2.64	3.001**
소셜 인덱싱 지원	2.76	2.62	2.788**
기업용 소셜 기술보급 지원과 활성화를 위한 프로그램 개발	2.84	2.69	2.851**
기업 소셜지수의 개발과 평가 프로세스 정립	2.79	2.67	2.385*
소셜 비즈니스 모델에 관한 교육 및 컨설팅	2.8	2.7	1.912*
개인정보보호 및 정보유출방지대책	3.42	3.38	0.694

*$p < .05$(단측검증), **$p < .01$(단측검증), ***$p < .001$(단측검증)

3

분석결과의 요약 및 정책적 함의

1) 분석결과의 요약

소셜 네트워크 서비스(SNS)를 활용한 기업경쟁력 제고방안에 대한 조사는 전문가회의, 자문회의, 설문지 개발의 연구진 회의 및 워크숍 등의 절차를 걸쳐 최종문항을 개발하였다. 표집방법은 통계청자료를 근거로 성별, 연령별, 거주지별, 회사규모별 모수를 확인하였으며 표집의 대표성 확보를 위해 파악된 모수를 근거로 할당표집을 실시하였다. 본 조사에서 사용된 자료 분석방법은 기술통계와 평균차이 검증, 그리고 교차분석을 실시하였다. 분석결과에 대한 요약은 다음과 같다.

첫째, 소셜 네트워크 서비스(SNS)의 이용행태를 분석한 결과, 소셜 커머스 사이트, 카카오톡, 미니홈피, 카페/커뮤니티, 블로그는 상대적으로 많이 이용하는 반면에, 마이크로블로그, 기업 마이크로블로그, 페이스북 등은 상대적으로 적게 이용하는 것으로 나타났다. 소셜 네트워크 서비스 이용현황은 카카오톡 77.3%, 페이스북 64.6%, 쿠팡 63.0%, 트위터 60.9%, 티켓몬스터 52.8%, 미투데이 48.6%, 그루폰

40.1%, 요즘 12.5%, 플레이톡 6.5%, 커넥팅 4.5%, 토씨 2.6%, 자이쿠 2.5%의 순서로 이용하는 것으로 나타났다. 소셜 네트워크의 하루 평균이용시간(분)을 살펴보면, 카카오톡 하루 평균 115.4분, 트위터 50.7분, 페이스북 34.5분, 커넥팅 31.7분, 미투데이 27.8분, 요즘 24.7분, 자이쿠 24분, 토씨 23.4분, 플레이톡 22.2분, 쿠팡 21.2분, 그루폰 18.7분의 순서로 많이 이용하는 것으로 나타났다. 한편, 소셜 네트워크를 주로 이용하는 장소는 회사가 47.3%, 집 41.7%, 이동 중 교통수단 9.5%, 상업시설 0.6%, 길거리 0.9%로 구성되었다.

둘째, 소셜 네트워크 사용이유는 대부분 동의하지만, 경력관리 도움, 자부심, 나의 인기 확인, 상대적 우월감에 대해서는 동의하지 않는 것으로 나타났다. 소셜 네트워크 서비스(SNS)의 만족도는 분석에 사용된 21가지 변인 모두 큰 수치로 나타나 소셜 네트워크 서비스(SNS)에 대해 전반적으로 만족도가 높게 나타났다. 소셜 네트워크 서비스(SNS)를 활용하여 상품정보를 검색한 경험 비율은 56.8%로 나타난 반면에 검색경험이 없다고 응답한 비율은 43.2%로 분포되었다. 소셜 네트워크 서비스(SNS)를 활용하여 상품정보를 검색할 때 주로 사용하는 SNS는 쿠팡 48.1%, 티켓몬스터 33.8%, 그루폰 14.3%, 기타 3.9%의 순서로 분포되었다. 소셜 네트워크 상품구매이유에 대한 분석결과는 분석에 사용된 변인이 모두 큰 수치로 동의하는 것으로 나타났다. 그 가운데 가장 높은 이유는 가격절감효과와 금전적 손실, 그리고 지불비용감소이다.

셋째, 기업 소셜 네트워크 서비스 이용여부에 대한 분석결과는 사용하지 않는 경우 77.5%와 사용하는 경우 22.5%(225명)로 분포되었다. 기업 소셜 네트워크 사이트는 트위터 50.7%, 페이스북 46.7%, 카

카오톡 46.2%, 퀵 6.2%, 소셜캐스트 5.3%, 야머 4.4%의 순서로 분포
되었다. 그 외로 사용하는 사이트는 큐브트리, 플리젠틀리, 채터, 회
사자체 SNS, 쿨메신저, 온넷, 네트온, MSN, CN 트위터, 팀오피스, 구
글톡, 미쓰리 등이다. 기업 소셜 네트워크 사이트 이용시간은 카카오
톡 106.5분, 트위터 66.1분, 페이스북 61.4분, 소셜캐스트 48.9분, 야머
48.1분, 퀵 45.7분, 소셜 텍스트 41.5분, 채터 32.2분, 큐브트리 26.9분
로 나타났다. 기업 소셜 네트워크 사용이유는 분석에 사용된 변인이
모두 큰 수치로 동의하는 것으로 나타났다. 그 가운데 가장 높은 이
유는 다른 사람들과의 더 많은 대화와 사내의 사람을 많이 알게 되는
것이다. 반면에 기업 소셜 네트워크를 사용하지 않는 이유는 '개인정
보유출' 3.32, '주어진 업무를 하기에도 시간 부족' 3.12, '질문이나 제
안에 반응이 없음' 2.97, '업무에 별 도움이 안 됨' 2.92, '많은 사람들
과 관계를 맺는 것이 부담스러움' 2.91, '어떻게 사용하는지 잘 모름'
2.57의 순서로 높게 형성되었다. 귀사에서 사용한 기업 SNS에 대한 의
견은 분석에 사용된 17가지 변인 모두 큰 수치로 동의하는 것으로 나
타났다. 그 가운데 평균값이 높게 형성된 것은 언제나 항상 접근이 가
능하고 정보공유가 원활하게 수행되며 업무관련정보이다. 업무용
SNS를 통한 마케팅에 대한 분석결과는 기업홍보, 고객관리, 기업정보,
타 기업과의 업무협조, 새로운 상품아이디어, SNS 전단조직, 상품판
매, 네티즌관리에 대해서는 큰 수치로 동의하는 반면에, 상품판매를
위한 전문소셜커머스 사이트 이용과 우수한 사원채용 그리고 SNS 관
련 전담조직에 대해서는 적은 수치로 동의하지 않는 것으로 나타났다.
　넷째, 조직 커뮤니케이션 변인들에 대한 평균차이 검증결과, 정보
공유 및 커뮤니케이션은 스마트폰 이용, 기업 SNS 사용변인에서 통

계적으로 유의미한 차이를 나타냈다. 사회적 신뢰를 측정하는 5가지 변인 모두 스마트폰 이용여부 변인에서 통계적으로 유의미한 차이를 나타냈다. 따라서 스마트폰을 이용하는 노동자들은 사용하지 않는 노동자들보다, 기업 SNS를 사용하는 회사 노동자들은 사용하지 않는 회사 노동자들보다 정보공유와 커뮤니케이션이 원활하게 이루어지고 사회적 신뢰도가 높은 것으로 나타났다.

다섯째, 직무만족 변인들에 대한 평균차이 검증결과, 직무만족은 분석에 사용된 13가지 측정변인 가운데 업무만족, 일자리 안정, 승진 기회, 새로운 직장을 얻을 기회, 하의상달식 인사, 일하는 것을 자랑스러워함 등의 변인들이 스마트폰 이용변인에서 통계적으로 유의미하게 나타났고, 기업 소셜 네트워크 사용여부에 따른 직무만족을 측정하는 13가지 변인 모두 통계적으로 유의미하게 나타났다. 한편, 스마트폰 이용여부에 따른 직업몰입에 대한 평균차이 검증결과, '나는 이 직업에서 계속 경력을 쌓아 나가고 싶다'에 대한 변인은 스마트 이용변인에서 통계적으로 유의미한 차이였고, '나는 이 직업에서 계속 경력을 쌓아 나가고 싶다', '이 직업은 내가 평생 할 만큼 이상적이다', '다시 시작하더라도 이 직업을 선택하겠다'라는 변인 모두 기업 SNS 사용여부 만족변인에서 통계적으로 유의미한 차이였다. 따라서 스마트폰을 이용하는 노동자들은 사용하지 않는 노동자들보다, 기업 소셜 네트워크를 사용하는 노동자들은 사용하지 않는 노동자들보다 직무만족과 직업만족이 높은 것으로 나타났다.

여섯째, 직장상사의 리더십에 대한 평균차이 검증결과, 직장상사의 리더십은 분석에 사용된 15가지 측정변인 가운데 직무수행 재검토와 강한 목적의식 두 가지 변인은 스마트폰 이용 변인에서 유의미하게 나타났다. 기업 소셜 네트워크 사용여부에 따른 차이는 직장상사에 대한 리더십 변인 모두 유의미하게 나타났다. 따라서 스마트폰을 이용하는 노동자들은 사용하지 않는 노동자들보다, 기업 SNS를 사용하는 노동자들은 사용하지 않는 노동자들보다 직장상사의 리더십을 긍정적으로 평가하는 것으로 나타났다.

마지막으로, 우리나라의 SNS 기업환경수준에 대한 평균은 5.24이고 표준편차는 2.049인 데 비해, 귀사의 SNS 기업환경수준에 대한 평균은 4.31이고 표준편차는 2.402이다. 한편, 소셜 네트워크 서비스 정부지원 변인 모두 중간값보다 약간 상회하는 수치로서 일정정도의 정부지원이 필요한 것으로 나타났다. 스마트폰 이용여부과 기업 소셜 네트워크 사용여부에 따른 차이는 분석에 사용된 22개 SNS 정부지원 측정변인 가운데 21개가 통계적으로 유의미하게 나타났다. 따라서 스마트폰을 이용하는 노동자들은 사용하지 않는 노동자들보다, 기업 소셜 네트워크를 사용하는 노동자들은 사용하지 않는 노동자들보다 SNS 기업환경을 정부가 더 지원해야 하는 것으로 나타났다.

2) 기업에서의 SNS 활용 실태 분석의 함의

(1) SNS의 활용을 통한 만족도 높음: SNS 활용의 잠재가치 확인

1,000명의 기업 근로자를 대상으로 조사한 본 조사의 결과, 일반적으로든지 업무용으로 활용할 경우에서든지 SNS를 활용함으로써 얻는 만족도 및 효과를 비교적 높게 평가하는 것으로 나타났다. 이는 앞으로 기업에서의 SNS 활용을 통한 기대효과가 크다는 점을 시사하는 것으로 SNS의 적극적인 활용을 통해 기업경쟁력을 제고할 수 있

는 여지가 크다고 할 수 있다.

일반적으로 콘텐츠 제작 및 표현의 자유, 참여, 정보 접근성과 획득 및 공유, 지인 등 사람들과의 교류와 공감대 형성, 여가와 재미 등 소셜 네트워크 상에서 얻을 수 있는 다양한 가치에 관해 비교적 높게 인식하고 있는 것으로 나타났다. 또한 '업무용으로 SNS를 활용하고 있다'고 응답한 근로자들의 경우 기업에서 업무용 SNS를 사용함으로써 얻는 효과에 대해서도 전 항목 모두에서 비교적 높은 평가를 내리고 있었다. 예컨대 일하는 곳이 보다 친근하게 느껴지고, 업무에 적극적으로 참여하는 보람을 느끼며, 일하는 조직의 목표나 임무에 대해 중요하게 느끼며, 사내의 다른 사람들을 더 많이 알고 이해하고 대화하며, 중요한 정보나 지식을 얻고 공유하며, 이를 통해서 제공되는 정보가 정확하고 신속하고 신뢰할 만하다고 인식하고 있었다.

(2) 실제 기업에서의 SNS 활용도는 낮고 업무와 유기적인 연계가 미흡함

그러나 이와 같이 개인적인 용도로 또한 업무용으로 SNS를 활용하는 것과 관련하여 그 효과나 잠재가치를 높게 평가하고 있음에도 불구하고 우리나라에서 SNS를 실제 업무용으로 활용하는 경우는 제한적인 것으로 나타났다. 기업 근로자들은 지인들과의 교류나 상품구매 등과 관련하여 개인적인 용도로 SNS를 많이 사용하고 있지만 이와는 달리 업무용으로 활용하는 경우는 많지 않았는데, 업무용으로 SNS를 활용하고 있느냐는 질문에 77.5%의 근로자들이 '그렇지 않다'고 응답했다. 또한 그나마 업무용 SNS를 활용하고 있는 기업의 경우에도 상품광고나 판매, 기업홍보, 상품아이디어 등 마케팅 차원에서의 활용도도 낮은 것으로 나타났다. 현재 우리나라 기업에서 많이 활용하고 있

는 업무용 SNS로는 카카오톡, 페이스북, 트위터의 순으로 나타났으며, Yammer, Chatter 등 기업용 마이크로블로그로 개발된 전용 도구보다는 개인용 마이크로블로그를 주로 활용하고 있는 것으로 나타났다.

이와 같이 업무용으로 SNS를 활용하고 있지 않는 경우, 그 이유에 관해 질문하는 문항에 대하여 개인정보유출을 첫째로 우려하고 있었고 그 이외에도 시간 부족, 자신의 질문이나 제안에 대해 반응이 없음, 업무에 별 도움이 되지 않음의 순으로 응답했다. 이러한 응답은 업무용 SNS의 효과로서 업무에 도움이 되는 정보를 얻는다는 응답과 다소 배치되는데, 이는 전반적으로 우리나라 기업에서 SNS 활용이 저조할 뿐 아니라 조직의 업무와 유기적으로 연계되어 운영되지 못하고 있다는 것을 보여 준다.

또한 우리나라의 SNS 기업환경에 대한 일반적인 평가와 자사에 대한 구체적인 평가 모두에서 SNS 기업환경이 보통 수준이거나 보통 이하라고 응답하여 SNS 기업환경에 대한 개선이 필요함을 시사하고 있다.

3) SNS를 활용한 기업 경쟁력 제고 방안

앞에서 지적한 바와 같이 본 조사 결과, 기업경쟁력 제고를 위한 SNS 활용의 잠재가치가 확인되었음에도 불구하고 우리나라의 SNS 기업환경이나 개별 기업 차원에서의 SNS 활용도는 저조한 것으로 나타났으며, 업무상 활용하는 방식에 있어서도 유기적인 연계가 부족한 것으로 나타났다. 이 절에서는 그러한 문제점을 보완하고 향후 기업 경쟁력 제고를 위한 적극적인 수단으로 기업에서 SNS 사용을 활성화하기 위한 방안에 관해 기업 차원의 방안과 정부 차원의 방안의 2가지 차원에서 논의하고자 한다.

(1) 기업 차원의 방안

SNS의 등장으로 인한 기업 환경의 변화를 크게 3가지 측면에서 논의해 볼 수 있을 것이다(장승희, 2011; 엄동욱, 2011; 이재혁, 2008; 이응용, 2011). 첫째는 SNS의 등장으로 인해 다양한 산업과 기술 간 융합이 가능해졌다는 산업기술 환경의 변화이다(기업의 기술적 환경 변화). 둘째는 기업과 고객의 커뮤니케이션과 상호작용의 변화이다(기업-고객 관계의 변화). 셋째는 기업 내부의 근로자들의 업무환경 혹은 업무과정과 조직문화의 변화를 포함한다(기업-근로자 관계의 변화).

① 기업-고객 관계의 변화와 대응 방안

SNS의 등장은 기업과 고객의 관계를 근본적으로 바꾸고 있다. 이는 기업의 대외적 환경의 변화를 암시하는데, 이전의 기업의 고객은 일단 제작된 제품이나 서비스를 소비하는 소비자(consumer)로서 기업에게는 일방향적인 홍보의 대상이 되는 수동적인 입장에 있었는데, 이제는 쌍방향의 소통을 통해 제품이나 서비스의 아이디어 제공에서부터 생산과정까지 적극적으로 참여하고 반응하고자 하는 프로슈머(prosumer)로 이해해야 한다. Alvin Toffler는 그의 저서 ≪제3의 물결≫에서 이러한 트렌드의 변화를 예견한 바 있다. 기업과 소비자 간의 정보격차와 접근성의 한계를 넘어서 이제 고객들은 어디에서든지 기업 또는 브랜드에 대해 이야기를 주고받는다. SNS의 등장으로 인해 정치참여 방식이 달라지듯이 소비자들도 적극적으로 기업 활동에 참여하기를 원하고 있고 기업 역시 시장과 소비자를 보는 관점이 달라

져야 한다. 기업은 이제 이러한 기업 환경의 변화로서 기업과 고객과의 관계가 변화하고 있다는 점을 인식해야 하며 이러한 점에서 경영진의 인식 제고와 SNS 매체의 특성에 대한 이해, 전담 조직 및 인력의 필요성 등이 요구된다고 할 수 있다.

경영진의 인식제고

최근 삼성경제연구소는 <SNS에 대한 4가지 오해>라는 보고서에서 기업이 SNS 활용을 적극적으로 도입하고 있지만 SNS 도입을 통해 기대효과를 저절로 얻을 수 있을 것이라고 오해하지 말라고 경고한다. 예를 들어 SNS를 도입하면 임직원의 자발적인 참여가 이루어질 것이라고 생각해서는 안 된다는 것이다(엄동욱, 2011). 앞으로 SNS를 어떻게 활용할 것인지 또 그러한 수단을 통해 어떠한 효과를 얻을 수 있을 것인지는 경영진의 인식에 달려 있다. 경영진에서 먼저 기업환경의 변화를 진지하게 인식하고 SNS 잠재가치 및 매체의 특성을 충분히 이해한 이후에야 SNS의 구체적인 활용방안과 전략을 수립할 수 있기 때문이다.

따라서 먼저 기업을 경영하는 경영진에서 소셜 네트워크 시대의 이러한 기업 환경의 총체적인 변화에 관해 충분히 인식하고 이러한 변화 속에서 SNS의 잠재가치를 충분히 활용하여 전략적으로 대응할 수 있어야 할 것이다. 많은 기업들이 남들이 하니까 강박관념에 쫓겨 SNS를 도입하긴 했지만 과연 고객과의 소통수단으로서 적절할지, 도대체 어떠한 성과를 거둘 수 있는지 의문과 회의를 가지고 있어 이에 대한 확신이 부족한 실정이다. 이와 같이 기업 환경의 변화에 대한 이해가 부족하여 SNS 도입과 활용에 대한 확신이 없는 상태에서

2011년 4월 한 호텔의 한복출입금지 사건과 같이 SNS를 통한 위기의 급속한 확산 사례들을 접하게 되는 경우, 기업은 보수적이고 방어적인 입장을 취하면서 고객과의 공식적이고 피상적인 관계만을 유지하게 되기 쉬운 것이다. 이는 비단 국내에 국한된 문제는 아니다. ≪Harvard Business Review≫에 실린 SNS 관련 기업 활용 실태에 관한 분석보고서에 따르면 SNS를 기업 경영에 활용하고 있는 기업 중에 SNS를 활용하는 명확한 목표와 성과측정지표를 갖추고 있는 기업은 약 12%에 불과한 것으로 나타났다(장승희, 2011).

이러한 기업 활용의 한계는 전적으로 기업환경의 변화에 대한 경영진의 인식 부족에 기인한 것으로 보인다. 따라서 기업은 외적인 압력에 의해, 다른 기업을 따라하는 차원에서 활용하는 것이 아니라 기업경쟁력 제고의 차원에서 기업환경 변화에 적극적으로 대응해야 한다. SNS의 많은 성공 및 실패 사례들에서도 이러한 경영진의 인식 전환은 일차적인 요인으로서 강조되고 있다.

SNS 매체의 특성에 대한 충분한 이해: 발신이 아닌 경청의 중요성

본 조사에서는 기업에서의 SNS 활용도가 저조할 뿐 아니라 그중에서도 마케팅 차원의 활용도 제한적인 것으로 나타났다. 그러나 LG경제연구원(2011) 등의 기존 문헌이나 자료들을 통해서 볼 수 있는 것은 현재 우리나라의 많은 기업에서 SNS가 활용되고 있으며, 이때 주로 저렴한 홍보채널로서 마케팅 차원에서 활용되고 있다고 한다. SNS의 잠재가치를 고려할 때 이는 고객과의 실시간 상호작용이 가능한 채널이지만, 많은 기업들은 'Making Noise'의 Viral Marketing의 효과를 유도하는 프로모션 채널로 활용하고 있다. 이는 고객과의 대화를 중심으로 하여 제품과 서비스의 가치를 향상시키기 위한 상호작용의 채널로서 사용하는 것이 아니라 여전히 일방적 발신의 함정에서 벗어나지 못하고 있음을 보여 준다. 그러나 이것 역시 조직 차원의 대응이 아니라 해당 담당자의 개인 노력에 의존하는 양태를 보여 준다. 이는 SNS 매체를 기존의 블로그 마케팅으로 인식하여 Event Hunter(이벤트만 쫓아다니는 사람들)만 양산하고 기업의 적극적인 Fan은 확보하지 못하는 부작용을 낳기도 한다.

또한 SNS를 활용하는 경우에도 기업에서는 그 콘텐츠 개발에 대한 압력을 많이 받고 있는데, 이 경우에도 대량메시지 발신이나 홍보에 적합한 매스미디어형 콘텐츠를 SNS용 콘텐츠로 활용하는 경우, 고객들에게는 무성의하고 배려가 부족한 것으로 평가받을 수밖에 없다. SNS용 콘텐츠는 의외로 사소한 일상에서 쉽게 소재를 얻을 수 있으며, 고객들이 친근하게 느낄 수 있는 다양한 콘텐츠를 기업 내부의 다수의 아이디어로 활용할 수 있을 것이다.

결국 SNS라는 매체의 특성을 고려할 때 기업 차원에서 가장 중요한 목표는 소비자와의 직접적 커뮤니케이션을 통해 해당 기업에 대한 우호적 평판을 형성하고 고객관계를 강화하는 것이다. SNS를 통한 소비자와의 커뮤니케이션은 소비자 네트워크에 기업이 들어가는 것이다. 따라서 소비자에게 메시지를 전달하기보다는 소비자들과 자연스럽게 관계를 형성하면서 그들로부터 소중한 의견을 경청하는 채널로서 활용해야 한다. LG경제연구원(2011)의 자료에 따르면 국내 대기업인 B회사의 경우, 경영진은 이러한 SNS 매체에 대한 충분한 인식을 바탕으로 "Follower의 숫자를 늘리는 것은 전혀 중요하지 않다. 고객들의 목소리를 잘 듣고 내부적으로 전파하는 것이 중요하다.

SNS를 매출과 직결시키는 사고 자체가 큰 장애요소이다. 매출이나 정량 지표에 매몰되지 말고 고객관계 구축을 위한 채널로 활용해야 하며, 절대 이벤트 홍보를 중심으로 사용해서는 안 된다"는 명확한 지침을 실무진에게 전달하고 있다고 한다. 한편 국내의 대표적인 리조트 기업인 C기업도 "SNS가 기업에서 갖는 힘은 경청(Listening)이다. 여기서 나오는 이슈를 시행(Doing Action)하는 것이 핵심이다"라는 것을 강조하기도 한다.

사실 SNS를 기업에서 잘 활용하게 되면 과거에는 별도의 소비자 분석이 필요하던 소비자의 기본정보, 곧 연령, 거주지, 직업, 소득을 넘어 취미, 인맥, 관심분야, 외부 활동 등 고급정보를 얻을 수 있다. 또한 상품기획이나 연구개발팀에서 소셜미디어를 활용하여 보다 다양한 아이디어 원천을 확보할 수 있고 제품개발 단계에서 소비자의 적극 반응을 유도함으로써 소비자의 니즈에 부합한 제품을 보다 단축된 시간 내에 출시할 수도 있다. 처음부터 완벽한 제품출시보다 실시간으로 소비자의 도움을 받아 작은 변화를 신속히 추구하여 지속적으로 개선하는 것이 소셜 미디어 시대에 적합한 생산패러다임인 것이다(장승희, 2011). 따라서 SNS 매체의 특성과 그 잠재력을 기업의 전 조직 차원에서 잘 이해하고 활용할 때 이러한 SNS매체와 기술을 통한 생산성 증대, 기업경쟁력 강화에 일조할 수 있을 것이다.

전담조직 및 인력

Best Buy를 비롯하여 SNS를 기업경영에 성공적으로 활용하는 기업들은 공통적으로 SNS 관련 전담조직이나 인력을 두고 SNS 상에서 변화하는 트렌드를 시시각각으로 파악하여 유관부서와 시시각각으로 공유하고 있다. 고객정보 활용 측면에서도 SNS 상 다양한 정보들을 고객 인사이트로 연결하기 위해 다양한 분석 툴을 갖추고 신제품 출시 등에 적극 반영하려 노력하고 있다.

한편 SNS 활용의 증가에 따른 기업환경 변화를 인식하지 못하고 이러한 변화에 전략적으로 대응하기 위해 전담조직이나 인력이 없는 조직의 경우, 의사결정의 지연이나 사적인 대응으로 잠재적인 기회를 상실하거나 위기상황에 적절히 대처하지 못해 곤경에 처하는 경우가 많다. 특히 SNS의 등장으로 위기 확산의 속도가 빨라 이는 기업활동에 치명적인 영향을 미치기도 한다. 국내 A식품회사에서 있었던 사례는 금세 수습될 수 있었던 위기 사례가 SNS 이용자에 대한 경영진의 인식 부족과 의사결정의 지연, 경영진의 사적인 대응 등으로 문제가 얼마나 악화되고 기업활동에 치명적인 타격을 가할 수 있는지를 보여 준다(정용민·송동현, 2011).

따라서 기업은 전략을 가지고 훈련된 인력들이 회사를 대표하여 커뮤니케이션할 수 있도록 해야 한다. 회사마다 이러한 전담조직을 설치하고 전담인력을 확보하여 이러한 실무진은 매일 트위터나 페이스북 등을 통해 모니터링 및 이슈 파악을 중시하고 이를 체계적으로 매일 오전 경영진에 보고하는 것이 필요하다. 이는 실제로 국내의 대기업인 B기업에서 활용하고 있는 사례이다. 이때 중요한 점은 통계데이터에 기반한 수치보다는 메시지 중심의 보고가 중요하다(장승희, 2011).

소셜 네트워크에서 유통되고 있는 정보의 양과 복잡성이 증대하면서 전문적인 분석과 활용능력이 중요한 경쟁력이 되고 있음에도 불구하고 글로벌 기업들도 단 23%만이 SNS 관련 분석 툴을 갖추고 정보를 수집, 분석하여 기업경영에 활용하고 있다고 한다. 최근 소셜 인덱싱(Social Indexing)으로 수집한 정보를 분석하는 SNA(Social Network Analysis) 대행전문기업이 지속적으로 발전하고 있는 것도 전문적 분석역량을 갖추지 못한 기업들이 이러한 대행기관들을 활용하여 기업 경영에 더욱 적극적으로 활용할 수 있다는 것을 보여 준다고 한다. 전담조직이나 인력을 마련할 뿐 아니라 이와 같이 기업의 SNS 기반의 역량을 높이기 위해 각종 지원 방안이 필요하다고 사료된다. 특히 재정여건이 충분치 못한 중소기업의 경우, 이러한 측면의 기업 SNS 활용 및 역량 강화를 위한 지원은 더욱 중요할 것으로 예상된다.

② 기업-근로자 관계의 변화와 대응 방안

SNS의 등장은 기업과 고객과의 관계의 변화라는 기업의 대외적 환경변화를 가져올 뿐 아니라 기업의 내부 환경의 변화, 곧 기업과 근로자 간의 관계 변화를 가져온다고 할 수 있다. 기업 내부적으로 새로운 커뮤니케이션 툴로 활용되는 등 이로 인한 기업 내부의 업무환경과 업무절차, 조직문화의 변화 등은 상당히 클 것이라고 전망할 수 있다. 본래 SNS의 특성상 개인화 경향이 강하고 개인의 관심사와 일상을 단순히 짧은 글로써 형식에 구애받지 않는 부분이 있기 때문에 기업에서와 같이 목적성이 강한 정보, 개인중심이 아닌 팀이나 조직 중심으로 운영되는 기업 내부 환경에는 적용하기에 어려운 점이 있다. 따라서 기존 조직 내에 유무선 전화, 이메일, 메신저, 파일 공유 프로그램, 지식관리시스템 등이 잘 갖추어진 기업에서는 추가적으로 SNS를 굳이 도입해야 하는가에 대한 의문을 제기하기도 한다. 그럼에도 불구하고 기존의 전자메일, 게시판, 커뮤니티 등 대다수의 오피스 툴들은 더 이상 소통과 협업의 툴로서의 기능을 적절히 수행할 수 없다(이재혁, 2008). 기업 내부의 관련된 사람들과의 연결, 소통, 공유를 통해 기업의 효율적인 커뮤니케이션이 가능해지고 창조적인 조직문화를 구축하며 이러한 효율성을 바탕으로 기업 경쟁력 제고를 높일 수 있다는 점에서 그 잠재가치가 주목을 받는 것이다. McKinsey Global Survey(2008)에 따르면 세계적인 컨설팅 업체인 맥킨지가 2년에 걸쳐 전 세계 1,988개의 기업을 대상으로 조사한 결과, 조사대상 가운데 대략 3분의 1 정도에 해당하는 기업들이 웹 2.0 기반의 SNS를 활용하고 있었고 임원진의 94%가 이러한 기술을 활용하여 내부 커뮤니케이션 증대로 지식관리, 직장 내 협업 장려, 기업문화 확산, 교육 등에 큰 효과를 보고 있다고 발표했다. 따라서 이러한 기업 내부 환경 변화에 대해 기업의 적극적 대응이 필요한데 그것은 SNS 관련 전담조직 및 인력이 필요할 뿐 아니라 SNS 활용과 관련해서 전체 조직 차원에서 이를 활용하고자 하는 전사적 차원의 준비와 대응이 필요함을 시사한다.

전사적 차원의 준비와 대응의 필요성

SNS의 도입과 활용은 전 조직 차원의 변화와 준비를 요구한다. 그렇지 않을 경우에 문제점은 고객들의 요구에 대해 진정성을 가진 대응을 할 수 없고 전담조직이나 외부대행사에만 자꾸 의존하는 행태를 보이게 되어 결국에는 의사결정의 지연으로 인해, 혹은 역할과 업무분장의 미비로 인해 적시에 고객의 요구에 대응하지 못하게 되고 피상적이고 형식적인 대응만 반복하게 된다는 점이다.

SNS의 매체의 특성상 고객과의 실시간 소통이 중요해졌기 때문에 이러한 외부 고객과의 소통과 관계형성을 위해서는 사실 전 조직의 내부 임직원이 동일한 기업가치를 공유하고 개방적으로 소통하는 문화를 구축하는 것이 필요하다. SNS를 기업 경영에 성공적으로 활용하고 있는 기업들은 이러한 부분에도 역점을 두고 있는데 이는 내부 임직원을 자사의 가장 큰 우호세력으로 확보하는 것이다. 다시 말해 가장 좋은 Follower나 Fan은 내부 임직원이라는 사고를 강조하는 것이다. 이를 위해 열린 의사소통, 빠른 의사결정구조, 격식 없는 호칭 문화 등 기업 문화를 갖추기 위해 노력하고 있다. 소수 중심의 운영을 탈피하고 전사적 참여를 이끌어낸 Best Buy의 경우 전 직원이 자발적으로 SNS를 통한 외부 소통에 참여하여 어떤 종류의 고객의 문의나 요청에도 단 12분 내 응답이라는 성과를 달성하여 고객들로부터 우호적인 평판을 유지하고 있다.

앞에서 기업 환경의 변화의 세 가지 측면을 고려하였는데 그중 기업 내부의 업무환경, 조직문화의 변화 등을 언급한 바 있다. 이러한 기업 환경의 변화는 기업 내부의 소통을 혁신적으로 바꾸어 직원들의 정서적인 차원에서 직무만족도를 높일 수 있을 뿐 아니라 공유된 정보와 소통의 활성화로 인해 창조적인 협업을 통해 조직성과를 획기적으로 향상시킬 수 있는 여지가 있을 것이다. 일단 개방적인 소통으로 인해 정서적인 유대감이나 만족이 증대할 뿐 아니라 직무 차원에서도 직급을 탈피하여 일 중심의 대화가 가능해지고, 다양한 의견이 개진되고 서로 존중하고 토론하는 문화가 정착되며 전 구성원의 다양한 창의적인 아이디어들이 실험되고 무수한 노하우들이 축적되어 서로 공유되면서 조직학습 차원에서 소셜 러닝(social learning)과 협업을 통해 문제해결과 직무성과를 극대화할 수 있다는 점에서 전 조직 차원의 전사적인 준비와 대응이 중요한 것이다(엄동욱, 2011; 권정은, 2011; 이재혁, 2008).

따라서 기업에서의 SNS 활용이 성공을 거두기 위해서는 경영진들이 SNS의 특성과 잠재가치에 대해 충분히 인식하고 확신을 가지고 체계적인 준비를 통해 전체 조직 차원의 변화를 염두에 두고 실행해야 한다. 기업에서 SNS를 도입, 활용하기 위해서는 의사결정체계, 자원배분, 권한 위임, 대응매뉴얼 등의 선행 준비를 통해 전체 조직차원에서 변화를 유도해야 한다. 정보를 발신하고 공유하는 활동이 익숙한 1980년 이후 세대가 본격적으로 등장하고 있는 시점인 것을 고려하면 전사적 차원의 준비와 대응이 그리 어렵지는 않을 것으로 전망된다.

(2) 정부 차원의 방안

① 기업의 기술적 환경 변화와 SNS 유관 산업(소셜 산업) 육성 방안

기업-고객과의 관계 변화(기업의 대외적 환경변화), 기업-근로자와의 관계 변화(기업의 대내적 환경변화)와 더불어 셋째로 고려할 수 있는 기업 환경의 변화는 SNS가 소셜 플랫폼화되어 소셜 미디어, 소셜 커머스, 소셜 커뮤니케이션 등 다양한 분야의 산업과 기술 간 융합이 가능해지면서 SNS 유관 산업의 발전 가능성이 크게 확대되었다는 점이다. 다시 말해 SNS는 단위서비스로서만 아니라 커머스, 미디어, 커뮤니케이션 등 다양한 산업 간 컨버전스의 'Enabler'로서 기능하게 되었다는 점이다. 현재 페이스북(Facebook)이나 트위터(Twitter)와 같은 주요한 SNS는 파워엔진으로 성장하여 기존의 기업시장이나 정치계 등 폐쇄적인 조직에도 거침없이 침투하여 '생존을 위한 필수 선택'으로 간주되고 있다. 예를 들어 국내외에서 현재 유행하는 소셜 커머스는 기존 전자상거래(e-commerce) 기반의 단방향 공동구매 서

비스에 불과하기 때문에 진정한 가치를 지니기 위해서는 공급자와 이용자 쌍방의 활발한 참여와 신뢰를 바탕으로 활용되어야 한다는 점이다. 또한 소셜 미디어의 경우, 기존 언론사 등의 대중매체의 한계를 보완할 수 있고 인기콘텐츠와 결합할 경우 상당한 시너지 효과를 거둘 수 있다는 점을 강조한다. 한편 스마트폰과 Wi-Fi의 보급 확대, 데이터 정액제의 확산 등으로 이용환경이 개선되어 소셜 커뮤니케이션이 급속히 확산되고 있어 모바일 메신저는 새로운 수익창출 기회를 얻을 수 있다는 점이다. 기타 위치기반의 SNS가 현재 모바일 서비스의 새로운 킬러앱으로 등장하고 있다는 점 등은 이러한 소셜 기반의 SNS의 산업 간 컨버전스를 가능케함으로써 새로운 SNS 기반의 산업영역이 확대되고 활용될 수 있음을 시사하고 있다(이응용, 2011).

이러한 기업의 기술환경의 변화가 진행되고 있음에도 불구하고 아직까지 SNS 유관산업(소셜 산업)에 대한 기준, 분류 등도 명확하지 않은 실정이기 때문에 정부 차원에서 구체적인 산업진흥전략을 개발해야 한다.

한편 지난 10월 27일 한국소셜네트워크협회(KOSNA)가 출범하였는데, 이러한 협회의 출범은 SNS의 소셜 플랫폼화, SNS를 통한 미디어, 이동통신, 커뮤니케이션, 게임 등 다양한 산업과 기술 간 융합을 바탕으로 SNS 산업을 육성하고 지원하고자 하는 민간 차원의 움직임을 반영하고 있는 것으로 평가된다. 이러한 민간 차원의 움직임에 대응하여 전략적으로 이를 지원할 수 있는 정부차원의 대책과 전담기관이 필요하다. SNS 관련 산업에 관한 산업분류조차 미흡한 실정에서 향후 중소기업의 SNS 기술개발 지원, 기업에 적용할 수 있는 소셜 네트워크 시스템 구축사업, SNS 활용을 위한 평가지표 제공이나 인증, 소셜 보안 차원의 문제 등 다만 민간 차원에서 연구하고 개발할 뿐 아니라 정부의 산업정책 차원에서의 제반 지원정책이 병행되어야 할 것이다.

② 정보 보호(소셜 보안)와 관련된 대책

SNS를 활용하는 개개인에게 가장 우려하는 부분은 아마도 개인정보보호의 측면일 것이다. 한편 기업은 SNS 활용과 관련해서 딜레마에 직면할 가능성이 큰데 그 이유는 한 면에서는 SNS라는 수단을 통해 적극적으로 개인의 고급정보를 획득하여 이를 활용해 기업활동이나 제품생산 및 판매에 적극 활용할 수 있다는 측면이 있는 반면, 고객의 정보를 최대한 보호하고 존중해야 하는 측면이 있기 때문이다. 기업의 부주의나 해킹으로 인해 고객의 정보나 사내의 기밀정보가 유출될 경우 기업 차원의 큰 손실이 예상되기 때문이다. 따라서 개인정보보호와 소셜 보안과 관련된 적절한 대책이 정부차원에서 또한 기업차원에서 필요한 실정이다.

기업에서 SNS가 적극적으로 활용되기 위해서는 개인정보에 대한 보호 방안이 구체적이고도 실효성이 있어야 한다. 본 조사에서도 개인정보유출에 대한 우려가 근로자들이 SNS를 활용하지 않는 주요한 이유로 제기되었으며, 기업에서의 SNS활성화를 위해 정부의 지원이 필요하다고 응답한 대표적인 항목으로 나타난 바 있다.

SNS는 그 성격상 블로그나 카페보다 보안에 취약한 구조이다. 블로그나 카페에서는 제공하는 정보를 보기 위해서 직접 사이트에 방문하거나 가입 등의 절차를 거쳐야 하는 데 반해 SNS는 사용자 정보가 자동으로 다른 사용자에게 배달되기 때문에 정보유출에 취약할 수밖에 없다. Facebook이나 Twitter 등 SNS는 정보의 가치가 중요하다. 실시간으로 개인의 취미, 행적, 인맥 등의 정보를 획득할 수 있기 때문에 데이터 마이닝(많은 데이터 가운데 숨겨져 있는 유용한 상관관계를 발견해 미래에 실행 가능한 정보를 추적해내고 의사결정에 이용하는 과정)을 통해 광고나 마케팅 등에서 실제로 활용하여 수익을 창출할 수 있게 된다. 따라서 SNS 업체는 좀 더 개인화된 정보를 회원에게서 빼내기 위해 노력할 수밖에 없는 것이다. 최근 카카오톡이 실명, 주민등록번호, 주소, 이메일, 휴대전화 결제 시 이동전화번호 통신사, 결제승인번호 등을 수집할 수 있다고 약관을 변경한 이유이기도 하다. 이러한 이유로 페이스북이 2011년 4월부터 6월까지 소셜 네트워킹 개인정보보호법을 저지하기 위해 캘리포니아 주정부를 상대로 로비한 것으로 드러나 논란이 되기도 하였다고 한다(이상, 2010).

그동안 개인정보유출에 대한 처벌규정은 "공공기관의 개인정보 보호에 관한 법률"(1994.1.7, 법률 제4743호)과 "정보통신망 이용촉진 및 정보보호 등에 관한 법률"로 나뉘어 처벌해왔다. 공공기관이 공공업무의 수행과정에서 그 담당자가 개인신상에 대한 정보를 유출한 경우에만 위 법에 의해 처벌을 해 왔고, 또한 통신사 등 개인정보를 취급하는 기관에서는 통신비밀보호법 및 정보통신망 이용촉진 및 정보보호 등에 관한 법률 등에 따라 이용자의 동의 없이 개인정보를 이용하거나 제3자에게 제공하면 5년 이하의 징역 또는 5천만 원 이하의 벌금에 처해졌다. 불법으로 개인정보를 제공받은 자 또한 같은 처벌을 해왔다. 그러나 이제는 2011년 9월 30일부터 '공공기관의 개인정보보호에 관한 법률'이 폐지되고 두 법률이 '개인정보보호법'으로 시행되었다. 이 법의 시행으로 일반 회사나 사기업체에서 개인정보를 유출한 경우 5년 이하의 징역 또는 5천만 원 이하의 벌금형에 처해진다. 이 법이 시행됨으로써 개인정보보호법은 업무상 처리하는 모든 개인정보를 다루므로 공공기관, 동창회 등 친목단체, 비영리법인, 시민단체에도 적용된다. 따라서 이제는 불법 스팸문자나 전화를 받은 경우 메시지를 캡처한 화면이나 녹취파일 등 피해 사실을 입증할 자료를 제시하면 개인정보유출자를 처벌할 수 있게 되었다.

한편 지난 11월 15일 공정거래위원회에서는 주요 온라인 사업자의 불공정약관을 시정하여 과도한 개인정보수집에 제동을 걸게 되었다. 앞으로 포털과 소셜 네트워크(SNS) 사이트 등은 회원의 동의 없이 주민등록번호 등의 개인정보를 수집하지 못한다. 또 그간 고객에게 모든 책임을 떠넘겨온 개인정보 유출 문제도 회사의 귀책사유가 있을 시 책임을 져야 한다. 공정거래위원회는 '네이버', '다음' 등 14개 주요 온라인 사업자들의 서비스 이용약관과 개인정보 취급방침을 조사, 62개의 개인정보 관련 불공정 약관 조항에 대해 시정조치했다고 15일 밝혔다. 공정거래위원회는 지난 8월과 9월에 걸쳐 인터넷포털, 온라인 쇼핑몰, SNS 등에 대한 조사를 실시했다. 주요한 내용을 살펴보면 다음과 같다. 우선 상품을 구입한 적이 없는 회원에 대해서도 신용카드번호와 카드사명, 유효기간 등을 요구하거나 단순히 회원가입만 희망하는 고객에 대해서도 주민등록번호를 요구해 보관하는 것은 과도한 개인정보 수집이라고 지적함으로써 주민등록번호의 수집 및 보관에 제동을 걸게 되었다. 한편 개인이 주고받은 메신저 내용, SMS 관련 정보와 같은 통신 내역을 개인의 별도 동의 없이 일괄적으로 수집하는 것도 시정조치를 받았다. 그뿐 아니라 그간 인터넷상의 문제라는 불명확한 사유를 들어 모든 책임을 고객에게 떠넘겨온 개인정보 유출에 대해서도 회사 측 책임을 명확히 하기로 했다. 네이트, 싸이월드, 옥션, 카카오톡, 홈플러스, 구글 등은 회사의 귀책사유가 있는 경우에는 회사가 책임을 지고, 법률의 명백한 근거나 객관적으로 타당한 사유하에서만 회사의 책임을 배제시킬 수 있도록 조항을 수정했다. 공정거래위원회는 직권조사 결과를 바탕으로 연내 온라인 사업자들이 개인정보 관련 약관 작성 시 참고할 수 있는 약관규제법 준수기준을 제정해 배포할 예정이라고 한다(머니투데이, 2011.11.15).

이러한 기본법에도 불구하고 SNS의 속성상 앞으로도 스스로 개인이 정보를 노출하는 것은 보호하기 어려울 것으로 예상된다. 따라서 정부 차원의 개인정보보호 방안이 마련될 뿐 아니라 기업 및 개인 차원에서도 개인정보의 자기결정권 강화, 타인의 개인정보의 존중, 자기 정보 공개의 책임성 등을 기본 원칙으로 하여 가이드라인이 마련되고 활용되어야 할 것이다(오태원·유지원, 2010). 개인정보의 자기결정권이 강화되어 가입 시뿐만 아니라 정보를 공개하는 매 시점마다 자기결정권이 구체적으로 발현될 수 있어야 하며, 자기 정보 공개에 있어 보다 책임 있고 신중한 선택이 필요하다. 또한 타인의 개인정보를 존중하여 부지불식간에 타인의 프라이버시를 침해하거나 타인의 개인정보를 누출할 수 있는 가능성을 차단해야 할 것이다.

여하튼 SNS가 플랫폼의 개념으로 확장되면서 앞으로 프라이버시 논쟁이 새로운 국면으로 전개될 가능성이 있다. 한편에서는 참여, 공유, 개방을 중시하는 시대에 폐쇄적인 방패막이 오히려 고도화된 SNS 활용 가치를 퇴색시킬 수 있다는 측면도 부각된다. 기업에서 SNS를 도입하게 되면서 프라이버시와 서비스 고도화 간의 충돌은 적절한 합의점이 도출되기까지 규제의 폭과 범위를 놓고 지속적인 논의가 필요할 것이며 기업별로는 이와 관련된 가이드라인을 정하여 사내교육을 활용할 필요가 있을 것이다.

SNS 온라인 정치참여에 대한 실증적 분석

SNS
BUSINESS
POLITICS

1

온라인 정치참여 분석

온라인 정치참여 일반을 분석하기 위해 사용된 자료는 정보통신정책연구원이 2008년에 수행한 <디지털시대 사회통합을 위한 시민의식 제고방안> 조사이다. 온라인 정치참여 분석을 위해 사용된 인터넷 정치참여 활동변인은 6가지 문항으로 구성되었으며 5점 척도로 응답하도록 하였다. 분석결과, '온라인 정치토론'이 2.02로 가장 높고 그다음으로 '온라인 시위' 1.97, '청와대/정부홈페이지 방문' 1.94, '정당/국회의원 홈페이지 방문' 1.83, '인터넷으로 선거기간 중 특정 후보/정당 홍보' 1.78, '온라인 정치커뮤니티 가입' 1.78의 순서로 높게 형성되었다. 이는 분석에 사용된 모든 변인이 5점 척도의 중간값인 3점 척도보다 낮은 수치로 온라인 정치참여가 지극히 소극적인 것으로 나타났다.

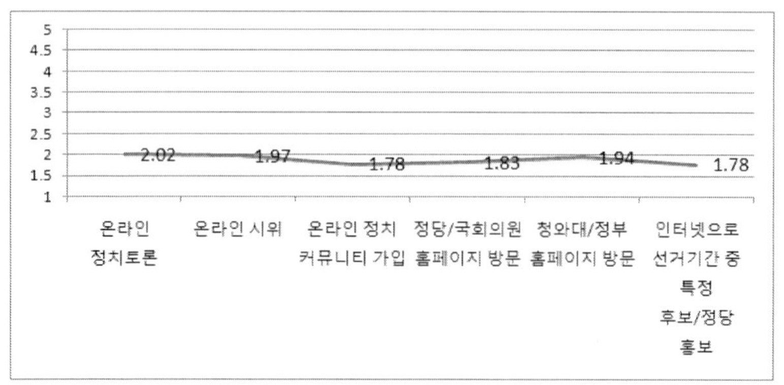

〈그림 5-1〉 온라인 정치참여에 대한 현황

다음은 정보통신정책연구원이 2010년 10월에 수행한 <방통융합 정책가치에 대한 이용자 조사> 자료이다. 인터넷 사회활동을 분석하기 위해 분석에 사용된 변인은 8가지 설문으로 구성되었으며 5점 척도(1점: 전혀, 5점: 매우 자주)로 응답하도록 하였다. '인터넷 게시판에 어떤 상품에 대한 품평이나 의견 제시'가 3.18로 가장 높고 그 다음으로 '개인미디어에 어떤 상품에 대한 품평이나 의견 제시' 2.81, '개인미디어에 파일, 사진, 동영상 등의 UCC 창작물 게재' 2.62, '인터넷 게시판에 사회적 이슈 게재' 2.57, '개인미디어에 사회적 이슈 게재' 2.48, '인터넷 게시판에 파일, 사진, 동영상 등의 UCC 창작물 게재' 2.38, '지지하는 정당의 미니홈피/블로그/홈피/트위터 등 SNS 방문' 2.17, '인터넷 게시판에 지지하는 정당(정치인)에 대한 의견 제시' 2.06의 순서로 높게 형성되었다. 이러한 분석결과는 인터넷 게시판에 어떤 상품에 대한 품평이나 의견 제시를 제외한 여타 변인은 5점 척도의 중간값인 3점 척도보다 낮은 수치이고 인터넷 게시판에 지지하는 정당에 대한 의견 제시와 지지하는 정당의 미니홈피/블로그/홈피/

트위터 등 SNS 방문은 매우 낮은 수치로 온라인 정치참여가 지극히
소극적인 것으로 나타났다.

<표 5-1> 온라인 사회활동에 대한 기초통계

구분	전혀	하지 않는 편	그저 그렇다	하는 편	매우 자주	평균
인터넷 게시판에 지지하는 정당(정치인)에 대한 의견 제시	34.7	35	20.4	9.5	0.4	2.06
지지하는 정당의 미니홈피/블로그/홈피/트위터 등 SNS 방문	33.3	31.2	22	12.2	1.3	2.17
인터넷 게시판에 어떤 상품에 대한 품평이나 의견 제시	7.3	16.1	31.9	41.3	3.5	3.18
개인미디어에 어떤 상품에 대한 품평이나 의견 제시	13.4	24	32.8	27.7	2.1	2.81
인터넷게시판에 사회적 이슈 게재	17.8	30.2	31.2	19	1.7	2.57
개인미디어에 사회적 이슈 게재	20.7	28.3	34.4	15.4	1.3	2.48
인터넷 게시판에 파일, 사진, 동영상 등의 UCC 창작물 게재	26.2	29.4	26.7	15.9	1.8	2.38
개인미디어에 파일, 사진, 동영상 등의 UCC 창작물 게재	21.3	24.8	27.6	22.9	3.5	2.62

스마트폰 이용여부에 따른 차이는 스마트폰 사용자가 스마트폰 미
사용자들보다 지지하는 정당의 미니홈피/블로그/홈피/트위터 등의
SNS 방문이 적극적이고 개인미디어에 어떤 상품의 품평이나 의견을
더 제시하며, 개인미디어에 사회적 이슈를 더 게재하고, 인터넷 게시
판과 개인미디어에 파일/사진/동영상 등의 UCC 창작물을 더 게재하
는 것으로 나타났다.

<표 5-2> 스마트폰 이용여부별 온라인 활동에 대한 평균차이 검증결과

구분	스마트폰 이용		t
	예	아니오	
인터넷 게시판에 지지하는 정당(정치인)에 대한 의견 제시	2.1	2.06	.523
지지하는 정당의 미니홈피/블로그/홈피/트위터 등 SNS 방문	2.41	2.13	3.235***
인터넷 게시판에 어떤 상품에 대한 품평이나 의견 제시	3.22	3.17	.652
개인미디어에 어떤 상품에 대한 품평이나 의견 제시	3.22	3.17	2.275*
인터넷 게시판에 사회적 이슈 게재	2.98	2.78	1.525
개인미디어에 사회적 이슈 게재	2.68	2.55	2.401**
인터넷 게시판에 파일, 사진, 동영상 등의 UCC 창작물 게재	2.65	2.45	3.052**
개인미디어에 파일, 사진, 동영상 등의 UCC 창작물 게재	2.61	2.34	2.045*

*$p<.05$(단측검증), **$p<.01$(단측검증), ***$p<.001$(단측검증)

SNS 사용여부에 따른 차이는 SNS 사용자가 미사용자들보다 인터넷 게시판에 지지하는 정당에 대한 의견을 더 제시하고, 지지하는 정당(정치인)의 미니홈피/블로그/홈피/트위터 등의 SNS 방문이 더 적극적이며, 인터넷 게시판과 개인미디어에 어떤 상품의 품평이나 의견을 더 제시하고, 인터넷 게시판과 개인미디어에 사회적 이슈를 더 게재하며, 인터넷 게시판과 개인미디어에 파일/사진/동영상 등의 UCC 창작물을 더 게재하는 것으로 나타났다.

<표 5-3> SNS 사용여부별 온라인 활동에 대한 평균차이 검증결과

구분	SNS 사용		t
	예	아니오	
인터넷 게시판에 지지하는 정당(정치인)에 대한 의견 제시	2.1	1.98	2.107*
지지하는 정당의 미니홈피/블로그/홈피/트위터 등 SNS 방문	2.24	2.04	3.219***
인터넷 게시판에 어떤 상품에 대한 품평이나 의견 제시	3.34	2.88	8.132***
개인미디어에 어떤 상품에 대한 품평이나 의견 제시	2.94	2.58	5.985***
인터넷 게시판에 사회적 이슈 게재	2.67	2.38	4.639***
개인미디어에 사회적 이슈 게재	2.6	2.27	5.591***

| 인터넷 게시판에 파일, 사진, 동영상 등의 UCC 창작물 게재 | 2.56 | 2.04 | 8.244*** |
| 개인미디어에 파일, 사진, 동영상 등의 UCC 창작물 게재 | 2.9 | 2.12 | 12.288*** |

*$p<.05$(단측검증), **$p<.01$(단측검증), ***$p<.001$(단측검증)

스마트폰과 SNS 사용여부에 따른 인터넷 사회활동의 변인 모두 유의미한 차이였다. 이들 변인들을 상호 대비시켜 살펴보면, 소셜 네트워크만 사용하는 이용자들은 그렇지 않은 이용자들보다 인터넷 게시판에 어떤 상품에 대한 품평이나 의견을 더 많이 제시하는 반면에, 스마트폰과 소셜 네트워크 2가지 모두 사용하는 이용자가 인터넷 게시판에 지지하는 정당에 대한 의견을 더 제시하고, 지지하는 정당의 미니홈피/블로그/홈피/트위터 등의 SNS 방문이 적극적이며, 개인미디어에 어떤 상품에 품평이나 의견을 더 제시하고, 인터넷 게시판과 개인미디어에 사회적 이슈를 더 게재하며, 인터넷 게시판과 개인미디어에 파일/사진/동영상 등의 UCC 창작물을 더 게재하는 것으로 나타났다.

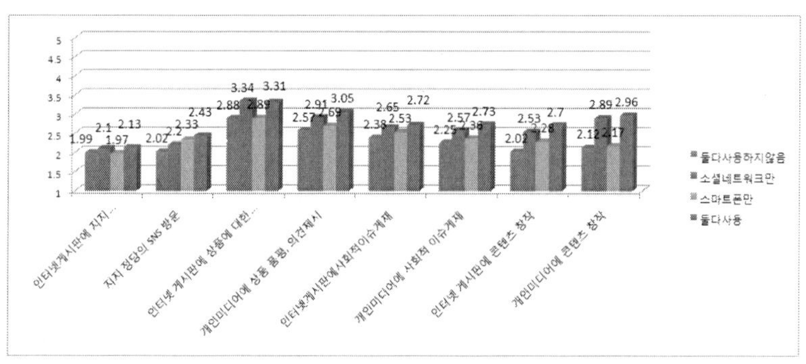

〈그림 5-2〉 스마트폰 · SNS 사용여부별 인터넷 사회활동에 대한 평균차이 검증결과

구분	SNS사용				F
	둘 다 사용하지 않음	소셜 네트워크만	스마트폰만	둘 다 사용	
인터넷 게시판에 지지하는 정당(정치인)에 대한 의견 제시	1.99	2.1	1.97	2.13	1.423
지지하는 정당의 미니홈피/블로그/홈피/트위터 등 SNS 방문	2.02	2.2	2.33	2.43	5.971***
인터넷 게시판에 어떤 상품에 대한 품평이나 의견 제시	2.88	3.34	2.89	3.31	21.202***
개인미디어에 어떤 상품에 대한 품평이나 의견 제시	2.57	2.91	2.69	3.05	12.167***
인터넷게시판에 사회적 이슈 게재	2.38	2.65	2.53	2.72	6.823***
개인미디어에 사회적 이슈 게재	2.25	2.57	2.36	2.73	11.753***
인터넷 게시판에 파일, 사진, 동영상 등의 UCC 창작물 게재	2.02	2.53	2.28	2.7	24.383***
개인미디어에 파일, 사진, 동영상 등의 UCC 창작물 게재	2.12	2.89	2.17	2.96	48.625***

*$p<.05$(단측검증). **$p<.01$(단측검증). ***$p<.001$(단측검증)

참고로 스마트폰과 소셜 네트워크 이용현황은 <그림 5-3>과 같다. '소셜 네트워크만 사용'하는 것이 53.80%로 가장 많이 분포되었고 그다음으로 '스마트폰과 소셜 네트워크 모두 사용' 32.20%, '모두 사용하지 않음' 11.20%, '스마트폰만 사용' 2.90%의 순서로 분포되었음을 보여 준다.

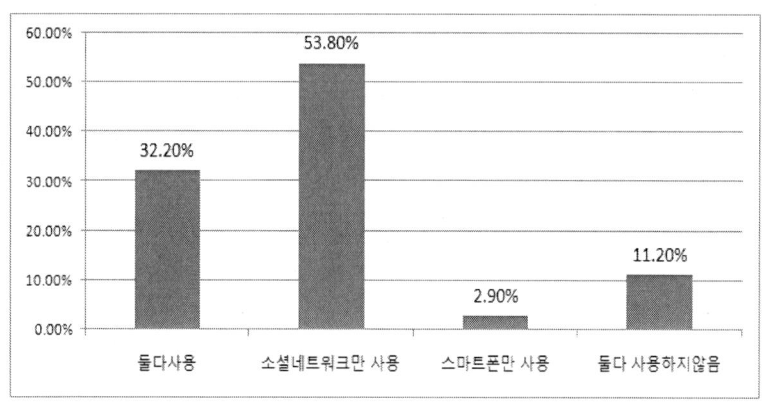

〈그림 5-3〉 스마트폰·소셜 네트워크 이용현황

스마트폰·소셜 네트워크에 있어 연령과 성별로 어떠한 차이가 있는지 비교하기 위해 교차분석을 실시하였다.

첫째, 연령과 스마트폰·소셜 네트워크 간 교차분석 결과, 29세 이하는 '소셜 네트워크만 사용'이 67%로 가장 많고 그다음으로 '스마트폰과 소셜 네트워크 모두 사용' 18.80%, '모두 사용하지 않음' 12.30%, '스마트폰만 사용' 2%의 순서로 분포되었다. 30대에서도 '소셜 네트워크만 사용'이 57.50%로 가장 많고 그다음으로 '둘 다 사용' 26.40%, '모두 사용하지 않음' 13.30%, '스마트폰만 사용' 2.80%의 순서로 분포된 데 비해, 40세 이상에서는 '스마트폰과 소셜 네트워크 모두 사용'이 53.40%로 가장 많고 그다음으로 '소셜 네트워크만 사용' 35.20%, '모두 사용하지 않음' 7.40%, '스마트폰만 사용' 4.00%의 순서로 분포되었다. 이러한 분석결과는 통계적으로 유의미하다. 이로써 연령이 많을수록 스마트폰과 소셜 네트워크를 모두 사용하는 것으로 나타난 반면에, 연령이 낮을수록 소셜 네트워크만 이용하는 사용자가 많은 것으로 나타났다.

둘째, 성별과 스마트폰·소셜 네트워크 간 교차분석 결과, 여성은 '소셜 네트워크만 사용'이 60.90%로 가장 많고 그다음으로 '스마트폰과 소셜 네트워크 모두 사용' 31.30%, '모두 사용하지 않음' 6.4%, '스마트폰만 사용' 1.40%의 순서로 분포되었으며, 남성도 '소셜 네트워크만 사용'이 47.90%로 가장 많고 그다음으로 '모두 사용' 32.80%, '모두 사용하지 않음' 15.10%, '스마트폰만 사용' 4.10%의 순서로 분포되었다. 이러한 분석결과는 통계적으로 유의미하다. 이로써 남성이 여성보다 스마트폰과 소셜 네트워크 모두 이용하는 사용자가 많은 반면에, 여성은 남성보다 소셜 네트워크만 이용하는 사용자가 더 많은 것으로 나타났다.

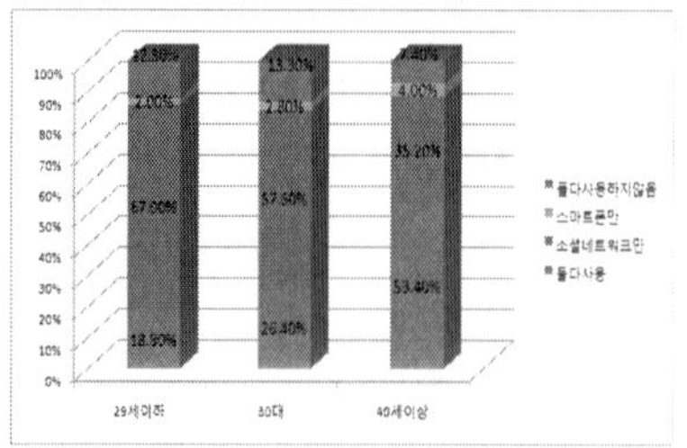

x^2=128.663, df=6, p<.001

〈그림 5-4〉 연령과 스마트폰·소셜
네트워크 간 교차분석

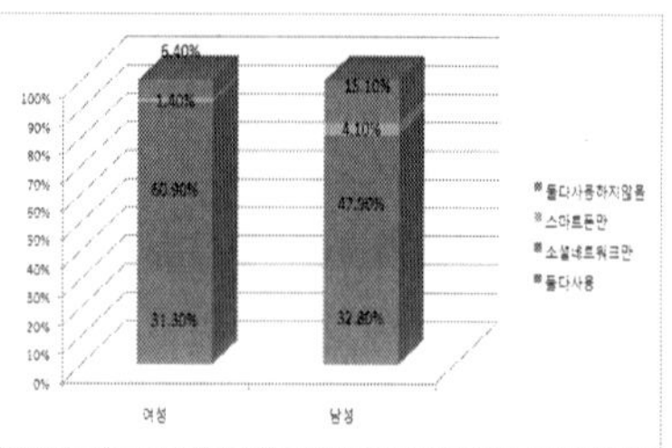

x^2=30.283, df=3, p<.001

〈그림 5-5〉 성별과 스마트폰·소셜
네트워크 간 교차분석

2

이슈별 온라인 정치참여 분석

2008년 촛불집회 온라인 정치참여 분석을 위해 사용된 자료는 정보통신정책연구원이 2008년에 수행한 디지털시대 사회통합을 위한 시민의식 제고방안 조사이다. 2008년 촛불집회 온라인 정치참여를 분석하기 위해 사용된 변인은 7가지 설문으로 구성되었으며 5점 척도로 응답하도록 하여 측정하였다. '촛불시위 생중계나 동영상을 본 적 있음'이 3.87로 가장 높고 그다음으로 '촛불 관련 글을 읽고 공감' 3.69, '촛불 관련 지지 또는 반대 서명참여' 3.35, '촛불 관련 기사에 댓글을 닮' 2.93, '촛불 관련해서 메신저로 채팅' 2.45, '촛불 관련 기사 스크랩' 2.35, '촛불 관련 휴대전화 문자로 전송' 1.95의 순서로 높게 형성되었다.

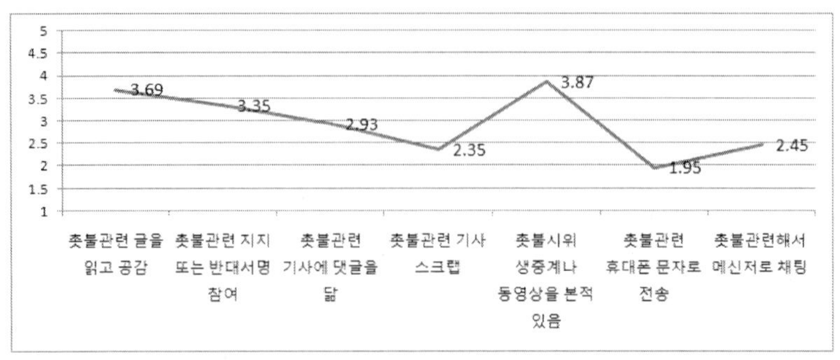

출처: 정일준, 김상돈(2009)

〈그림 5-6〉 2008년 촛불집회 온라인 정치참여에 대한 현황

한편, 2010년 6월 2일에 실시된 전국 지방선거기간 동안 온라인 정치참여를 설명하기 위해 사용한 자료는 정보통신정책연구원에서 2010년 10월에 발간된 <소셜 미디어에서 온라인 정치담론의 특성> 보고서이다. 본서에서는 이 보고서에서 사용된 설문문항 가운데 "트위터에서 6·2지방선거와 관련하여 가장 많이 접한 정치적 정보나 이슈"와 "6·2지방선거 기간 중 트위터의 영향력을 보여준 이슈"의 2가지 설문문항 분석결과를 통해 온라인 정치참여를 설명하고자 한다.

첫째는 "트위터에서 6·2지방선거와 관련하여 가장 많이 접한 정치적 정보나 이슈"의 설문문항에 대한 분석결과이다. 분석결과 31.8%의 비율로 선거 및 투표참여를 독려하는 메시지를 가장 많이 접하였다고 응답하였으며, 선거공약과 관련된 정책이슈가 16.7%, 천안함 사건 등 당시 논란거리였던 외교안보 이슈가 15.7%로 나타났다. 네 번째로는 관련 정보를 접하지 못했다는 응답도 14.1%로 나타났다. 유명 연예인들의 투표 인증샷 열풍에 트위터에서도 투표참여를 독려하는 메시지가 많았던 것으로 설명된다.

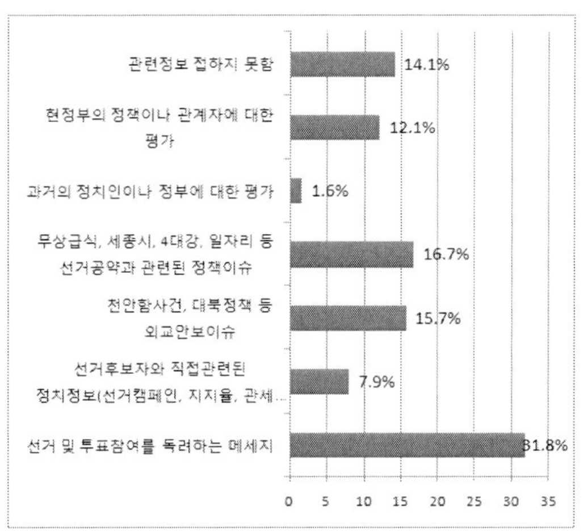

출처: 정보통신정책연구원(2010)

〈그림 5-7〉 트위터에서 가장 많이 접한 6·2지방선거
관련 정치정보나 이슈(N=305)

둘째는 6·2지방선거를 전후해서 트위터에서 일어났던 국내외 사건 및 이슈들을 제시하고, 이들 중에서 "트위터의 정치사회적 영향력을 가장 크게 느끼게 해준 것은 무엇인지"에 대한 설문문항에 대한 분석결과이다. 분석결과, '정치인들이나 후보자들의 트위터 개설붐 및 트위터를 통한 선거캠페인'이 30.2%로 가장 높게 나타났다. 트위터를 자신의 정책홍보수단으로 활용하는 정치인들이 많아지는 현상을 트위터 이용자들 또한 느끼고 있었다. 다음으로는 '트위터를 통한 이용자들 간의 신속한 정치정보 공유 및 활발한 정치적 대화'가 28.9%로 나타나 트위터의 신속성과 공유성을 정치사회적 영향력을 증대시키는 요인으로 높게 평가하는 경향을 발견할 수 있었다. 그리고 유명스타나 젊은 유권자들이 수행한 '투표인증샷' 등 투표참여 캠

페인이 21.0%로 6·2지방선거 기간 때 두드러진 현상으로 정치사회
적 영향력을 느끼게 해준 이슈로 꼽혔다.

<표 5-5> 6·2 지방선거 기간 중 트위터의 영향력을 보여 준 이슈

구분	빈도	비율
트위터를 통한 여론조사나 온라인 투표 논란	39	12.8%
정치인이나 후보자들의 트위터 개설붐 및 트위터를 통한 선거캠페인	92	30.2%
트위터를 통한 이용자들 간의 신속한 정치정보 공유 및 활발한 정치적 대화	88	28.9%
유명스타나 젊은 유권자들이 수행한 '투표인증샷' 등 투표참여 캠페인	64	21%
선관위의 트위터 규제 논란	18	5.9%
영국총선, 일본 참의원 선거 등 주요 선진국에서의 '트위터' 선거 열풍	1	0.3%
없다	1	0.3%
모름	2	0.7%
전체	305	100%

출처: 정보통신정책연구원(2010)

다른 한편, 2011년 10월 26일 서울시장 보궐선거에서 온라인 트위
터를 이용한 투표참여와 후보자 이미지를 설명하기 위해 사용된 자
료는 ≪한겨레신문≫이 10월 27일에 발표한 '그루터' 보도자료이다.
첫째, 트위터를 이용한 온라인 투표참여에 대한 ≪한겨레신문≫의
보도자료 분석결과이다. 오전 11시부터 오후 4시까지 나 후보를 언급
한 트윗이 우세한 반면에, 나머지 시간 특히 출퇴근 시간 때는 박 후
보를 언급한 트윗이 더 많았고, 또한 직장 퇴근 전 트위터 게시물이
2배 이상 급증해 투표율을 높이는 역할을 한 것으로 분석된다.

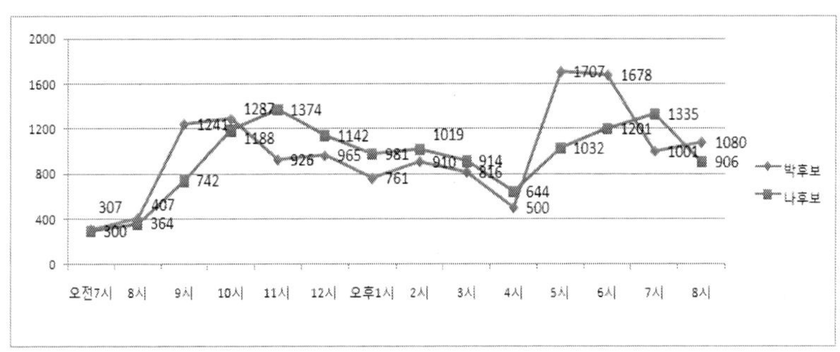

출처: 한겨레신문, 그루터

〈그림 5-8〉 10월 26일 투표시간 중 박 후보-나 후보 직접언급 트윗

둘째, 2011년 10월 26일 서울시장 보궐선거에서 트위터 유력자(Influentials)가 중요한 기여를 한 것으로 평가된다. 참고로 트위터는 정보가 빠르게 전파되는 만큼, 소수의 의견이 많은 사람들에게 쉽게 전파되는 특성을 지닌다. RT를 통해 많은 사람들에게 자신의 메시지가 전달되는 트위터의 특성을 고려할 때, 자주 RT되는 글을 작성하는 사람 역시 많은 사람들에게 영향력을 미칠 수 있다. 그런 점에서 트위터 상에서 유력자, 즉 오피니언 리더는 많은 사람들에게 RT되어 자신의 글이 널리 전파되는 사람이라고 말할 수 있다(SBS-사이람, 2010). 이에 본서에서는 ≪한겨레신문≫ 보도자료와 그루터에서 분석한 결과를 인용하여 제시한다. 10·26 서울시장 보궐선거 관련 트위터 글의 확산도를 기준으로 본 이른바 '파워 트위터리언' 100명(특정 지지 후보와 무관한 미디어 8곳 포함)에 대한 분석결과이다. 이 가운데, 당시 박 야권 단일후보 지지자가 72명, 나 한나라당 후보의 지지자가 20명인 것으로 나타났다. '100대 파워 트위터리언'은 고정적 팔로어 수치 등과 무관하게 이들의 트윗이 10월 1일부터 26일까지 실제

얼마나 유포되었는지에 따라 일별된 것으로, 트위터 세계에서의 대중적 호응도와 깊이 관련되어 있다. 이 가운데 상위 10명씩의 트윗 확산도를 따지면, 박 후보 쪽 지지자 10명의 글은 26일 동안 모두 16만 7,253회 리트윗(퍼옮겨짐)된 반면, 나 후보 쪽 글은 3만 4,418회 리트윗되었다. 5배가량의 차이로 '소셜 네트워크 서비스는 진보 편'이란 통념이 뚜렷이 확인된다. 이번 조사는 소셜 미디어 전문 분석업체인 그루터가 서울시장 선거 관련 트윗을 왕성하게 확산시킨 트위터 이용자 100명을 추출하여 분석한 것이다(한겨레, 2011.10.28).

셋째, 선거 유권자들에게 투영된 서울시장 보궐선거 후보자의 이미지이다. 선거판도에 중요한 영향을 미치는 요인 가운데 하나가 후보자 이미지이다. 후보이미지란 선거에 출마한 인물의 지도자로서의 역량, 자질, 신뢰성, 쟁점, 외모, 목소리, 인상에 관해 유권자들이 머릿속에 그리는 상(象)을 의미하거나 유권자의 주관적 평가와 후보자가 전하는 메시지(말씨, 속성, 품성)에 근거해 유권자가 갖는 후보자에 대한 지각을 뜻한다(Shyles, 1984). 이에 본서에서는 ≪한겨레신문≫의 그루터가 발표한 보도자료에 근거하여 양 후보자에 대한 이미지 분석결과를 제시한다. 나 후보의 이미지는 장애가 15.72%로 가장 많고 그다음으로 박근혜 14.76%, 피부 12.34%, 오세훈 12.04%, 아버지 10.81%, TV토론 10.76%, 학교 10.42%, 남편 6.66%, 거짓말 6.40%의 순서로 나타난 반면에, 박 후보의 이미지는 안철수 25.13%로 가장 많이 분포되었고, 그 뒤로 박영선 15.82%, 민주당 10.42%, 학력 8.58%, 공약 7.80%, 서울시민 7.64%, 정책 6.45%, 조중동 6.32%, 아름다운재단 5.91%, 북한 5.87%의 순서로 분포되었다.

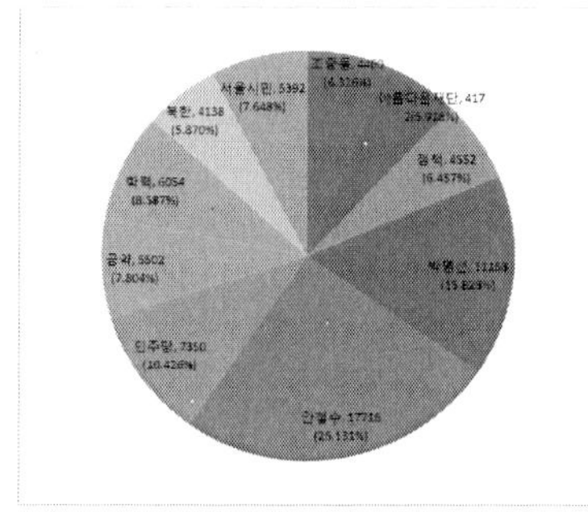 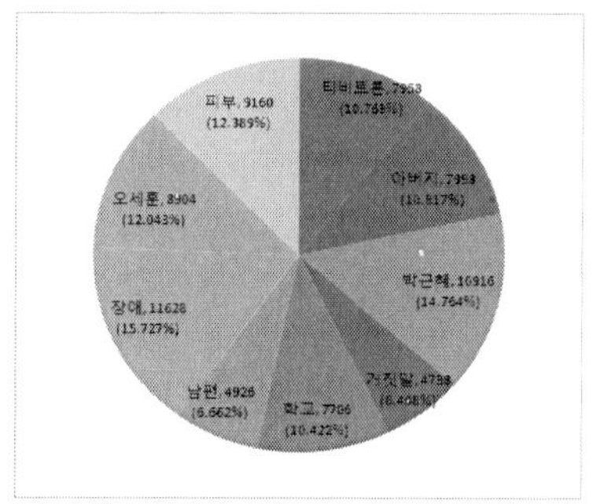

〈그림 5-9〉 박 후보 관련어 언급순위　　　　〈그림 5-10〉 나 후보 관련어 언급순위

출처: 한겨레, 그루터.

3

정치인 이미지 분석

본 조사는 최근 급변하는 선거환경 속에서, 정치인 '박근혜, 안철수' 이미지를 확인함으로써 향후 2012년 총선(국회의원)과 대통령선거에서의 효율적인 역할을 가늠할 수 있는 의미가 있다고 볼 수 있다. 이에 대학의 구성원 중의 하나인 대학생들이 체감하고 인지하는 의견들은 어떠하며, 그 유형들은 어떻게 구분되고 있는지에 관하여 분석하고자 한다. 이러한 정치인 '박근혜, 안철수' 이미지에 관한 유형을 살펴보는 것은 정치, 경제, 사회, 문화적 이슈의 중심에서 바라볼 수 있는 다각적 논의 차원에서 중요한 연구방향이며, 향후 관련 연구의 발전을 위해서 의미 있는 작업이라고 볼 수 있겠다.

다시 말해서, 이 논문에서는 정치인 '박근혜, 안철수' 이미지에 관한 대학생들의 주관성 유형을 구조화하고 유형별 특성을 파악, 기술하고 설명하는 데 좀 더 발견적이고 가설생성적인 Q방법론6)을 활용

---

6) Q방법론이란 인간의 다양한 주관성을 탐구하는 가설발견의 논리를 갖는 이해의 방법론으로서 다양한 문화집단에서 어떤 현상에 대한 태도, 신념, 관습에 관한 자료를 수집, 분석하는 데 독특한 가능성을 제공한다. 여기에서의 주관성은 신비로운 것도 로맨틱한 것도 아니며, 단순히 타인 혹은 자기 자신에게 이야기할 수 있는 어떤 것이다. 또한 Q방법론은 어떤 주제나 문제점에 대한 다양한 의견들을 진술한 진술문을 이용한 심층적인 의견조사방법이다. 특히 이 방법론은 개인의 지각, 가치, 신념 및 태도 등은 모두 자기중심적이라

하고자 한다. 즉, 대학생들의 심리적 주관성을 유형화하는 것이다.

무엇보다도, 정치인 '박근혜, 안철수' 이미지에 관한 수용행태 유형에 대해서는 기존의 계량적 방법론(R방법론)으로 객관적 통계분석이 가능하겠으나, Q방법론[7]적 분석논문은 수용자, 즉 대학생들의 자아구조(schema) 속에 있는 요인들까지 파악할 수 있다는 점에서 통찰력 있는 분석이 도출될 수 있다.

따라서 정치인 '박근혜, 안철수' 이미지에 관한 수용행태 유형에 대한 대학생들의 일상적인 이미지와 성향들을 토대로 한 이 논문에서는 이들의 주관적인 인식에 대한 유형화 작업을 시도하였다. 즉, 이 연구는 기존의 이론에서 연역적인 가설을 도출하는 종래의 연구방법과는 달리, 사람들이 일상적으로 갖게 되는 주관적 이미지에 의하여 새로운 가설을 발견(hypothesis abduction)하려는 목적을 가지고 있다(선우동훈, 1991:7). 이 논문에서는 정치인 '박근혜, 안철수' 이미지에 관한 수용행태 유형의 특성과 이에 따른 함의를 알아보고, 이에 따른 효용적 가치를 제안하는 데 그 목적이 있다.

1) 연구설계

정치인 '박근혜, 안철수' 이미지에 대한 문헌분석은 객관적인 가치분석이 가능하여, 최근 공직선거 캠페인의 전광판 광고 효용성을 보다 효과적으로 이해하는 데 기여할 수 있다. 또한 정치인 '박근혜, 안

는 전제하에, 이들을 서열화해서 측정한다(김흥규, 1992:1-11; Simmon, 1989:155-161; Stephenson, 1954:14-27; Stephenson, 1968:18).

7) Q방법론(Q-Methodology)이 가지는 장점 중의 하나는 탐사적 연구로서의 후속연구를 위한 길잡이 기능에 있다.

철수’ 이미지에 대한 이와 같은 평가는 객관적인 가치규명뿐만 아니라, 공직선거 캠페인의 전광판 광고 효용성 전략과 활용방법을 제시한다는 차원에서 유도할 수 있다. 이 과정에서 시도되는 구체적인 연구방법은 다양한 국내외 자료를 단계별로 정리하여 다각적인 사례연구들로 진행되었다. 조사범위는 현재 국내에서 가능한 모든 문헌을 대상으로 실시하고자 한다. 조사기간은 모든 관련 자료들을 중심으로 이루어졌다. 추가로 본 연구에서는 대학생들8)을 대상으로 Q심층조사를 실시하였다. 정치인 ‘박근혜, 안철수’ 이미지와 관련된 관점을 심층적으로 이해하기 위해 대학생들을 대상으로 인터뷰를 수행하였다. 질적 연구의 한 분야로서 Q심층조사 분석은 Grand Tour Technique9) 방식을 채용해 실시할 예정이므로 공통의 분야와 개별 분야로 나뉘어 연구주제들이 제기될 필요가 있다. 다음의 연구 주제들은 현재 연구수행 전의 단계에서 확정된 것들이며, 인터뷰를 진행해 나가면서 질적 연구방법의 특성을 살린 진화적 설계(Evolving Design) 방식에 따라 추가적인 연구문제가 포함되었다.

전술한 바와 같이 Q 심층조사에서는 정치인 ‘박근혜, 안철수’ 이미지에 관한 대학생들의 의견을 청취하게 될 것이므로 초기 인터뷰의 결과가 그 이후의 인터뷰 내용에 영향을 미치는 구조를 띠게 된다. 때문에, 위에 열거한 인터뷰의 항목들이 현재 제안서 단계에서 확정적인 것은 아니며, 최초 3~4회 정도의 인터뷰를 거치면서 보다 집중적인 이

---

8) 본 분석에서 대학생들을 선정한 이유는 광고에 관심이 있고, 관련된 선거캠페인에 자신의 의사를 개진하기 시작한 지 5년 이내에 있기에 좀 더 신선한 의견(진술문)을 도출하고 분석할 수 있다고 가정하였기 때문이다.

9) 소수의 구체적인 사항에 대해서 테마를 찾아가는 방식인 Laddering과 달리 가장 근본적인 사항에서부터 점진적으로 구체적인 부분까지 파악하는 방식으로서 대상자의 경험과 생각에 따라 전혀 다른 인터뷰 진행이 실시되는 비구조적 인터뷰이다.

슈들로 진술문 정리가 되는 과정을 거쳤다. 인터뷰의 과정은 리크루팅에서부터 코딩 분석까지 설계되었으며, 실제 리크루팅은 본 연구팀에서 대행할 것이다. 본 연구에서는 정치인 '박근혜, 안철수' 이미지에 관한 대학생들에 대한 인터뷰, 분석의 2가지 일을 수행하였다.

2) 연구방법

본 논문에서는 R방법론에서 도출된 다양한 의견과 각각의 유형을 구조화하고 유형별 특성을 파악, 기술하고 설명하는 데 좀 더 발견적이고 가설생성적인 Q방법론 분석결과를 토대로 좀 더 다각적인 평가와 전망을 제시하고자 한다(김흥규, 1992:1−11; Stephenson, 1953; Dryzek, 1990).

무엇보다도, 정치인 '박근혜, 안철수' 이미지에 관한 연구에 대해서는 기존의 계량적 방법론(R방법론)으로 객관적 통계분석이 주로 이용되어 왔으나, Q방법론적 분석논문은 기존의 이론에서 연역적인 가설을 도출하는 종래의 연구방법과는 달리, 사람들이 일상적으로 갖게 되는 주관적 이미지에 의하여 새로운 가설을 발견(hypothesis abduction)하려는 목적을 가지고 있다(Brown, 1980; 선우동훈, 1991). 이는 Q방법론이 행위자의 관점에서 출발하며 인간 개개인마다 다른 주관성 구조에 따른 서로 다른 유형에 대한 이해와 설명이 가능하기 때문이다. 연구자는 정치인 '박근혜, 안철수' 이미지에 관한 사항을 심도 있게 측정하기 위해서는 기존의 방법으로는 어느 정도 한계성이 있다고 생각하여, Q방법론적 접근을 시도하였다. 이를 위해 분석작업은 진술문 형태의 카드를 분류하는 방법으로 행해졌다. 이 진술문 작성을 위하여 연구자는 본 논문과 관련된 국내문헌 그리고 일반대중들의 인터뷰를 통하여 Q모집단(concourse)을 구성하고, 이를 통하여 진술문(Q-statement)을 작성한 후, P샘플을 선정, 분류작업(sorting) 과정을 거쳐 얻게 되는 Q-sort를 PC QUANL 프로그램을 이용, Q요인분석(Q-factor analysis)을 통해 분석하였다.

(1) Q표본(Q-sample)과 P표본(P-sample)

이 연구를 위한 Q표본은 정치인 '박근혜, 안철수' 이미지에 관한 수용행태 유형에 관한 가치체계로 구성된 진술문으로 구성되었다. 이 연구는 정치인 '박근혜, 안철수' 이미지에 대해서 대학생들이 지니고 있는 전반적인 관념들과 느낌, 의견, 가치관 등을 종합적으로 얻기 위해 이 연구와 관련된 전문서적, 학술서적, 저널 등의 관련문헌 연구를 포함하여 대학생들을 대상으로 심층인터뷰를 통하여 두 정치인에 대해서 약 40개의 Q-population(concourse)을 추출하였다. 또한 Q-population에 포함된 진술문 중 주제에 관한 대표성이 가장 크다고 여겨지는 진술문을 임의로 선택하는 방법을 사용하여, 최종적으로 각각 30개의 진술문 표본을 선정하였다. 여기에서 선택된 각각의 30개 진술문은 전체적으로 모든 의견들을 포괄하고, 긍정, 중립, 부정의 균형을 이룰 수 있도록 구성하였다(<표 5-6>).

Q방법론은 개인 간의 차이(inter-individual differences)가 아니라 개인 내의 중요성의 차이(intra-individual difference in significance)를 다루는 것이므로 P샘플의 수에 아무런 제한을 받지 않는다(김흥규, 1990:45). 또한 Q연구의 목적은 표본의 특성으로부터 모집단의 특성을 추론하는 것이 아니기 때문에 P표본의 선정도 확률적 표집방법을 따르지 않는다. 따라서 이 연구에서는 위에서 제시한 기준에 의거하

여 성별, 연령, 직업 등 인구학적 특성을 적절히 고려하는 R방법과 달리, 본 연구와 관련하여 사전 연락을 통해 조사작업에 동의를 구한 P표본(응답자)들을 중심으로 최종 14명[10]을 P샘플로 선정하여 조사되었다.

(2) Q분류작업(Q-sorting)과 자료의 처리

Q표본과 P표본의 선정이 끝나게 되면 P표본으로 선정된 각 응답자(Q-sorter)에게 일정한 방법으로 Q샘플을 분류시키는데 이를 Q분류작업(Q-sorting)이라 부른다.

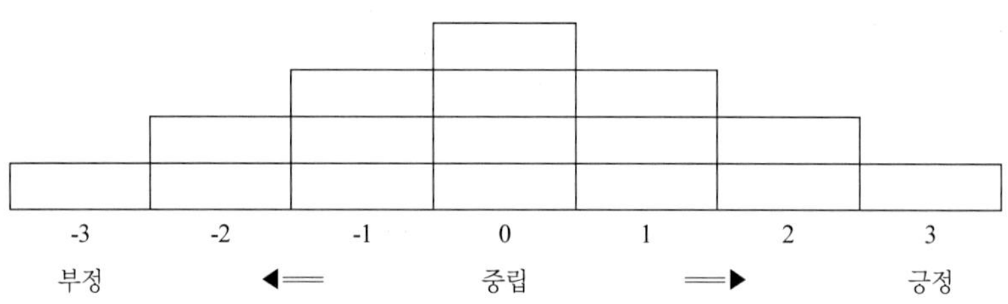

〈그림 5-11〉 각 진술문의 긍정 및 부정의견 점수 분포방식

〈표 5-6〉 분포별 점수 및 진술문 수

분포	-3	-2	-1	0	1	2	3
점수	1	2	3	4	5	6	7
진술문 수	1	2	3	4	3	2	1

---

10) 본 연구내용을 잘 이해한 학생들로 최종 선정되었음.

이러한 Q분류작업은 개인이 복잡한 주제나 이슈 또는 상황에 관한 자신의 마음의 태도를 스스로 모형화하는 것으로서 각 응답자는 진술문을 읽은 후, 그것들을 일정한 분포 속에 강제적으로 분류하였다.

<그림 5-11>에서 보듯이, 이 연구에서의 Q분류의 절차는 Q표본으로 선정된 각각의 진술문이 적힌 카드를 응답자가 읽은 후 긍정(+), 중립(0), 부정(-)으로 크게 3개의 그룹으로 분류한 다음 긍정 진술문 중에서 가장 긍정하는 것을 차례로 골라서 바깥에서부터(+3) 안쪽으로 분류를 진행하여 중립부분에서 정리하였다. 마찬가지의 방법으로 부정 진술문들을 분류하고, 이때 양끝에 놓여진 1개의 진술문에 대해서는 각각의 코멘트(심층인터뷰)를 받아 두도록 한다. 이것은 Q-factor 해석에 유용한 정보를 제공해 주기 때문이다.

이어서 P표본에 대한 조사가 완료된 후 수집된 자료를 점수화하기 위하여 Q표본 분포도에서 가장 부정적인 경우(-3)를 1점으로 시작하여 2점(-2), 3점(-1), 4점(0), 5점(+1), 6점(+2) 그리고 가장 긍정적인 경우 7점(+3)을 부여하여 점수화하도록 한다(<표 5-6>). 이 부여된 점수를 진술문 번호순으로 코딩하고, 이러한 자료를 PC용 QUANL 프로그램으로 처리하여 그 결과를 얻는다.

<표 5-7> Q진술문의 유형별 표준점수: 박근혜

Q진술문(Q-Statements)	유형별 표준점수			
	I (N=4)	II (N=3)	III (N=4)	IV (N=3)
1. 현명하다.	1.7	2.2	1.3	-1.4
2. 카리스마가 넘친다.	1.2	1.6	0.5	-1.3
3. 의지가 강할 것이다.	0.0	1.3	0.6	-2.0
4. 공사가 확실하다.	-0.2	0.1	-0.7	-0.7
5. 지적이다.	1.0	1.4	0.9	-1.2
6. 좋은 정치인이다.	-1.6	1.0	-0.4	-0.2
7. 당당하다.	-0.2	0.8	0.5	-1.2
8. 허약해 보인다.	-0.1	-0.4	0.3	0.2
9. 진실해 보인다.	-2.1	0.1	-1.2	-0.5
10. 책임감이 있다.	-0.6	0.4	0.4	0.5
11. 리더십이 있다.	-0.0	0.8	-0.6	-1.0
12. 깨끗해 보인다.	0.7	0.9	1.4	-0.6
13. 정직하다.	1.0	1.0	1.8	-1.4
14. 위기대처가 뛰어나 보인다.	-0.4	-0.0	-0.9	-0.4
15. 현실적이다.	0.5	0.7	-0.2	-0.3
16. 겉과 속이 다르다.	0.6	-0.0	0.2	0.4
17. 인간미가 없다.	1.4	-0.1	0.4	1.2
18. 비현실적이다.	-0.9	-0.8	1.4	0.8
19. 아날로그적이다.	0.9	-0.3	-0.0	-0.0
20. 여성스럽다.	0.1	-1.0	0.0	1.1
21. 착할 것 같다.	0.4	-1.7	-1.3	1.2
22. 꼼꼼할 것이다.	1.6	-1.4	0.7	0.1
23. 비리가 많을 것이다.	1.1	-0.2	-0.2	1.5
24. 자기관리가 소홀할 것이다.	-1.1	-1.2	-0.4	0.9
25. 대외업무 관리가 철저하다.	-0.3	-1.6	-1.1	0.1
26. 고집이 있다.	-0.3	-1.2	-1.6	1.2
27. 신체가 부실하다.	-1.1	-0.6	-0.8	1.8
28. 적대적일 것 같지 않다.	0.1	-0.4	-0.6	1.3
29. 냉정해 보인다.	-1.7	-1.1	2.0	0.7
30. 대인관계가 좋을 것이다.	-1.5	0.1	-2.2	-0.8

<표 5-8> Q진술문의 유형별 표준점수: 안철수

Q진술문(Q-Statements)	유형별 표준점수			
	I (N=6)	II (N=4)	III (N=3)	IV (N=1)
1. 온화한 성격일 것이다.	1.1	-1.8	1.4	-0.5
2. 학벌이 좋아 보인다.	1.7	1.3	1.0	0.0
3. 집안이 좋을 것이다.	0.8	1.8	0.9	1.5
4. 자신의 기업을 잘 이끌었다.	1.1	0.3	0.7	-1.5
5. 국민과의 교감이 뛰어나다.	1.5	-0.3	1.0	0.0
6. 타 정당인과 화합을 잘 이룰 것 같다.	0.6	-1.1	0.8	1.0
7. 엘리트 이미지다.	0.9	1.0	-0.7	-1.0
8. 젊은 감각이 있어 보인다.	1.4	0.1	0.3	0.5
9. 젊은 층에게 인기가 많다.	0.7	0.1	0.3	-0.5
10. 국제적 인지도가 높다.	0.6	0.5	0.4	-2.0
11. 적이 없을 것이다.	0.4	-1.6	-0.3	-1.0
12. 돈이 많을 것이다.	1.2	1.1	-1.4	2.0
13. 정책에 있어서 확실한 계획이 있다.	0.4	-1.8	-0.9	0.0
14. 후원회 결성이 잘 될 것이다.	-0.0	-0.9	-1.5	1.0
15. 대인관계가 원만하다.	0.1	-1.0	-0.7	1.5
16. 정치인 이미지는 잘 안 어울린다.	-0.5	1.2	-0.0	-0.5
17. 겉과 속이 다를 것이다.	-1.6	1.1	2.2	-1.5
18. 화이트칼라 출신으로 서민들을 잘 이해하지 못할 것 같다.	0.2	1.3	-0.0	1.5
19. 사업가적 이미지가 크다.	0.2	1.8	0.4	0.5
20. 학자 이미지가 크다.	-0.3	0.6	1.4	-1.5
21. 우유부단할 것 같다.	-1.7	0.2	-0.0	0.0
22. 경제적 부유층에 대해서 쓴소리를 할 수 있을 것이다.	-1.6	-0.3	0.4	0.5
23. 혈연관계에 약할 것이다.	-0.8	-0.6	-1.3	1.0
24. 정치 기반이 약하다.	-0.4	-0.3	-1.5	-1.0
25. 향후 정치적 위기로 인기가 하락할 것이다.	-0.9	-0.2	-0.8	0.0
26. 경선을 통해 출마하지 않을 것이다.	-0.8	-0.3	-1.2	-0.5
27. 지지율이 높아질 것이다.	-1.1	-0.4	0.8	-1.0
28. 장년층의 지지가 낮다.	-0.3	-0.1	0.4	0.0
29. 정치경험이 짧다.	-1.1	-0.6	-1.9	0.5
30. 참모진이 약할 것이다.	-1.6	-0.9	-0.2	1.0

<표 5-9> 조사대상의 인구학적 특성 및 유형별 인자가중치: 박근혜

유형	ID	성별	연령	직업	인자가중치
TYPE I (N=4)	5	여	40대	가정주부	1.3417
	6	남	40대	대학교직원	1.3813
	8	남	40대	신문방송학과 교수	0.5682
	9	남	40대	정치인	1.2851
TYPE II (N=3)	2	남	20대	대학 4년	0.7171
	11	남	20대	대학 1년	1.0213
	13	남	50대	시청공무원	1.5648
TYPE III (N=4)	1	남	20대	대학 3년	1.3081
	3	남	20대	대학 2년	0.7755
	4	남	40대	버스기사	1.5558
	12	여	20대	시청공무원	0.6262
TYPE IV (N=3)	7	남	50대	정치외교학과 교수	0.8829
	10	남	40대	정치인	0.6060
	14	남	40대	시청공무원	1.4430

<표 5-10> 조사대상의 인구학적 특성 및 유형별 인자가중치: 안철수

유형	ID	성별	연령	직업	인자가중치
TYPE I (N=6)	1	남	20대	대학 3년	2.0352
	3	남	20대	대학 2년	1.4696
	8	남	40대	신문방송학과 교수	0.8332
	10	남	40대	정치인	3.6087
	11	남	20대	대학 1년	0.7658
	13	남	50대	시청공무원	0.6586
TYPE II (N=4)	2	남	20대	대학 4년	1.4817
	5	여	40대	가정주부	2.0531
	7	남	50대	정치외교학과 교수	0.5730
	14	남	40대	시청공무원	1.5355
TYPE III (N=3)	4	남	40대	버스기사	0.0564
	6	남	40대	대학교직원	0.2281
	12	여	20대	시청공무원	0.7254
TYPE IV (N=1)	9	남	40대	정치인	1.0049

정치인 '박근혜, 안철수' 이미지에 관한 주관성 유형을 알아보기 위해서, Q요인분석(factor analysis)을 한 결과, 각각 4개의 유형이 나타났다. QUANL 프로그램을 실시해 본 결과, 전체 변량의 박근혜: 약 50(0.5019)%/ 안철수: 약 56(0.5597)%를 설명하고 있는 4개의 유형에는 각각 박근혜: 4명, 3명, 4명, 3명/ 안철수: 6명, 4명, 3명, 1명이 속하였는데, 여기서 인원수의 의미는 없다. 또한 인자가중치가 1.0 이상인 사람이 각각 박근혜: 3명, 2명, 2명, 1명/ 안철수: 3명, 3명, 0명, 1명이 속해 있어, 박근혜의 경우, 제1유형이 가장 큰 인자이며, 안철수의 경우에는 1, 2유형이 가장 큰 인자임을 알 수 있다.

아래의 <표 5-11>, <표 5-13>은 박근혜, 안철수 이미지 유형의 변량 크기를 나타내는 대표적 아이겐 값(eigen value)을 확인할 수 있다. 이 프로그램은 주인자분석(principal components factor matrix)을 행하고, 회전은 직각회전(varimax rotation)을 시행하였다.

〈표 5-11〉 대표적 유형별 아이겐 값(eigen value)과 변량의 백분율: 박근혜

	제1유형	제2유형	제3유형
아이겐 값	4.1736	1.7748	1.0780
전체 변량 백분율	0.2981	0.1268	0.0770
누적 빈도	0.2981	0.4249	0.5019

〈표 5-12〉 전체 유형 간의 상관관계: 박근혜

	제1유형	제2유형	제3유형	제4유형
제1유형	1.000	-	-	-
제2유형	0.274	1.000	-	-
제3유형	0.377	0.368	1.000	-
제4유형	-0.165	-0.763	-0.261	1.000

위 <표 5-12>는 전체 유형 간의 상관계수를 나타내는데, 이는 각 유형 간의 관계정도를 보여 주는 것으로, 제1유형과 제3유형 간의 상관계수는 0.377로, 정적(定績) 상관관계, 제2유형과 제4유형 간의 상관계수는 −0.763으로, 부적(不適) 상관관계를 가지고 있음을 확인할 수 있다. 앞의 <표 5-13, 14>은 각 유형에 속한 사람들의 인구사회학적 특성과 인자가중치(factor weight)를 제시한 것이다. 각각의 유형 내에서 인자가중치(factor weight)가 높은 사람일수록 그가 속한 유형에 있어 대표할 수 있는 전형적인 사람임을 나타낸다.

〈표 5-13〉 대표적 유형별 아이겐 값(eigen value)과 변량의 백분율: 안철수

	제1유형	제2유형	제3유형
아이겐 값	4.5530	2.2688	1.0139
전체 변량 백분율	0.3252	0.1621	0.0724
누적 빈도	0.3252	0.4873	0.5597

〈표 5-14〉 전체 유형 간의 상관관계: 안철수

	제1유형	제2유형	제3유형	제4유형
제1유형	1.000	-	-	-
제2유형	0.136	1.000	-	-
제3유형	0.164	0.269	1.000	-
제4유형	0.052	0.004	-0.356	1.000

위 <표 5-14>는 전체 유형 간의 상관계수를 나타내는데, 이는 각 유형 간의 관계정도를 보여 주는 것으로, 제2유형과 제3유형 간의 상관계수는 0.269로, 정적(定績) 상관관계, 제3유형과 제4유형 간의 상관

계수는 −0.356으로, 부적(不適) 상관관계를 가지고 있음을 확인할 수
있다. 앞의 <표 5−10>은 각 유형에 속한 사람들의 인구사회학적 특
성과 인자가중치(factor weight)를 제시한 것이다. 각각의 유형 내에서
인자가중치(factor weight)가 높은 사람일수록 그가 속한 유형에 있어
대표할 수 있는 전형적인 사람임을 나타낸다.

3) 분석결과

본 연구는 정치인 '박근혜, 안철수' 이미지에 관한 대학생들의 주
관적 성향을 살펴보기 위해서 Q방법론을 이용하였다. 분석한 결과,
각 유형마다 독특한 특징이 있는 것으로 파악되었다. 그 외에도 일치
하는 항목에 대한 분석에 대해서 다각도로 알아보았다. 지금까지 분
석된 유형별 결과에서 보면, 대부분의 응답자들은 과거에 비해 정치
인 '박근혜, 안철수' 이미지에 대해서 생소한 개념은 아니었으나, 지
금까지 효과 측면보다는 이미지 홍보의 확대와 이해 차원에서 다양
한 의견 표출을 보여 주었다. 이처럼 정치인 '박근혜, 안철수' 이미지
는 어쩌면 사회, 문화, 경제, 문화 등 다양한 분야에서 이해되어야 할
부분이며, 향후 훨씬 더 개선의 여지가 필요한 분야라고 볼 수 있다.
문제는 디지털 시대이자 21세기라는 급변하는 선거환경 속에서 정
치인 '박근혜, 안철수' 이미지를 접하는 소비자들에게 좀 더 친숙하게
다가갈 수 있는 가능성을 제공하는 가에 관한 것이다. 또한 이에 공
감할 수 있는 이미지 효과 측면에 대한 긍정적, 부정적 향방 논의는
한층 더 논의되어야 할 것으로 보인다.
이와 함께 앞으로 독창성을 담보해야 하는 정치인 '박근혜, 안철수'

이미지에 비춰 볼 때, 다양한 크리에이티브 영역의 확대로 나아가야 한다. 결과적으로, 본 논문에서는 정치인 '박근혜, 안철수' 이미지에 관하여 대학생들은 그 수용에 있어서 그 장단점에 관심을 갖기보다는 다양한 활용성과 참여성에 더 깊이 인지하고, 다각적인 이미지 효과에 관심을 갖는 것으로 분석되었다. 특히, 유형별 차이에서 확인하였듯이 각 유형별로 정치인 '박근혜, 안철수' 이미지에 대해서 긍정적으로 이해하고 있는 것으로 파악되었다.

지금까지 주요 연구방법으로 쓰여 왔던 R방법론(설문지 조사 및 내용분석)과는 달리 질적연구인 Q방법론(주관성연구측정방법)[11]을 도입하여 조사 및 분석된 본 연구는 보다 세밀하지 못했다는 점에서 연구의 한계를 갖는다. 향후 연구에서는 보다 다양한 부문의 정치인 '박근혜, 안철수' 이미지와 좀 더 세밀한 제작, 그리고 고관여와 저관여의 구분을 통한 다양화를 통하여 발전을 기할 수 있으리라 본다. 또 본 연구에서 분석한 내용은 그 중요도를 생각한다면 정치인 '박근혜, 안철수' 이미지에 대한 다각적인 검토와 의식이 활성화된다면 각 정치인별로 보다 효과적이고 창의적인 이미지 홍보정책을 개발하는 데 일조할 것으로 본다.

이와 함께 본 연구에서 분석된 내용을 토대로 향후 정치인 '박근혜, 안철수' 이미지에 대한 활성화 및 개선책을 제시하면, 우선 정치인 '박근혜, 안철수' 이미지 분야는 과학화, 전문화, 투명화가 필수적이다. 이러한 정치인 '박근혜, 안철수' 이미지에 대한 다각적인 방향

---

11) 아울러, 이러한 Q방법론을 통한 연구를 통해 여론, 태도, 집단, 역할, 문화, 사회화, 의사결정, 선전, 가치, 신념, 퍼스낼리티, 커뮤니케이션, 문학, 이미지, 아이디어 등 자아가 포함된 모든 영역에서 유용하게 활용될 수 있음을 확인하였는데, 이는 다양한 방법론적인 접근과 다각적이고도 체계적인 연구 작업이 또한 필요할 것이다(Brown, 1980:158-178)

에서의 정책적 방안의 모색과 함께 자율적 규제 및 법적 기구가 필요
하다. 특히, 좀 더 다각적인 평가와 이에 대한 광범위한 인식 확장이
필요하다. 또한 정부, 학계, 업계, 시민단체 그리고 수용자들의 비판
적인 의식이 요청된다.

마지막으로, 그간의 정치인 이미지와 관련하여 대중의 사회적·심
리적 특성이나 라이프스타일 유형화 등을 중심으로 연구가 이루어져
왔고, 다양한 문화 수용과 평가에 따른 타깃별 대중의 유형화 작업은
다양하게 연구되지 못했다는 점에서 앞으로 많은 개선책을 제시할
수 있겠다. 따라서 추후 발전된 연구방향은 정치인 '박근혜, 안철수'
이미지에 대한 구체적인 이용자들의 인식 특성과 행태를 연결하여
분석하는 것이 요청된다고 볼 수 있겠다.

4

공공의 SNS시민 만들기

최근 한국 사회에서 트위터, 페이스북 등 SNS의 시민성과 공공성에 대한 논의가 매우 뜨겁고 소셜 네트워크의 정치참여와 영향력은 더욱 증대될 것으로 예상되므로 보다 적극적인 커뮤니케이션 전략을 통해 소셜 네트워크 서비스 이용자들의 시민성과 공공성을 키울 수 있는 실천적 합리성을 마련해야 한다. 사적인 개인들이 소셜 네트워크 서비스(SNS) 공간에서 어떤 경험을 하기에 사사로운 개인이 시민성과 공공성을 갖춘 SNS 시민으로 변화되어야 하는지와 공공성의 부재로 특징지어지는 한국의 시민문화에서 어떻게 공공의 SNS시민을 키워낼 것인가에 대한 문제는 현재 한국 사회가 당면하고 있는 가장 중요한 과제라고 할 수 있다. 따라서 본서에서는 공공의 SNS 시민을 만들기 위한 실천적 합리성을 디지털 시민성과 디지털 리터러시 그리고 숙의민주주의 담론으로 설명하고자 한다.

1) 디지털 시민성

"시민은 태어나는 것이 아니라 만들어 진다"라는 말처럼, 디지털 시민을 단순히 디지털 커뮤니케이션에 참여하는 사람들이라고 단순하게 기술하는 것은 무리가 있다(이승훈·김상돈, 2009). 디지털 시민은 시민으로서 마땅히 요구되고 갖추어야 할 규범을 갖추고 있어야 한다. 일반적으로 디지털 시민성 또는 시민의식을 구성하는 것들로 지식, 가치·태도, 기능 등이 지적된다(이원태 외, 2009). 디지털 시민은 공적 사안에 대한 지식(knowledge)을 가지고 있으며, 시민적 덕성의 태도를 함양하고, 정치적 영역에 참여할 수 있는 기능(skills)을 구비하고 있는 사람으로 규정할 수 있다. 이를 구체적으로 살펴보면 아래와 같다.

디지털 시민은 사이버공간이 가져오는 정치, 경제, 사회문화 등 우리의 전 삶의 영역에서의 변화양상을 파악하고 있어야 한다. 디지털 시민은 사이버 공간의 속성에 대한 이해와 더불어 이로 말미암아 파생될 수 있는 부정적 결과에 대해 명확한 인식을 가지고 있어야 한다. 다음으로 디지털 시민은 자신의 정치적 권리와 의무를 정확히 행사하기 위해 디지털 전자민주주의의 정치구조와 과정에 대해 이해하고 있어야 한다. 그리고 디지털 시민은 자신의 사회적 역할에 대해 명확한 인식을 가지고 있어야 한다. 또한 디지털 시민은 사회적 현안 쟁점에 대해서 이해하고 있어야 한다. 사회정책은 더욱더 시민의 의사에 따라 결정이 되고 있다. 예를 들면, 선거제도는 최초에 후보자들이 자신이 누구이며 어떤 정책을 지지하고 있는가를 알려 주도록 고안되었다. 그러나 오늘날 정치에서는 흥미로운 전도현상이 벌어지고 있다. 오히려 후보자들이 다양한 과학적 기법을 사용한 과학적 여론조사를 통해 투표자들이 누구이며, 대표자들이 어떤 정책을 지지하기를 원하는가를 발견하려 한다. 따라서 디지털 시민은 올바른 정책의 수립을 위해서 현안 쟁점에 대해 정확한 정보와 명확한 이해를 가져야 한다.

한편, 디지털 시민으로서 갖추어야 할 태도와 가치는 다양성과 갈등이 표출되는 현대사회에서 자신의 편견에 평가, 타인의 의사에 대해 비판적이 되려는 의지, 그리고 합리적으로 자신의 견해를 바꿀 수 있다는 태도, 즉 자기 자신에 대한 반성적 태도는 사이버공간에서 반드시 필요한 태도라고 할 수 있다. 이와 더불어 타인의 견해도 용인하려는 관용의 자세, 그리고 사회의 기본적 가치에 대한 존중도 반드시 이루어져야 한다. 관용은 자신과의 견해를 달리하거나 또는 자신이 좋아하지 않는 대상에 대한 부정적인 행위를 자발적으로 멈추는 적극적인 행위이다. 관용은 다원화된 사회를 통합하는 최소 기본가치를 위반하지 않는 범위 내에서 이루어져야 한다. 위해원리(harm principle)를 준수하겠다는 태도와 타인과 각종 사회제도 및 기구를 신뢰하려는 태도 또한 매우 중요하다.

다른 한편, 디지털 시민으로서의 기능을 함양하기 위해서는 정보자주성, 판단능력, 커뮤니케이션 능력, 정치참여능력에 달려 있다. 정보자주성은 정보시장에 제공되고 있는 정보원에 스스로 접근할 수 있고 이를 생산적으로 이용할 수 있는 또는 이러한 작업을 의식적이고 통제적으로 대행시킬 수 있는 능력으로 규정된다. 의사결정에 필요한 정보를 획득할 수 있는 정보자주성의 관건은 선택과 판단을 하기 위해서이다. 판단능력은 정보자주성 못지않게 중요하다고 할 수 있다. 이와 더불어 디지털 시민은 자신의 판단과 의사를 정책이나 의사결정과정에 반영할 수 있는 능력 또한 필요하다. 사이버 공간에서 시민의 정치적 행위유형과 참여방안은 현실 공간보다 훨씬 다양하다. 사이버 공간은 효율적인 커뮤니케이션 매체이기 때문에 커뮤니케이션을 통한 정치참여는 활발히 이루어질 수 있다.

2) 디지털 리터러시

읽고, 쓰기 능력이라고 알려져 있는 리터러시(Literacy)의 개념은 역사적으로 미디어의 발전에 따라 그 개념을 확장시켜 왔다. 전통적인 의미의 리터러시는 문자를 사용하여 메시지를 생산하는 것과 관련된 용어였으나 다양한 미디어의 등장으로 인해 메시지의 생산과정에서 무엇인가를 쓰는 행위라는 의미로 그 개념이 광범위하게 확장되었다(정현선, 2004). 이러한 리터러시의 개념은 디지털 미디어 환경에서 새로운 형태의 리터러시가 요구된다. 디지털 기술의 발달과 스마트폰 확산으로 인해 참여, 공유, 개방 등의 특성을 지닌 디지털 환경에서는 특정한 정보기술을 활용하는 일차적인 능력에 그치는 것이 아니라 비판적으로 정보를 고르고 활용할 수 있는 능력이 필수적이다. 즉, 주어진 해답을 빨리 찾는 것이 아니라 문제해결을 위한 방안을 스스로 찾아내야 하는 것이다(Mishra, Nicholson & Wojcikiwicz, 2001).

디지털 리터러시란 단순히 컴퓨터를 사용할 줄 아는 능력이 아니라 인터넷에서 찾아낸 정보의 가치를 제대로 평가하기 위해 모든 사용자들에게 요구되는 비판적인 사고력을 의미하며, 컴퓨터를 통해 다양한 출처로부터 찾아낸 여러 가지 형태의 정보를 이해하고 자신의 목적에 맞는 새로운 정보로 조합해냄으로써 올바로 사용하는 능력을 의미한다(Gilster, 1997). 디지털 리터러시란 컴퓨터 상에서 제공되는 다양한 출처로부터 얻게 되는 여러 형태의 정보를 이해하고 활용할 수 있는 능력이다(Larson, 2002). 디지털 리터러시란 디지털화된 정보를 평가 및 판단하고 자신에게 필요한 정보를 취사선택, 편집 및 가공하여 새로운 지식을 창출하는 능력이다(유영만, 2001). 디지털 리터러시는 기술사용 중심(technological mode)으로 보는 경우와 기술사용을 포함하는 교육 중심(pedagogical mode)으로 보는 경우로 나눌 수 있다. 기술사용 중심의 디지털 리터러시는 주로 디지털 정보기술의 새로운 형태를 조작하는 데 필요한 기술로 정보를 전달하거나 제공하는 기술의 숙달과 이해로 보는 관점으로 디지털 매체 사용능력을 위주로 디지털 리터러시를 정의한다(Eshet−Alkalai, 2001). 본 연구에서는 디지털 리터러시란 디지털화된 정보와 테크놀로지를 숙지하고 필요한 기술과 지식을 습득하여 문제해결, 커뮤니케이션, 그리고 지식 창출을 위해 신뢰성 있는 정보원에서 필요한 정보를 수집, 수집된 정보를 인지적으로 처리하며, 이를 상호작용할 수 있는 능력을 의미한다.

이러한 맥락에서 리터러시의 일반적 개념이 이해와 활용이라면 SNS 리터러시는 SNS를 이해하고 활용하는 능력을 의미한다. SNS를 이해하고 활용하기 위해서는 이용자가 SNS의 기본적인 기능을 사용할 줄 아는 능력을 갖추어야 하므로 SNS 리터러시에는 이러한 기본적인 능력이 포함되어야 한다. 따라서 SNS 리터러시는 SNS에 대한 기본적 사용능력과 이해를 바탕으로 SNS 미디어를 활용할 수 있는 능력으로 정의될 수 있다. 예를 들면, 페이스북 리터러시는 '친구관리

능력', '주도적인 소통능력', '페이스북 활용기술'이라는 요소로 구성
된다. 친구관리능력이란 페이스북에서 다양한 관계를 형성하고 확대
하기 위한 기본적인 능력이다. 이를 위해 먼저 정직한 자기개방을 통
해 자신의 존재를 알림으로써 다른 사람과의 신뢰를 확보할 필요가
있다. 기존의 이메일과 메신저 등에서 자신과 관계를 맺어온 친구를
찾고 이들을 네트워크 안으로 포함시킴과 동시에 친구의 친구들도
검색하여 이미 관계가 있거나 새롭게 관계를 맺고 싶은 친구의 경우,
적극적인 자세로 친구요청을 할 필요가 있다. 주도적 소통능력이란
나의 친구들로부터 의미 있는 위치와 지위를 확보하기 위한 노력이
다. 이를 위해 친구들 사이에 공유되고 있는 주요 현안에 적극적으로
참여하는 것이 필요하고, 새로운 이슈를 발굴함으로써 사람들에게 새
로운 도전거리를 제공하는 것도 중요한다. 페이스북 활용기술은 앞의
두 가지 능력을 발휘하기 위해서는 기본적으로 갖추어야 하는 기술
이다. 페이스북의 메뉴와 기능에 대해 알고 있어야 하며, 수월한 활용
이 가능하도록 필요한 기술을 갖추어야 한다. 또한 미디어 자료 활용
을 통해 텍스트가 갖고 있는 단조로움을 극복하고 언어가 통하지 않
는 외국의 친구까지도 관계 맺기를 확장할 수 있는 기회를 만들 수
있어야 한다(조남억, 2011).

3) 숙의민주주의

공론장 개념은 시민참여적 커뮤니케이션을 설명하는 모델이다. 하
버마스에게 있어 공론장은 공적 토론을 가능하게 하는 장소이며, 시
민들이 공공문제에 대해 협의 또는 숙의할 수 있는 과정이고, 이것이

자연스럽게 나타날 수 있는 공간이다. 공론장은 자율적인 개인들이 공공주제에 대해 비판적으로 숙의하고 자유롭게 의견을 피력하며 상호평등한 관계에서 합리적 토론에 참여함으로써 공공선을 향한 일정한 합의에 도달하고 그 합의를 사회적 공론(public opinion)으로 구현하는 장이다. 공론장 담론이 기반하고 있는 것은 커뮤니케이션 합리성(communication rationality) 개념으로서, 이에 기반하여 하버마스는 이상적 담화의 조건으로서 지위의 평등이 아니라 지위 전체를 도외시하는 사회적 교제가 필요하고, 이제까지 의문시되지 않았던 영역을 공중의 토론주제로 하며, 문화의 상품화를 통해 토론능력을 갖춘 문화가 만들어지고, 공론장 참여는 비폐쇄적이어야 한다고 제시하였다(조항제·박흥원, 2010; Ferree, Gamson, Gerhard & Rucht, 2002). 파파채리시(Papacharissi, 2002)는 이러한 합리성에 기반한 하버마스의 공론장 모형을 바탕으로 인터넷 및 관련 테크놀로지가 공적 토론을 활성화시킬 수 있을 것이라는 전망을 정보접근성, 공개성, 평등성, 다양성, 상업화 등의 개념을 사용해서 검토하고 있는데, 그의 공론장 개념은 인터넷 공간에서의 정치토론 논의에서도 개념적 토대가 되고 있다(김유향, 2011).

SNS의 확산으로 사람들은 다양한 타인들과의 접점을 확장하게 되고, 또한 정치행위자와의 관계와 유대를 형성하며 정치참여의 지평을 넓힐 수 있다. 그러나 SNS를 통한 정치적 소통의 분명한 한계가 있다. 쌍방향, 다대다 소통과 일상의 공론장화를 목적으로 만들어진 소셜 네트워크가 단지 정치적 홍보의 수단과 대상으로 전락하거나 감정적, 사회적 연대에 머물 수 있다. 또한 SNS를 통한 소통이 진정한 의미의 공론형성에는 이르지 못할 수 있다. 그 이유는 조금 더 빠르게 전파된 SNS 정보가 상호이해와 소통의 수준을 높이지 못한다는 문제가 제기될 수 있기 때문이다. 따라서 토론과 숙의에 기반한 정치참여를 위해서는 이를 위한 제도와 훈련이 필요하다. 온라인 정치참여의 제도화를 위한 노력과 아울러 이를 실천하려는 시민들의 의식적 노력이 요구된다. 이러한 맥락에서 온라인 정치참여의 성숙과 발전을 위해서는 토론과 숙의에 기반한 소통적·담론적 정치참여의 활성화, 민주적 시민교육의 제도화, 온라인 정치참여의 다양한 제도적 수단 개발 등 세 가지 측면에서 개선방향이 요구된다(이원태, 2011).

첫째, 온라인 정치참여가 다양한 참여양식을 포괄하고 있으나 숙의민주주의에 기반한 소통적·담론적 참여가 충분히 활성화되지 않으면 안 된다는 것이다. 온라인 정치참여의 성숙과 발전을 위해서는 일상적인 정치적, 정책적 사안을 처리하는 대의민주주의와 사회적으로 첨예한 갈등을 야기하는 사안을 처리하는 숙의민주주의 간의 상보적 결합이 필요하다. 둘째, 소통과 숙의의 과정은 사이버 공간에서도 면밀하게 디자인되어야 할 뿐만 아니라 이를 민주시민교육의 차원에서도 구현되어야 한다는 점이다. 참여민주주의의 핵심은 숙의이며 이는 구성원들의 다양한 의견을 들으면서 문제를 해결해가는 가장 민주적인 방식이다. 이런 점에서 온라인 상의 수많은 '작은 공론장들'에서 이루어지는 '소규모 숙의과정'에서도 공동체 전체의 의사에 근접한 합의와 공익의 형성을 도모할 수 있도록 숙의과정을 효과적으로 설계하고 운영할 수 있도록 제도적으로 뒷받침해주는 정책적 노력이 요구된다. 셋째, 온라인 정치참여의 제도화 수준을 끌어올리기 위해서는 책임성과 안정성이 확보된 다양한 형태의 온라인 참여 인프라를 제공하려는 정책적 노력이 필요하다. 예를 들면, 트위터, 페이스북, 스마트폰, 유튜브 등과 같이 시공간에 구애받지 않고 정치참여를 할 수 있도록 지원해주는 소셜 미디어의 플랫폼 및 다양한 기술적 수단이 해당된다.

이러한 대표적인 사례들로는 온라인 정치참여 모델인 '미네소타 전자민주주의(Minnesota e-Democracy), 스위스의 스마트보트(Smart Vote)와 마이보트(My Vote), 영국의 UK Citizens Online Democracy이다. 미국의 대표적 민간주도 전자민주주의 사업으로 꼽히는 미네소타 전자민주주의 사업(Minnesota e-Democracy)에서는 미네소타 지역문제를 주요 토론 의제로 다루고 있으며 인터넷 웹과 전자우편그룹을 통하여 지방자치 관련 정보를 제공하고 전자게시판을 운영하여 주민 간 토론을 유도하고 있다. UK Citizens Online Democracy로 불리는 본 사업은 영국의 대표적 전자민주주의 사업이다. 민간주도의 인터넷 전자민주주의 사업이며 위에서 언급한 미국과 달리 주로 국가차원의 정책문제를 토론의제로 채택하고 있다. 인터넷 웹과 전자우편그룹을 활용하고 있으며 웹사이트에서는 토론되는 주제별로 개요, 관련자료, 국민토론장, 참여정치인 의견장 등을 마련하여 서비스를 제공하고 있다.

CHAPTER
6
결론

SNS
BUSINESS
POLITICS

본서는 SNS의 이용자가 SNS 이용행태, 기업 SNS의 이용행태, SNS 정치참여를 선정하여 집중적으로 비교분석하였다. 이를 위해 본서에서는 SNS의 의미와 발전과정, 기업 SNS의 유형과 활용, SNS의 정치참여에 대한 연구문헌을 통하여 살펴보았다. 이러한 논의를 토대로 사적인 공간으로서의 SNS 이용행태, 공적인 공간으로서 기업 SNS의 이용행태와 SNS 정치참여에 영향을 미치는 다양한 요인들을 규명하고, 나아가 SNS 이용행태와 기업 SNS, 그리고 SNS 정치참여가 집단별로 어떠한 차별적 효과를 지니고 있는지를 비교분석하였다. 본서의 분석결과에 대한 요약과 시사점은 다음과 같다.

첫째, 오락, 사적 기록, 정보공유 및 획득, 관계형성 및 유지 등이 SNS를 사용하는 이유이다. 본서의 분석결과에서 SNS 사용자들은 콘텐츠 제작, 정보탐색 및 유통, 사람관계 등의 장점을 높게 평가하고 있으며, SNS의 만족도 또한 높게 나타났다. 특히 스마트폰 이용자들이 비이용자들보다 SNS에 대해 더 높게 평가하고 만족하는 것으로 나타났다. 이에 본서에서는 긍정적이고 유익한 콘텐츠와 서비스가 확대되고 그것이 적시적소에 제공되며 소비될 수 있는 SNS 환경의 재정립이 필요하고, 동시에 SNS 서비스와 콘텐츠로 인하여 개인정보가 노출되고 프라이버시가 침해받을 위험성이 더욱 커지기 때문에 정보의 자유로운 이용과 프라이버시 보호를 조화시키기 위한 균형적인 정책방안이 필요하다. 그리고 우리는 현재의 SNS에 일방적으로 의존하는 기술결정론적 사고에서 벗어나 가치정향을 찾는 방향으로 전환되어야 할 것이다. 예를 들면, SNS 이용자들은 기술 중심이 아닌 인간 중심의 커뮤니케이션 환경을 조성하도록 해야 한다. SNS를 무조건적인 절대선으로 생각함으로써, 인간의 진정한 의사소통이 도외시되거나 인간 자체의 주체성이 상실되어서는 안 될 것이다. 이는 SNS가 사회형성의 주체로서 인간의 위상에 어떠한 변화를 주게 될 것이며, 인간의 삶과 인식, 의사소통 그리고 사회구조 전반에 걸쳐 어떠한 영향을 주게 될 것인지에 대한 논의하에 SNS에 접근할 필요가 있다.

둘째, 스마트폰과 기업 SNS의 이용여부에 따른 조직 커뮤니케이션. 조직신뢰, 직무만족, 리더십에 대한 집단 간 차이를 살펴본 결과, 기업 SNS의 이용자들이 비이용자들보다 정보공유와 커뮤니케이션이 원활하게 이루어지고 있으며 조직신뢰 또한 높은 것으로 나타났고, 직무만족을 측정하는 변인 모두 높으며, 직장상사에 대한 리더십도 긍정적으로 평가하는 것으로 나타났다. 이는 기업 SNS 이용회사의 노동자들은 사업장이 보다 친근하게 느껴지고, 업무에 적극적으로 참여하는 보람을 느끼며. 일하는 조직의 목표나 임무에 대해 중요하게 느끼고, 사내의 다른 사람들을 더 많이 알게 되고 이해하며 대화하고, 중요한 정보나 지식을 획득하며 공유하고, 제공되는 정보 또한 정확하고 신속하며 신뢰할 만하다고 인식하고 있는 것으로 나타났다. 따라서 본서에서는 조직 커뮤니케이션을 활성화하는 것을 핵심으로 하는 기업 SNS 활용전략을 강화할 것을 제안한다.

셋째, 페이스북, 트위터 등 SNS 이용자들의 정치참여 욕구가 매우 높고 향후 정치영역의 의사결정에서는 SNS 이용자들의 참여와 영향력이 더욱 증대될 것으로 예상되므로 보다 적극적인 커뮤니케이션 전략을 통해 SNS 이용자들의 다양하고 역동적인 정치참여를 정책적으로 활용할 수 있는 기반이 마련되어야 한다는 것이다. 현재 SNS 도입 및 활용이 정치영역에서 본격화되고 있으나, 정치 커뮤니케이션 전략의 근본적 변화가 내재되어 있지 못한 상태에서 특정한 SNS 기술의 활용과 도입이라는 기술결정론적 접근방식을 여전히 극복하지 못하고 있다. 따라서 국민과 정치부분 간의 의사소통을 활성하고 모바일 기반의 SNS를 정치부분에 적극 도입, 활용하는 것을 핵심으로 하는 온라인 정치 커뮤니케이션 전략을 새롭게 정립할 필요가 있다. 이런 점에서 우리는 디지털 시민성이 요청된다. 디지털 시민성이란 시민의 공적 사안에 대한 지식(knowledge)을 가지고 있으며, 시민적 덕성의 가치와 태도(value & attitude)를 갖고 있으며, 정치적 영역에도 합리적으로 참여할 수 있는 기능(skills)을 구비하고 있는 것을 의미한다. 따라서 공공의 SNS 시민성을 위한 방향은 SNS 시민의 지식능력 강화를 위한 정보의 신뢰성 확보, SNS 시민의 합리적 태도 함양을 위한 올바른 SNS 토론문화 정착, SNS 시민의 참여능력 고양을 위한 SNS 시민참여의 제도화 등을 모색할 필요가 있다.

참고문헌

강민주. 1980. "한국기업의 조직문화적 유형과 조직특성간의 관련성 연구." 서울대학교 대학원 박사학위 논문.

권명중. 2001. "디지털시대의 경쟁정책 개편과제." 한국경제연구원 조사연구자료『ECO』14.

권정은. 2011. 미래 사회의 신학습모델, 소셜러닝의 부상 한국인터넷진흥원, 2011.

김병수. 2011. SERI 경영노트:SNS 활용기업의 성공전략. 삼성경제연구소, 4. 21(제100호).

김유정. 2009. "미니홈피 이용자들의 온라인 관계 맺기."『한국방송학보』23(5):45-82.

김유향. 2011. "소셜미디어와 인터넷공간에서의 정치적 소통."『평화연구』23(5):45-82.

김흥규. 1990.『Q방법론의 이해와 적용』. 서강대학교 언론문화연구소. p.45.

김흥규. 1992. "주관성 연구를 위한 Q방법론의 이해".『간호학 논문집』6(1). pp.1-11.

김흥규. 1993. "Q방법론의 과학정신탐구"『언론학보』13:5-44.

김흥규, 김우룡. 1998. "텔레비전 뉴스 수용자의 유형에 관한 연구 : Q 방법론적 접근".『주관성연구』3: 5-36.

나은경·이강형·김현석. 2009. "댓글읽기/쓰기를 통한 온라인 소통이 대의민주주의사회에서 갖는 의미."『한국언론학보』53(1): 109-132.

머니투데이, 2011. 11. 15.

박광순, 조명희. 2004. "인터넷의 웹블로그(Web-bolg) 이용 동기 만족도에 관한 연구."『한국언론학보』48(5): 270-294.

박연호. 1998.『현대인간관계론』. 서울: 박영사.

박연호. 1999. "인간관계론의 역사적 전개와 새로운 지평."『한국인간관계학보』4(1):1-20.

방송통신위원회. 2011. <소셜플랫폼 기반의 소통창의신뢰 내트워크 사회 구현

전략>.

백기복. 2005. 『리더십 리뷰: 이론과 실제』. 창민사.

백용덕·김성수.1998. "Q-방법론의 연구 경향."『仁荷教育研究』4.

선우동훈.1991. "Q방법론에 의한 소비자행동 연구."『광고연구』11: 7.

삼성경제연구소. 2011. "기업의 SNS 신활용방식." <SERI 경영노트> 115.

삼성경제연구소. 2011. "SNS 활용 기업의 성공전략." <SERI 경영노트> 100.

소셜미디어의 보안위협 TOP5, 인터넷 & 시큐리티 이슈, 2011. 41-42면

소셜미디어의 보안위협 TOP5.2011. 인터넷 & 시큐리티 이슈. pp. 41-42

송경재. 2011. "소셜네트워크 세대의 정치참여."『한국과 국제정치』73:57-88.

심홍진, 황유선.2010. "마이크로블로깅(micro-blogging) 이용동기에 관한 연구:
　　트위터를 중심으로."『한국방송학보』24(2):192-234.

양상진. 2007. 『CEO 리더십유형과 조직성과』. 내일을 여는 지식.

양영종. 1996. "조직구성원의 커뮤니케이션 만족이 조직몰입에 미치는 영향에
　　관한 연구." 중앙대학교 대학원 박사학위 논문.

엄동욱. 2011. "소통의 시대, 조직내 소통의 중요성과 스마트 HRD."『국민과
　　함께 미래를 여는 HRD』60: 46-53.

오태원·유지연, 2010. "소셜네트워크서비스(SNS) 환경에서 프라이버시의 개
　　념 변화."『정보통신정책연구』23(4).

유기현. 2002.『인간관계론』, 서울: 무역경영사.

유영만. 2001. "e-Learning과 디지털 리터러시: 디지털 시대의 새로운 학습능
　　력."『산업교육연구』8: 83-107.

윤승욱. 2007. "모바일콘텐츠로의 모바일 UCC활성화방안 모색."<도전과 미
　　래>. 한국언론학회 2차세미나. pp.51-74.

이건인(1995). "Q 方法論에 對한 理論的 考察". 教育研究 14. 圓光大學校教育問題研
　　究所.

이상의. 2010. "IT 칼럼/SNS, 개인정보유출 왜 일어나고 심각하나?." 리뷰. (10.
　　29).

이승훈·김상돈. 2009. "인터넷과 디지털 시민성에 관한 탐색적 논의: 인터넷
　　이용형태와 온라인 정치참여의 관계를 중심으로",『한국지역정보화학
　　회지』12(3):31-58.

이응용. 2011. NETFOCUS:소셜네트워크서비스와 타산업과의 컨버전스-산업간
　　컨버전스 플랫폼으로 부상, 한국인터넷진흥원.

이재혁. 2008. "기업용 마이크로블로그 환경에서의 지식공유활동에 대한 탐색
　　적 연구-지식관리시스템과의 비교를 중심으로," 연세대학교 정보대학

원 석사학위논문, 2008.

이원태. 2011. "한국의 인터넷 참여문화의 특성과 제도적 개선방안. 한국공공사회학회 편. 『시민성과 통치성 그리고 공공성』.pp.271-298.

이원태·김상돈·노승용·윤성이·이승훈·조일수. 2009. <디지털시대에서의 시민의식제고방안에 관한 연구>. 정보통신정책연구원.

이원태·김춘식·이나경. 2010. <소셜미디어에서 온라인 정치담론의 특성>. 정보통신정책연구원.

장승희. 2011. "기업들의 SNS 활용, 한계에 봉착했나, 이제 시작인가?." <LG경제연구원 보고서>.

정일준·김상돈. "인터넷감성이 온라인 항의참여와 오프라인 시위참여에 미치는 영향." 『한국과 국제정치』 25(4):217-255.

정재철. 2008. "웹 2.0시대 디지털 기술문화에 대한 탐색적 연구." 『언론과학연구』 8(4):557-590.

정현선. 2004. "디지털 리터러시의 국어교육적 고찰." 『국어교육학연구』 21.

전종길. 2005. "정보통신산업의 기술이전에 따른 기업경쟁력 분석: 연계산업에 미치는 파급효과를 중심으로." 명지대학교 대학원 박사학위 논문.

정구현. 1994, "국가와 기업의 국제경쟁력." 『경영학연구』 23(2): 129-144.

정용민·송동현, 2011. 『소셜미디어 시대의 위기관리』. 서울: e비즈북스.

조남억. 2011. "청소년기의 페이스북 활용을 통한 사회적 자본 형성에 관한 연구." 『청소년학연구』 18(5):267-289.

조희정. 2010. "트위터와 전자민주주의:트위터의 국내외 정치적활용사례와 규제를 중심으로." 한국지역정보화학회 춘계학술대회 자료집. pp.139-158.

조희정. 2011. "2011년 중동의 시민혁명과 SNS의 정치적 매개역할." 『한국정치연구』 20(2):309-332.

최선미. 2009. "SNS의 사회자본형성에 미치는 영향에 관한 연구: 싸이월드 미니홈피 특성을 중심으로." 서강대 언론대학원 석사학위 논문.

최영. 2001. "커뮤니케이션 매체로서의 인터넷 이용 동기 사용에 관한 연구." 『사이버 커뮤니케이션 학보』 8: 116-154.

하호진. 2006. "효율적인 지식 생산과 공유를 위한 Enterprise 2.0 기술을 적용한 IT기업의 지식경영시스템의 아키텍처 모델." 서강대학교 정보통신대학원 석사학위 논문.

한겨레신문, 201. 10. 27.

한국무역협회. 2011. "미국 기업의 소셜네트워크 서비스(SNS) 마케팅 활용사례와 시사점." 『Trade Focus』 10(3).

황유선, 2011. "언론사의 신소통전략 트위터를 접수하라." 한국언론진흥재단. pp.8-12.

황재선. 2008,『소셜 플랫폼: 소셜 네트워크 서비스의 새로운 진화』. 한국소프트웨어진흥원 정책연구센터, pp. 38-52.

황혜정. 2010. "리더십이 조직유효성에 미치는 영향: 그룹 일체성의 매개효과를 중심으로." 성균관대학교 대학원 박사학위 논문.

http://europa.eu/rapid/pressReleasesAction.do?reference=SPEECH/11/349&format=HTML&aged=0&language=EN&guiLanguage=en

http://social-marketing.tistory.com/110

http://www.ninesigma.com/

http://www.yum.com/company/social.asp

bizhospital.co.kr

Algeri, Dion. 2010."What Malcolm Gladewell doesn't understand about social media(and what every law firm should know)."
(http://www.greatjakes.com/blog/what-malcolm-gladwell-doesn/)

Allan, G. 1985. *Leadership in Organizations*. 4th ed, NJ: Prentice-Hall.

Asia's Digital Top Brands, TNS in 2009

Avolio, B. J. & Yammarino, F. J. 2002. *Transformational and Charismatic Leadership: the Rood Ahead, Elsevier Science.* Oxford

Bass, B. M. 1985. *Leadership and Performance Beyond Expectation.* New York: Free Press.

Beck, C. E. & Beck, E. A. 1986. The Manager's Open door and the Communication Climate. *Business Horizons.* pp.15-19.

Bluedorn, A. C. 1982. A Unified Model of Turnover from Organizations. *Human Relations* 35: 135-153.

Boyd, M., & Ellison, B. 2007. Social Network Sites: Definition, History, and Scholarship, *Journal of Computer-Mediated Communication* 13(1). Available from http://www.danah.org/papers/JCMCIntro.pdf.

Brown, S. and T. Ungs.1970. "Representativeness and the Study of Political Behavior." *Social Science Quarterly* 51: 514-526.

Brown, S.1980. *Political Subjectivity: Applications of Q Methodology.* New Haven: Yale University Press.

Brown, S., D. During and S. Selden.(1999). Q Methodology. In G. Miller and M. Whicker, eds., *Handbook of Research Methods in Public Administration.* New York: Marcel Dekker.

Burns. J. M. 1978. Leadership, NY: Harper & Row. in Business Week. 2005. *Fast Track Your Career.* August 1.

Bycio & Allen. 1995. Further Assessments of the Bass Conceptualization of Transactional and Transformational Leadership. *Journal of Applied Psychology* 80:468-478.

Carbery, R., Garavan, T. N., O'Brien, f., McDonnell, J. 2003. Predicting Hotel Managers' Turnover Cognitions. *Journal of Managerial Psychology* 18(7): 649-679.

Dawis, R. V. 1996. Vocational Psychology, Vocational Adjustment, and the Workforce. *Psychology, Public Policy and Law* 2(2): 229-248.

Day, G. S. 1988. Assessing Advantage; A Framework for Diagnosing Competitive Superiority. *Journal of Marketing* 21(4): 1-20.

Dholakia, U. M. & Durham, E. 2010. "One Café Chain's Facebook Experiment." *Harvard Business Review.*
http://hbr.org/2010/03/one-cafe-chains-facebook-experiment/ar/1

Douglas, A. B. 1998. Applied Human Relations: *An Organizational and Skill Development Approach.* Englewood Cliffs, NJ: prentice-Hall.

Dryzek, John S. 1990, *Discursive Democracy: Politics, Policy, and Political Science, Cambridge*, UK; Canbridge University Press.

Elkus, Adam. 2010. "Beyond Twitter Revolution and False Choices." The Huffingtion Post.

Ellenson, A. 1982. Human Relations (2nd ed). Englewood Cliffs, NJ: Prentice-Hall.

Eshet-Alkalai, Y. 2001. *Digital literacy and its application in technology-based instruction. Computers in Education Conference.* Tel Aviv.

Fromm, E. 1964. *The Heart of Man,* New York: Harper and Row.

Gladwell. Malcolm. 2010. "Small Change." *The New Yorker*

Grant, R. M. 1995, *Contemporary Strategy Analysis; Concepts, Techniques, applications.* Black Well Publisher, Cambridge.

Gilster, P. 1997. *Digital literacy.* John Wiley & Sons, Inc.

Harvard Business Review. 2011. "Talking Social Media from Talk to Action", 2011. March.

Holtom, B. C., Mitchell, T. R. & Lee, T. W. 2006. Increasing Human and Social Capital by Applying Job Embeddedness Theory. *Organizational Dynamics* 35(4), 316-331.

Hom, P. W. & Griffeth, R. W. 1995. *Employee Turnover*. Cincinnati, Ohio: South Western College Publishing.

Joiner, T. A. & Bartram, T. 2004. How empowerment and Social Support Affect Australian Nurses' Work Stressors. *Australian Health Review* 28(1), 56-64.

Jones, G. R. 1996. Transaction Costs, Property Rights and Organizational Culture: An Exchange Perspective. *Administrative Science Quarterly* sept, 28.

Kaplan, R. S. & Anthony, A. A. 1998, *Advanced Management Accounting 3rd ed.* Prentice Hall : International, Inc.

Kaplan, R. S. & Norton, D. P. 1996. *The Balanced Scorecard*. Havard Business School Press.

Kaplan, R. S. & Norton, D. P.1996. Using the Balanced Scorecard as s Strategic Management System, *Harvard Business Review* Jan/Feb.

Kerlinger, F. N. 1986. *Foundations of behavioral Research(3rd ed)*. New York : Holt, Rinehart & Winston.

KT경영경제연구소. "스마트 커머스, REAL쇼핑이 가져온 변화와 기회

KT경영경제연구소. "스마트 커머스, REAL쇼핑이 가져온 변화와 기회"

Larson. R. W. 2002. "Globalization, social change, and new technology: What They mean for the future of adolescence." *Journal of Research on Adolescence* 12:1-30.

Mass, B. M. 1990. *Handbook of Leadership. Theory, Research, & Managerial Applications, 3rd ed.* Free Press.

Matteson, M. T. & Ivancevich, J. M. 1987. *Controlling Work Stress: Effective Human Resource and Management Strategies*. San Franisco, CA: Jossey-Bass.

Myra Marx Ferree. William A. Gamson. Jürgen Gerhards & Dieter Rucht. 2002. "Four Models of the Public Sphere in Modern Democracies."Theory and Society. 31(3):289-324.

Mckeown, R. & Thomas, D.1988. *Q methodology*, Newbury Park, CA: SAGE.

Miller, T. E. 1996. Segmenting the Internet. *American Demographics* 18(July): 48-52.

Mishra, P. Nicholson, M. & Wojcikiewicz, S. 2001. Does my wordprocessor have a personality? Topffer's Law and Educational Technology." *Journal of Adolescent and Adult Literacy* 44 (7): 634-641.

Mobley, W. H. 1982. Some Underworked Questions in Turnover and Withdrawal Research. *Academy of Management Review* 7(1): 111-116.

Northouse, P. G. 2004. *Leadership: Theory and Practice*. London, Sage.

Papacharissi, Z. & Rubin, M. 2000. Predictors of Internet Use. *Journal of Broadcasting & Electronic Media* 44(2): 175-196.

Parket, J. & Plank, E. 2000. A Uses and Gratifications Perspective on the Internet as a Net Information Source. *American Business Review*. June:43-49.

Peterson, M. f., Smith, P. B., Akande, A., Ayestaran, S., Bochner, S. 1995. Role Conflict, Ambiguity and Overload: A 21-Nation Study. *The Academy of Management Journal* 38(2): 429-452.

Pincus, J. D. 1986. Communication Satisfaction, Job Satisfaction, and Job Performance. *Human Communication Research* 12(3): 395-419.

PR인, 2011년 10월 27일자 기사

Rizzo, J. R., House, R. J., & Lirtzman, S. I. 1970. Role Conflict and Ambiguity in Complex Organizations. *Administrative Science Quarterly* 15:140-163.

Rubin. A. M. 1981. An Examination of Television Viewing Motivations. *Communication Research* 8(2):141-165.

Sager, J. K. 1994. A Structural Model Depicting Salespeople's Job Stress. *Journal of the Academy of Marketing Science* 22: 74-84.

Schuler, R. S. 1984. *Organizational Stress and Coping: A Model and Overview*. Cambridge: Ballinger.

Senatra, P. 1980. Role Conflict, Role Ambiguity and Organizational Climate in a Public Accounting Firm. *The Accounting Review* 55(4): 594-603.

Shyles. 1984. The relationship of images, issues and presentational methods in televised spot advertisement for 1980's American presidential primaries . *Journal of Broadcasting* 28(4): 405-421

Stephenson, W.1935. Correlating Persons Instead of Tests. *Character and Personality* 4: 17-24.

Stephenson, W.(1953). *The Study of Behavior: Q Technique and Its Methodology*. Chicago: University of Chicago Press.

Sullivan, K., & Sullivan, A. 1980. Adolescent-parent Separation. *Developmental Psychology* 16:93-99.

Tufecki, Zeynep. 2010. "What Gladwell Gets Wrong: The Real Problem is Scale Mismatch(Plus, Weak and Strong Ties are Complementary and Supportive)." (http://technosociology.org/).

Wagner, J. A. 1995. Studies of Individualism-Collectivism: Effects on Cooperation in Groups. *Academy of Management Journal* 38(1):152-172.

SNS를 활용한 기업경쟁력 제고방안

안녕하십니까?

이 설문은 SNS를 활용한 기업경쟁력 제고방안에 대한 기초자료를 얻기 위하여 실시하는 것입니다. 이러한 조사 목적을 달성하기 위해서는 귀하의 경험과 의견 등에 관련된 정보가 꼭 필요합니다.

귀하의 의견과 응답 내용은 오로지 학문과 정책수립 목적을 위해 사용되며 <u>법률(통계법 제33조)</u>에 의해 비밀이 유지되고 보호됩니다. 바쁘시더라도 귀하의 협조가 이 연구의 성패를 결정한다고 생각하시고 가급적 한 문항도 빠짐없이 응답하여 주십시오. 귀하의 적극적인 협조에 감사드립니다.

2011년 9월

한국산업기술진흥원

1. 귀하는 소셜 네트워크 서비스(SNS)를 하루 동안 얼마나 이용하
십니까?(해당란에 √표 하여 주십시오).

구분	이용 안 함	거의 이용 안 함	때때로 이용	자주 이용	매우 자주 이용
1) 마이크로(미니)블로그(트위터, 미투데이, 요즘, 커넥팅, 플레이톡, 토씨, 자이쿠 등)	①	②	③	④	⑤
2) 기업용 마이크로 블로그(야머, 소셜캐스트, 소셜텍스트, 큐브트리, 프리젠틀리, 퀵 등)	①	②	③	④	⑤
3) 소셜 커머스 사이트(티켓몬스터, 그루폰, 쿠팡 등)	①	②	③	④	⑤
4) 페이스북	①	②	③	④	⑤
5) 카카오톡, 마이피플	①	②	③	④	⑤
6) 미니홈피(싸이월드, 버디버디 등)	①	②	③	④	⑤
7) 카페/커뮤니티	①	②	③	④	⑤
8) 블로그(blog)	①	②	③	④	⑤
9) 기타 ( )	①	②	③	④	⑤

2. 귀하는 다음의 소셜 네트워크 서비스(SNS)를 하루 평균 몇 시간 정도 이용하십니까? 그리고 이용하는 소셜 네트워크 서비스(SNS)에 대하여 얼마나 만족하십니까?(이용하지 않을 경우 만족도 기입 불가)

구분		소셜 네트워크 서비스(SNS) 이용 정도		소셜 네트워크 서비스(SNS) 만족 정도				
		전혀 이용하지 않음	하루 평균 이용시간	매우 불만족한다	불만족하는 편이다	보통이다	만족하는 편이다	매우 만족한다
마이크로블로그	1) 트위터	⓪	___시간 ___분	①	②	③	④	⑤
	2) 미투데이	⓪	___시간 ___분	①	②	③	④	⑤
	3) 요즘	⓪	___시간 ___분	①	②	③	④	⑤
	4) 커넥팅	⓪	___시간 ___분	①	②	③	④	⑤
	5) 플레이톡	⓪	___시간 ___분	①	②	③	④	⑤
	6) 토씨	⓪	___시간 ___분	①	②	③	④	⑤
소셜커머스	7) 자이쿠	⓪	___시간 ___분	①	②	③	④	⑤
	8) 티켓몬스터	⓪	___시간 ___분	①	②	③	④	⑤
	9) 그루폰	⓪	___시간 ___분	①	②	③	④	⑤
	10) 쿠팡	⓪	___시간 ___분	①	②	③	④	⑤
기타	11) 페이스북	⓪	___시간 ___분	①	②	③	④	⑤
	12) 카카오톡	⓪	___시간 ___분	①	②	③	④	⑤
	13) 기타 ( )	⓪	___시간 ___분	①	②	③	④	⑤

3. 귀하께서 소셜 네트워크 서비스(SNS)에 접속하기 위해 이용하는 매체 또는 기기를 모두 선택해주세요.

___① 데스크톱 PC   ___② 노트북컴퓨터(넷북, 태블릿PC 등)

___③ 스마트폰   ___④ PDA

___⑤ 일반이동전화(스마트폰, PDA 제외)   ___⑥ 게임기

___⑦ 기타(___)

4. 귀하께서 소셜 네트워크 서비스(SNS)를 주로 이용하는 장소는
어디인지 순서대로 2가지를 선택해주세요.

| ① 집   ② 회사   ③ 지하철, 버스, 자동차 등 이동 중 교통수단 |
| ④ 커피숍, 식당, 극장 등 상업시설   ⑤ 길거리   ⑥ 기타(____) |

1순위: ______

2순위: ______

5. (문3의 3 스마트폰 이용자만) 귀하께서 스마트폰을 이용하고 계
신다면 하루 평균 이용시간의 얼마나 되십니까?

　　　　하루 평균　　　　　　　　(______)시간　(______)분

6. (문3의 3 스마트폰 이용자만) 귀하께서 다음 각 시간대별로 스마
트폰을 얼마나 이용하십니까?

구분	이용 안 함	거의 이용 안 함	때때로 이용	자주 이용	매우 자주 이용
06:00~09:00	①	②	③	④	⑤
09:00~12:00	①	②	③	④	⑤
12:00~15:00	①	②	③	④	⑤
15:00~18:00	①	②	③	④	⑤
18:00~21:00	①	②	③	④	⑤
21:00~24:00	①	②	③	④	⑤
00:00~03:00	①	②	③	④	⑤
03:00~06:00	①	②	③	④	⑤

7. 귀하는 현재와 같은 소셜 네트워크 서비스(SNS) 환경에서 다음
과 같은 '가치'가 얼마나 중요하다고 생각하십니까? 각 문항을
주의 깊게 읽어 보신 후 귀하가 동의하는 정도에 따라 해당번호
에 √표 해 주십시오.

구분	중요도				
	전혀 중요하지 않다	중요하지 않은 편이다	보통 이다	중요한 편이다	매우 중요하다
1) 개인이 혼자 있을 자유	①	②	③	④	⑤
2) 개인의 생각이나 의사를 표현할 자유	①	②	③	④	⑤
3) 개인과 관련된 정보, 환경 등을 스스로 선택할 수 있는 자유	①	②	③	④	⑤
4) 정치과정에서 제기되는 다양한 정치적 이슈에 대한 참여	①	②	③	④	⑤
5) 제품과 서비스의 생산과 유통, 소비에 이르는 과정에 대한 참여	①	②	③	④	⑤
6) 일상생활 이슈와 사회 커뮤니티 및 문화 활동에 대한 참여	①	②	③	④	⑤
7) 다양한 사업자들이 경쟁적으로 콘텐츠를 제공할 수 있는 환경	①	②	③	④	⑤
8) 다양한 프로그램 및 디지털 콘텐츠	①	②	③	④	⑤
9) 소비자가 콘텐츠 소비를 쉽게 할 수 있도록 다양한 매체 환경 및 호환성 확보	①	②	③	④	⑤
10) 산업 간 창의적인 조합을 통하여 새로운 혁신 환경	①	②	③	④	⑤
11) 다양한 IT의 발달로 즉각적인 콘텐츠 제작이나 유통이 용이한 환경	①	②	③	④	⑤
12) 누구나 콘텐츠를 생산할 수 있고 모두가 손쉽게 공유하는 환경	①	②	③	④	⑤

8. 다음은 소셜 네트워크 서비스(SNS)를 이용하는 이유에 대한 질문입니다. 각 문항을 주의 깊게 읽어 보신 후 귀하가 동의하는 정도에 따라 해당번호에 √표 해 주십시오.

구분	전혀 동의하지 않는다	동의하지 않는 편이다	보통이다	동의한다	매우 동의한다
1) 다른 사람의 지식을 공유하기 위해 사용한다.	①	②	③	④	⑤
2) 필요한 정보를 얻을 수 있어 사용한다.	①	②	③	④	⑤
3) 자료를 수집할 수 있어 사용한다.	①	②	③	④	⑤
4) 최근에 일어나는 사회적 이슈에 대해 알기 위해 사용한다.	①	②	③	④	⑤
5) 관심분야에 대해 공감대를 형성할 수 있어 사용한다.	①	②	③	④	⑤
6) 경력 관리에 직간접적인 도움이 되기 때문에 이용한다.	①	②	③	④	⑤
7) 자부심을 느낄 수 있어 사용한다.	①	②	③	④	⑤
8) 나의 인기를 확인할 수 있어 사용한다.	①	②	③	④	⑤
9) 성취감을 얻을 수 있어 사용한다.	①	②	③	④	⑤
10) 내가 주인공이라는 생각이 들어 사용한다.	①	②	③	④	⑤
11) 나만의 개성을 표현하기 위해 사용한다.	①	②	③	④	⑤
12) 타인들과 추억을 간직하기 위해 사용한다.	①	②	③	④	⑤
13) 타인들과 연락하기 위해 사용한다.	①	②	③	④	⑤
14) 사람들과의 사이를 돈독히 하기 위해 사용한다.	①	②	③	④	⑤
15) 많은 사람들과 만날 수 있어 사용한다.	①	②	③	④	⑤
16) 이용이 편리하기 때문에 이용한다.	①	②	③	④	⑤
17) 이용하는 시간과 공간의 제약이 없어 사용한다.	①	②	③	④	⑤
18) 많은 사람들과 공감대를 형성할 수 있어 사용한다.	①	②	③	④	⑤
19) 기분전환을 위해 사용한다.	①	②	③	④	⑤
20) 재미가 있어 이용한다.	①	②	③	④	⑤
21) 일상생활을 탈피하기 위해 사용한다.	①	②	③	④	⑤
22) 여가시간을 즐기기 위해 사용한다.	①	②	③	④	⑤
23) 콘텐츠 내용을 마음대로 만들 수 있어 사용한다.	①	②	③	④	⑤
24) 말로 표현하기 힘든 것을 표현할 수 있어 사용한다.	①	②	③	④	⑤
25) 나만의 공간을 가질 수 있어 사용한다.	①	②	③	④	⑤
26) 유행에 뒤떨어지지 않기 위해 사용한다.	①	②	③	④	⑤
27) 많은 사람들이 이용하기 때문에 사용한다.	①	②	③	④	⑤
28) 비이용자에 비해 상대적 우월감을 느낄 수 있어 사용한다.	①	②	③	④	⑤

9. 소셜 네트워크 서비스(SNS)를 이용할 때 다음 항목에 대해 얼마나 만족합니까? 각 문항을 주의 깊게 읽어 보신 후 귀하가 동의하는 정도에 따라 해당번호에 √표 해 주십시오.

구분	전혀 만족하지 않다	만족하지 않은 편이다	보통이다	만족하는 편이다	매우 만족한다
1) 콘텐츠를 만들고 편집하는 기능이 편리하다.	①	②	③	④	⑤
2) 서비스 내에서 내가 찾고 싶은 글들을 검색하기 쉽다.	①	②	③	④	⑤
3) 서비스의 불편 사항이 빠른 시일 내에 개선된다.	①	②	③	④	⑤
4) 서비스가 빠른 속도로 제공된다.	①	②	③	④	⑤
5) 서비스가 안정적이다.	①	②	③	④	⑤
6) 언제나 손쉽게 글과 사진을 올릴 수 있다.	①	②	③	④	⑤
7) 다른 서비스들과 연동되어 더욱 풍부한 경험과 기능을 제공한다.	①	②	③	④	⑤
8) 내가 원하는 형태로 자유롭게 꾸밀 수 있다.	①	②	③	④	⑤
9) 이 서비스를 통해 타 사용자들과 자유로이 이야기와 의견을 주고받는다.	①	②	③	④	⑤
10) 이 서비스를 통해 다양한 사람들을 알게 되었고, 친구가 되었다.	①	②	③	④	⑤
11) 이 서비스를 통해 나와 관심사가 비슷한 사람을 쉽게 만날 수 있다.	①	②	③	④	⑤
12) 이미 알던 친구들과 관계를 유지하는 데 도움이 된다.	①	②	③	④	⑤
13) 이 서비스를 통해 다른 사람들에게 내 글과 나라는 사람이 널리 알려진다.	①	②	③	④	⑤
14) 이웃의 업데이트된 소식을 즉시 알려 준다.	①	②	③	④	⑤
15) 내가 올린 글이나 사진에 사람들이 실시간으로 댓글을 단다.	①	②	③	④	⑤
16) 내가 제작한 콘텐츠에 대한 통제권과 소유권이 명확하다.	①	②	③	④	⑤
17) 이 서비스를 통해 다양한 양질의 콘텐츠를 접한다.	①	②	③	④	⑤
18) 서비스 제공업체에 대해 호감과 좋은 이미지를 갖고 있다.	①	②	③	④	⑤
19) 관심 있는 콘텐츠를 구독하거나 스크랩할 수 있다.	①	②	③	④	⑤
20) 이 서비스와 다양한 글들이 모이는 광장(메타 블로그)의 연계가 잘 되어 있다.	①	②	③	④	⑤
21) 서비스 내의 다른 서비스물(검색, 광장 등)과 잘 연동된다.	①	②	③	④	⑤

10. 소셜 네트워크 서비스(SNS)를 활용하여 상품정보를 검색한 경
  험이 있습니까?

　　　　① 　　있음 ☞ 문항 11번으로 가시오.
　　　　② 　　없음 ☞ 문항 12번으로 가시오.

11. 소셜 네트워크 서비스(SNS)를 활용하여 상품정보를 검색할 때
  주로 사용하는 SNS는 무엇입니까?

① 티켓몬스터 ② 그루폰 ③ 쿠팡 ④ 기타(＿＿＿＿＿＿)

12. 소셜 네트워크 서비스(SNS)를 활용하여 상품을 구매한 경험이
  있습니까?

　　　　① 　　있음 ☞ 문항 13번으로 가시오.
　　　　② 　　없음 ☞ 문항 15번으로 가시오.

13. 소셜 네트워크 서비스(SNS)를 활용하여 상품을 구매할 때 주로
  사용하는 SNS는 무엇입니까?

① 티켓몬스터 ② 그루폰 ③ 쿠팡 ④ 기타(＿＿＿＿＿＿)

14. 다음은 소셜 네트워크 서비스(SNS)를 통해 상품을 구매하는 이유에 대한 질문입니다. 각 문항을 주의 깊게 읽어 보신 후 귀하가 동의하는 정도에 따라 해당번호에 √표 해 주십시오.

구분	전혀 그렇지 않다	별로 그렇지 않다	보통 이다	다소 그렇다	매우 그렇다
1) 가격이 상대적으로 낮다.	①	②	③	④	⑤
2) 가격절감 효과가 있다.	①	②	③	④	⑤
3) 금전적 손실을 줄일 수 있다.	①	②	③	④	⑤
4) 제품 혹은 서비스 결과에 대한 소비자의 기대수준을 만족시킬 수 있다.	①	②	③	④	⑤
5) 구매과정에서 발생할 수 있는 소비자 개인에 대한 피해를 줄일 수 있다.	①	②	③	④	⑤
6) 구매과정에서 발생할 수 있는 소비자의 프라이버시 침해를 줄일 수 있다.	①	②	③	④	⑤
7) 제품 혹은 서비스 거래정보와 같은 출처를 탐색하는 단계에서 발생하는 검색노력을 줄일 수 있다.	①	②	③	④	⑤
8) 제품 혹은 서비스 쇼핑몰에 대한 선택 대안을 비교하는 단계에서 발생하는 비교노력을 줄일 수 있다.	①	②	③	④	⑤
9) 구매하고자 하는 제품 혹은 서비스의 조사단계에서 발생하는 조사노력을 줄일 수 있다.	①	②	③	④	⑤
10) 판매자와의 협상단계에서 발생할 수 있는 협상노력을 줄일 수 있다.	①	②	③	④	⑤
11) 제품 혹은 서비스의 대금지불과 주문과정에서 발생하는 지불비용(노력)을 줄일 수 있다.	①	②	③	④	⑤
12) 제품 배달지연이나 혹은 높은 거래비용 등과 같이 제품 혹은 서비스를 받는 과정에서 발생하는 배송비용(노력)을 줄일 수 있다.	①	②	③	④	⑤
13) 고객에 대한 지원 및 사후서비스 등과 같이 제품 혹은 서비스를 받고 난 후에 발생하는 사후서비스비용(노력)을 줄일 수 있다.	①	②	③	④	⑤
14) 제품 혹은 서비스의 종류가 많다.	①	②	③	④	⑤
15) 제품 혹은 서비스의 선택의 폭이 다양하다.	①	②	③	④	⑤
16) 제품 혹은 서비스에 대한 양질의 정보가 많다.	①	②	③	④	⑤
17) 제품 혹은 서비스를 구매하기 위해서 오랜 시간을 기다릴 필요가 없다.	①	②	③	④	⑤

15. 귀하가 근무하고 있는 회사는 업무용 SNS를 사용하고 있습니까?

___ ① 있음 ☞ 문항 16번으로 가시오.
___ ② 없음 ☞ 문항 21번으로 가시오.

16. 귀하는 업무용 SNS를 하루 평균 얼마나 이용하십니까? 그리고 얼마나 만족하십니까?(이용하지 않을 경우 만족도 기입 불가) 해당란에 한 가지만 √표 하여 주십시오.

구분	업무용 SNS 이용 정도		업무용 SNS 만족 정도				
	전혀 이용하지 않음	하루 평균 이용시간	매우 불만족 한다	불만족 하는 편이다	보통 이다	만족하는 편이다	매우 만족한다
1) 트위터	⓪	___시간 ___분	①	②	③	④	⑤
2) 페이스북	⓪	___시간 ___분	①	②	③	④	⑤
3) 카카오톡	⓪	___시간 ___분	①	②	③	④	⑤
4) Yammer	⓪	___시간 ___분	①	②	③	④	⑤
5) Socialcast	⓪	___시간 ___분	①	②	③	④	⑤
6) Socialtext	⓪	___시간 ___분	①	②	③	④	⑤
7) Cubetree	⓪	___시간 ___분	①	②	③	④	⑤
8) Present.ly	⓪	___시간 ___분	①	②	③	④	⑤
9) Quik	⓪	___시간 ___분	①	②	③	④	⑤
10) Chatter	⓪	___시간 ___분	①	②	③	④	⑤
11) 기타 ( )	⓪	___시간 ___분	①	②	③	④	⑤

17. 귀하는 업무용 SNS를 활용하고 있다면 그 이유는 무엇입니까? 각 문항을 주의 깊게 읽어 보신 후 귀하가 동의하는 정도에 따라 해당번호에 √표 해 주십시오.

구분	전혀 그렇지 않다	별로 그렇지 않다	보통 이다	다소 그렇다	매우 그렇다
1) 내가 일하는 곳이 더 친근하게 느껴진다.	①	②	③	④	⑤
2) 업무에 적극적으로 참여하는 보람을 느낀다.	①	②	③	④	⑤
3) 내가 일하는 조직의 임무나 목표가 중요하다고 느끼게 된다.	①	②	③	④	⑤
4) 회사 내의 많은 사람들을 알게 된다.	①	②	③	④	⑤
5) 다른 사람들을 더 많이 이해하게 된다.	①	②	③	④	⑤
6) 다른 사람들과 더 많이 대화하게 된다.	①	②	③	④	⑤
7) 중요한 정보나 지식을 얻는다.	①	②	③	④	⑤
8) 업무에 도움이 되는 많은 정보를 얻는다.	①	②	③	④	⑤
9) 의사결정에 필요한 정보나 조언 등을 구한다.	①	②	③	④	⑤
10) 정보의 내용이 정확하다.	①	②	③	④	⑤
11) 정보의 내용은 업데이트가 신속하게 이루어진다.	①	②	③	④	⑤
12) 정보의 내용을 신뢰할 만하다.	①	②	③	④	⑤

18. 다음은 업무용 SNS를 자주 사용하고 있지 않은 이유에 관한 질문입니다. 각 문항을 주의 깊게 읽어 보신 후 귀하가 동의하는 정도에 따라 해당번호에 √표 해 주십시오.

구분	전혀 그렇지 않다	별로 그렇지 않다	보통 이다	다소 그렇다	매우 그렇다
1) 개인정보가 유출되는 것 같다.	①	②	③	④	⑤
2) 업무에 별 도움이 안 된다.	①	②	③	④	⑤
3) 어떻게 사용하는지 잘 모른다.	①	②	③	④	⑤
4) 주어진 업무를 하기에도 시간이 모자란다.	①	②	③	④	⑤
5) 질문이나 제안에 반응이 없다.	①	②	③	④	⑤
6) 많은 사람들과 관계를 맺는 것이 부담스럽다.	①	②	③	④	⑤

19. 다음은 귀사에서 사용하고 있는 업무용 SNS에 관한 질문입니다. 각 문항을 주의 깊게 읽어 보신 후 귀하가 동의하는 정도에 따라 해당번호에 √표 해 주십시오.

구분	전혀 그렇지 않다	별로 그렇지 않다	보통 이다	다소 그렇다	매우 그렇다
1) 업무용 SNS시스템의 접근은 언제나 항상 가능하다.	①	②	③	④	⑤
2) 업무용 SNS시스템에 새로운 정보가 빠르게 제공되고 있다.	①	②	③	④	⑤
3) 업무용 SNS시스템은 에러나 장애가 없고 항상 사용이 가능하다.	①	②	③	④	⑤
4) 업무용 SNS시스템의 커뮤니케이션을 통해서 일상적 업무 수행이 원활하게 수행되고 있다.	①	②	③	④	⑤
5) 업무용 SNS시스템의 커뮤니케이션을 통해 정보공유가 원활하게 수행되고 있다.	①	②	③	④	⑤
6) 업무용 SNS시스템의 커뮤니케이션을 통해서 협업이 원활하게 수행되고 있다.	①	②	③	④	⑤
7) 업무용 SNS시스템의 커뮤니케이션을 통해서 제안이나 아이디어 제공이 많아졌다.	①	②	③	④	⑤
8) 업무용 SNS시스템의 커뮤니케이션을 통해서 교류와 공감 정도가 높아졌다.	①	②	③	④	⑤
9) 업무용 SNS시스템을 통해서 업무관련정보 제공이 많아졌다	①	②	③	④	⑤
10) 업무용 SNS시스템을 통해서 업무 외적인 개인정보의 제공이 많아졌다.	①	②	③	④	⑤
11) 업무용 SNS시스템을 통해서 다른 조직과 정보교류가 많아졌다.	①	②	③	④	⑤
12) 업무용 SNS시스템을 통한 커뮤니케이션을 통해서 업무절차가 간소화되어졌다.	①	②	③	④	⑤
13) 업무용 SNS시스템을 통한 커뮤니케이션을 통해 업무처리시간이 간소화되었다.	①	②	③	④	⑤
14) 업무용 SNS시스템을 통한 커뮤니케이션을 통해 회의가 줄어들었다.	①	②	③	④	⑤
15) 업무용 SNS시스템에 등록된 정보를 업무에 잘 활용하고 있다.	①	②	③	④	⑤
16) 업무용 SNS시스템에 등록된 정보로 의사결정에 큰 도움이 되고 있다.	①	②	③	④	⑤
17) 업무용 SNS시스템을 관리하는 전담조직이 잘 갖추어져 있다.	①	②	③	④	⑤

20. 다음은 귀사의 마케팅을 위한 업무용 SNS에 관한 질문입니다. 각 문항을 주의 깊게 읽어 보신 후 귀하가 동의하는 정도에 따라 해당번호에 √표 해 주십시오.

구분	전혀 그렇지 않다	별로 그렇지 않다	보통 이다	다소 그렇다	매우 그렇다
1) 상품광고를 위해 SNS를 이용한다.	①	②	③	④	⑤
2) 기업홍보를 위해 SNS를 이용한다.	①	②	③	④	⑤
3) 상품판매를 위해 SNS를 이용한다.	①	②	③	④	⑤
4) 고객관리를 위해 SNS를 이용한다.	①	②	③	④	⑤
5) 새로운 상품 아이디어를 얻기 위해 SNS를 이용한다.	①	②	③	④	⑤
6) 기업 관련 정보를 얻기 위해 SNS를 이용한다.	①	②	③	④	⑤
7) 우수한 사원을 채용하기 위해 SNS를 이용한다.	①	②	③	④	⑤
8) 타 기업과 업무협조를 위해 SNS를 이용한다.	①	②	③	④	⑤
9) 상품판매를 위해 전문 소셜커머스 사이트를 이용한다.	①	②	③	④	⑤
10) 기업 자체적으로 소셜커머스 사이트를 운영한다.	①	②	③	④	⑤
11) SNS에서 주도적인 역할을 하는 네티즌을 관리한다.	①	②	③	④	⑤
12) 외부와의 소통을 위한 SNS 관련 전담조직이 있다.	①	②	③	④	⑤
13) 외부와의 소통을 위한 SNS 관련 전담직원이 있다.	①	②	③	④	⑤

21. 다음은 귀사의 정보공유 및 커뮤니케이션에 관한 질문입니다. 각 문항을 주의 깊게 읽어 보신 후 귀하가 동의하는 정도에 따라 해당번호에 √표 해 주십시오.

구분	전혀 그렇지 않다	별로 그렇지 않다	보통 이다	다소 그렇다	매우 그렇다
1) 커뮤니케이션 활성화를 위해 전략적인 투자가 많이 이루어지고 있다.	①	②	③	④	⑤
2) 커뮤니케이션 활성화라는 목표가 전략적인 과제와 잘 연계되어 있다.	①	②	③	④	⑤
3) 대표이사와 경영층이 커뮤니케이션 활성화를 중요하게 인식하고 있다.	①	②	③	④	⑤
4) 정보공유 활성화를 위해 전략적인 투자가 많이 이루어지고 있다.	①	②	③	④	⑤
5) 정보공유 활성화라는 목표가 전략적인 과제와 잘 연계되어 있다.	①	②	③	④	⑤
6) 대표이사와 경영층은 정보공유 활성화를 중요하게 생각하고 있다.	①	②	③	④	⑤
7) 구성원들이 창의적인 아이디어 제안을 잘하고 있다.	①	②	③	④	⑤
8) 구성원들이 자발적으로 참여하고 있다.	①	②	③	④	⑤
9) 구성원들 간 정보공유나 커뮤니케이션 활동에 있어서 피드백이 많다.	①	②	③	④	⑤
10) 귀사는 새로운 기술/아이디어를 적극적으로 수용한다.	①	②	③	④	⑤
11) 구성원들의 혁신활동이 활발하게 수행되고 있다.	①	②	③	④	⑤

22. 다음의 문항들은 인간관계 및 의사소통 요인에 관한 것입니다. 각 문항을 주의 깊게 읽어 보신 후 귀하가 동의하는 정도에 따라 해당번호에 √표 해 주십시오.

구분	전혀 그렇지 않다	별로 그렇지 않다	보통 이다	다소 그렇다	매우 그렇다
1) 업무수행 시 어려움에 처했을 때 동료로부터 도움을 받는 경우가 많다.	①	②	③	④	⑤
2) 나의 동료는 내가 성공적으로 업무를 처리할 수 있도록 지원해 준다.	①	②	③	④	⑤
3) 나의 상급자는 내가 성공적으로 업무를 수행할 수 있도록 지원해 준다.	①	②	③	④	⑤
4) 나의 담당업무를 위하여 상급자는 정신적·물질적으로 충분한 지원을 해준다.	①	②	③	④	⑤
5) 나의 상급자는 나에게 신뢰감이나 애정을 가지고 있다	①	②	③	④	⑤
6) 나의 동료는 나에게 신뢰감이나 애정을 가지고 있다.	①	②	③	④	⑤
7) 나의 하급자는 나에게 신뢰감과 존경심을 가지고 있다.	①	②	③	④	⑤
8) 업무와 관련된 나의 의견이 상위 층에 정확히 전달된다.	①	②	③	④	⑤
9) 업무와 관련된 의사결정은 주로 상위층에서 하위층으로 일방적으로 전달된다.	①	②	③	④	⑤
10) 업무협조를 위한 상급자 및 하급자 간의 의견 교환이나 접촉이 잘 이루어지는 편이다.	①	②	③	④	⑤
11) 업무수행 시 타 부서나 타 조직과 정보교환이 원활하게 이루어진다.	①	②	③	④	⑤

23. 귀하의 업무상 인간관계는 어떠한지 말씀해주십시오(해당란에 한 가지만 √표 하여 주십시오).

구분	매우 나쁘다	다소 나쁘다	좋지도 나쁘지도 않다	다소 좋다	매우 좋다
1) 관리자와 종업원 사이의 관계	①	②	③	④	⑤
2) 직장동료들 사이의 관계	①	②	③	④	⑤
3) 고객과의 관계	①	②	③	④	⑤
4) 협력사 직원과의 관계	①	②	③	④	⑤
5) 경쟁사 직원과의 관계	①	②	③	④	`⑤

24. 귀하는 직장에서 하시는 일에 어느 정도 만족 또는 불만족하십
니까?(해당란에 한 가지만 √표 하여 주십시오)

___① 매우 불만족한다　___② 다소 불만족한다

___③ 만족하지도 불만족하지도 않는다　___④ 다소 만족한다

___⑤ 매우 만족한다

25. 아래의 질문에 대하여 귀하의 생각에 가장 가까운 번호를 하나
만 골라 √표 해주시기 바랍니다.

구분	매우 그렇지 않다	다소 그렇지 않다	보통 이다	다소 그렇다	매우 그렇다
1) 나는 내 업무에 꽤 만족하고 있다.	①	②	③	④	⑤
2) 내 일자리는 안정되어 있다.	①	②	③	④	⑤
3) 나는 이 직장의 발전을 위해서 요구되는 것 이상으로 열심히 일할 생각이다.	①	②	③	④	⑤
4) 이 직장에서 나는 승진기회가 많다.	①	②	③	④	⑤
5) 이 직장에서 나는 독자적으로 일할 수 있다.	①	②	③	④	⑤
6) 나는 다른 직장에서 돈을 상당히 더 준다고 해도 이 직장에서 계속 일할 생각이다.	①	②	③	④	⑤
7) 내 경험이나 능력을 이 직장에서 충분히 활용할 수 있다.	①	②	③	④	⑤
8) 나는 내 업무에서 즐거움을 느낀다.	①	②	③	④	⑤
9) 내가 적극적으로 나설 경우 내가 원하는 새 직장을 얻을 수 있다.	①	②	③	④	⑤
10) 이 직장에서는 주로 아래부터 시작해서 점차 위로 올라가는 방식의 인사가 이루어진다.	①	②	③	④	⑤
11) 나는 이 직장에서 일하는 것을 자랑스럽게 생각한다.	①	②	③	④	⑤
12) 나는 내 업무에 언제나 열정적이다.	①	②	③	④	⑤

13) 하루의 일을 시작하고 끝마치는 시간을 내 스스로 결정할 수 있다.	①	②	③	④	⑤
14) 앞으로 1년 내에 나는 새 직장을 찾아서 이 직장을 떠날 것 같다.	①	②	③	④	⑤

26. 귀하가 하는 일과 관련해서 다음과 같은 경우가 얼마나 자주 있는지 말씀해주십시오(해당란에 한 가지만 √표 하여 주십시오).

구분	전혀 없다	별로 없다	가끔 있다	자주 있다	항상 있다
1) 일에 지친 상태에서 집으로 돌아오는 경우	①	②	③	④	⑤
2) 육체적으로 힘들게 일해야 하는 경우	①	②	③	④	⑤
3) 일 때문에 스트레스를 받는 경우	①	②	③	④	⑤
4) 위험한 상황 또는 위험 부담이 큰 상황에서 일하는 경우	①	②	③	④	⑤

27. 귀하의 직업에 대한 다음의 말들에 어느 정도 찬성 또는 반대하는지 말씀해주십시오(해당란에 한 가지만 √표 하여 주십시오).

구분	매우 반대	다소 반대	찬성도 반대도 아니다	다소 찬성	매우 찬성
1) 나는 이 직업에서 계속 경력을 쌓아 나가고 싶다.	①	②	③	④	⑤
2) 이 직업은 내가 평생 할 만큼 이상적이다.	①	②	③	④	⑤
3) 다시 시작하더라도 이 직업을 선택하겠다.	①	②	③	④	⑤

28. 귀하가 근무하고 있는 직장의 상사를 잘 나타내고 있다고 생각되는 부분에 √표 하여 주십시오.

내용	전혀 그렇지 않다	별로 그렇지 않다	보통 이다	다소 그렇다	매우 그렇다
1) 나의 상사는 부하직원들이 자신의 업무에 자신감을 갖게 해준다.	①	②	③	④	⑤
2) 나의 상사는 부하직원들이 스스로의 업무에 열정을 갖게 해준다.	①	②	③	④	⑤

3) 나의 상사는 부하직원들의 직장에서의 성공모델이다.	①	②	③	④	⑤
4) 나의 상사는 부하들이 직무를 적절하게 수행하고 있는가를 자주 재검토한다.	①	②	③	④	⑤
5) 나의 상사는 부하직원들에게 조직에 대한 충성심을 불어넣어 준다.	①	②	③	④	⑤
6) 나의 상사는 문제해결에 있어 주로 다른 관점을 모색하는 편이다.	①	②	③	④	⑤
7) 나의 상사는 권력과 확신감을 보여 준다.	①	②	③	④	⑤
8) 나의 상사는 부하직원들에게 새로운 아이디어를 표출하도록 장려한다.	①	②	③	④	⑤
9) 나의 상사는 부하직원들이 일을 잘못했을 때 진심으로 충고해 준다.	①	②	③	④	⑤
10) 나의 상사는 부하직원들이 어려움에 처했을 때 도움을 주려 노력한다.	①	②	③	④	⑤
11) 나의 상사는 강한 목적의식을 가지는 것에 대한 중요성을 구체적으로 피력하는 편이다.	①	②	③	④	⑤
12) 나의 상사는 할당된 직무를 완수하는 데 대한 새로운 방법의 시각을 나에게 제시해 준다.	①	②	③	④	⑤
13) 나의 상사는 집단의 이익을 위해자신의 이익을 초월하는 편이다.	①	②	③	④	⑤
14) 나의 상사는 부하직원들에게 미래의 비전을 제시해 준다.	①	②	③	④	⑤
15) 나의 상사는 부하직원들이 보다 높은 목표에 도전하게 해준다.	①	②	③	④	⑤
16) 나의 상사는 "일이 잘못되어지지 않으면 그대로 내버려 둔다"는 신조를 가지고 있다.	①	②	③	④	⑤
17) 나의 상사는 부하직원들에게 노력하면 그 대가로서 원하는 것을 얻을 수 있다고 강조한다.	①	②	③	④	⑤
18) 나의 상사는 내가 보상을 받으려면, 무엇을 해야 하는가에 대하여 이야기해준다.	①	②	③	④	⑤
19) 나의 상사는 나의 모든 실수들을 기억하고 있다.	①	②	③	④	⑤
20) 나의 상사는 내가 기존의 업무방식을 유지하는 한 만족해한다.	①	②	③	④	⑤
21) 나의 상사는 부하직원들에게 일을 잘 하는 것보다 잘 못하지 않는 것이 중요함을 강조한다.	①	②	③	④	⑤

29. 귀하께서는 우리나라의 SNS 기업환경수준이 어느 정도 해당된
   다고 생각하십니까? "매우 나쁘다"에 0점을 주고, "매우 좋다"
   에 10점을 준다면 몇 점을 주시겠습니까?(해당란에 √표 하여
   주십시오)

매우 나쁘다　　　　　　　**보통이다**　　　　　　　**매우 좋다**

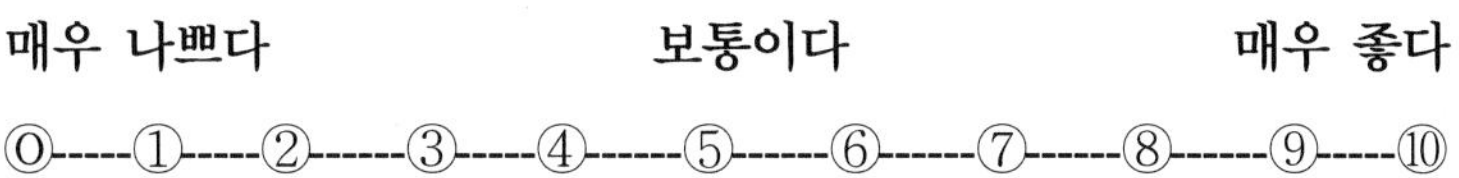

30. 귀사의 SNS 기업환경수준이 어느 정도 해당된다고 생각하십니
   까? "매우 나쁘다"에 0점을 주고, "매우 좋다"에 10점을 준다면
   몇 점을 주시겠습니까?(해당란에 √표 하여 주십시오)

매우 나쁘다　　　　　　　**보통이다**　　　　　　　**매우 좋다**

31. 귀하는 다음의 각 사항에 대해 정부가 어느 정도 지원해야 한다고 생각하십니까?(해당란에 한 가지만 √표 하여 주십시오).

구분	당연히 정부가 지원해서는 안 된다	아마도 정부가 지원해서는 안 된다	아마도 정부가 지원해야 한다	당연히 정부가 지원해야 한다
1) 소셜 전문인력의 DB 구축	①	②	③	④
2) 소셜 지원센터 운영	①	②	③	④
3) 글로벌비즈니스 네트워킹 체계 구축	①	②	③	④
4) 공공정보의 창의적 활용 지원	①	②	③	④
5) 홈페이지의 소셜화 지원	①	②	③	④
6) 지식관리시스템의 소셜화 지원	①	②	③	④
7) 인터넷 커머스의 소셜화 지원	①	②	③	④
8) 엔터테인먼트의 소셜화 지원	①	②	③	④
9) 전통산업의 소셜화 지원	①	②	③	④
10) 소셜 펀드를 통한 소셜 벤처육성	①	②	③	④
11) 소셜 펀드 관련 표준약관제정	①	②	③	④
12) 소셜 펀드 보조금 지원	①	②	③	④
13) 소셜 벤처 온라인 홍보 지원	①	②	③	④
14) 소액 소셜펀드 세액 면제	①	②	③	④
15) 소셜 플랫폼 지원	①	②	③	④
16) 소셜 기술 기반 창업 지원	①	②	③	④
17) 소셜 SCM(Supply Chain Management) 지원	①	②	③	④
18) 소셜 인덱싱 지원	①	②	③	④
19) 기업용 소셜 기술보급 지원과 활성화를 위한 프로그램 개발	①	②	③	④
20) 기업 소셜지수의 개발과 평가 프로세스 정립	①	②	③	④
21) 소셜 비즈니스 모델에 관한 교육 및 컨설팅	①	②	③	④
22) 개인정보보호 및 정보유출방지대책	①	②	③	④
23) 기타 ( )	①	②	③	④

배문1. 귀하의 성별은?

  ___ ① 남자   ___ ② 여자

배문2. 귀하의 연세는 어떻게 되십니까?   만 __________ 세

배문3. 귀하의 혼인 상태는 다음 중 어디에 해당하십니까?

  ___ ① 미혼 ___ ② 기혼 ___ ③ 이혼 ___ ④ 별거 ___ ⑤ 사별

배문4. 귀하의 최종학력을 말씀해 주십시오(해당란에 한 가지만 √ 표 하여 주십시오).

  ___ ① 무학   ___ ② 초등학교 중퇴/졸업
  ___ ③ 중학교 중퇴/졸업   ___ ④ 고등학교 중퇴/졸업
  ___ ⑤ 초대졸(2년)/대학중퇴/대재 ___ ⑥ 대학교(4년제) 졸업
  ___ ⑦ 대학원 이상

배문5. 귀하의 한 달 소득은 상여금, 연금, 임대소득, 이자소득, 생활보조금 등을 포함하여 얼마나 됩니까?(해당란에 한 가지만 √표 하여 주십시오).

___ (0) 소득 없음   ___ ① 100만 원 미만
___ ② 100~199만 원   ___ ③ 200~299만 원
___ ④ 300~399만 원   ___ ⑤ 400~499만 원
___ ⑥ 500만 원 이상

배문6. 귀하는 어느 계층에 속한다고 생각하십니까?(해당란에 한 가지만 √표 하여 주십시오).

___ ① 상층의 상   ___ ③ 중층의 상   ___ ⑤ 하층의 상
___ ② 상층의 하   ___ ④ 중층의 하   ___ ⑥ 하층의 하

배문7. 귀하의 직업은 아래의 어디에 해당합니까?

___ ① 전문직   ___ ② 경영/관리직
___ ③ 일반사무직   ___ ④ 판매/서비스직
___ ⑤ 생산/기술직   ___ ⑥ 농림/어업/광업
___ ⑦ 단순노무직   ___ ⑧ 기타 (   )

배문7-1. 귀하는 정규직, 비정규직 어디에 해당됩니까?
___ ① 정규직   ___ ② 비정규직

배문7-2. 귀하는 시간제로 일하십니까, 전일제로 일하십니까?
___ ① 시간제   ___ ② 전일제

배문7-3. 귀하는 현 직장에서 모두 얼마 동안 근무하셨습니까?
__________ 년 __________ 개월

배문7-4. 귀하께서 현재 일하고 계신 회사에서 지위는 무엇입니까?

(   )

배문7-5. 귀하께서 일하시는 직장에는 몇 명 정도 있습니까?

____ ① 1~4명   ____ ⑥ 100~299명
____ ② 5~9명   ____ ⑦ 300~499명
____ ③ 10~19명   ____ ⑧ 500~999명
____ ④ 20~49명   ____ ⑨ 1,000명 이상
____ ⑤ 50~99명

배문8. 귀하께서 현재 재직하는 회사는 어디입니까?(해당란에 한 가지만 √표 하여 주십시오).

____ ① 서울   ____ ② 부산   ____ ③ 대구   ____ ④ 광주
____ ⑤ 인천   ____ ⑥ 대전   ____ ⑦ 울산   ____ ⑧ 경기도
____ ⑨ 강원도   ____ ⑩ 충청북도   ____ ⑪ 충청남도   ____ ⑫ 전라북도
____ ⑬ 전라남도   ____ ⑭ 경상북도   ____ ⑮ 경상남도   ____ ⑯ 제주도

※ 소중한 의견을 주셔서 대단히 감사합니다.

김상돈 ────────────────────────

　　성균관대학교 사회학박사
　　연세대학교 연구교수

김권수 ────────────────────────

　　경기대학교 관광학박사
　　인덕대학교 교수

김경희 ────────────────────────

　　연세대학교 행정학박사
　　연세대학교 사회과학연구소 전문연구원

전계영 ────────────────────────

　　서울시립대학교 행정학박사
　　한국산업기술진흥원 지식융합팀장

김명수 ────────────────────────

　　성균관대학교 법학박사
　　홍익대학교 연구교수

윤종운 ────────────────────────

　　경기대학교 관광학박사
　　경민대학교 겸임교수

이제영 ────────────────────────

　　한국외국어대학교 언론학박사
　　관동대학교 교수

박태순 ────────────────────────

　　서울대학교 생태학박사
　　사회갈등연구소 소장

정일준 ────────────────────────

　　서울대학교 사회학박사
　　고려대학교 교수

소셜
네트워크
서비스와
기업 그리고 정치

초판인쇄 | 2012년 3월 2일
초판발행 | 2012년 3월 2일

지 은 이 | (사)한국공공사회학회
펴 낸 이 | 채종준
펴 낸 곳 | 한국학술정보㈜
주   소 | 경기도 파주시 문발동 파주출판문화정보산업단지 513-5
전   화 | 031) 908-3181(대표)
팩   스 | 031) 908-3189
홈페이지 | http://ebook.kstudy.com
E-mail | 출판사업부 publish@kstudy.com
등   록 | 제일산-115호(2000. 6. 19)

ISBN   978-89-268-3134-2 93330 (Paper Book)
         978-89-268-3135-9 98330 (e-Book)